KB142240

자연 인간 그리고 하나님

이안 바버 지음 | 김연수 옮김

Copyright © 2002 by Nature, Human Nature and God By Ian G. Barbour Originally published in English as Prophetic Pastoral Practice by SPCK Publishing, London, UK. This Korean translation edition © 2023 by SSG(Spring of Joy) Publishing Co., Seoul, Republic of Korea. This Korean edition is published by arrangement of SPCK Publishing through rMaeng2, Seoul, Republic of Korea. All rights reserved.

이 한국어판의 저작권은 알맹2를 통하여 저작권사와 독점 계약한 도서출판 샘솟는기쁨에 있습니다. 저작권법에 의하여 한국 내에서 보호받는 저작물이므로 무단 전재와 무단 복제를 금합니다.

실재에 대한 통전적 앎을 위한 과학과 신학의 연대

자연 인간 그리고 하나님

이안 바버 **지음** | 김연수 **옮김**

추천사

윤 철 호 (장로회신학대학교 명예교수)

김연수 박사가 오늘날 아서 피콕, 존 폴킹혼 등과 함께 과학과 종교의 대화를 대표하는 학자인 이안 바버(Ian G. Barbour)의 책 Nature, Human Nature, and God, Theology and the Sciences Series (Philadelphia: Fortress Press, 2002)을 번역하여 출판하게 된 것을 진심으로 축하한다. 바버는 핵물리학을 전공한 과학자이자 화이트헤드의 과정 철학의 관점에서 과학과 종교의 대화를 수행한 학자로서, 1999년 템플턴 상을 수상한 바 있다.

바버는 이 책에서 과학과 종교의 대화와 관련한 다섯 가지 핵심적 주제들을 다룬다. 첫 번째 주제는 진화론과 하나님에 대한 믿음이 서로 양립 가능한가 하는 문제이다. 두 번째 주제는 진화론이 타락과 원죄와 같은 전통적인 기독교 인간 이해에 미치는 영향에 관한 문제이다. 세 번째 주제는 신경과학이 전통적인 인간의 영혼 이해를 지지할 수 있는가 하는 문제이다. 네 번째 주제는 오늘의 세계관 안에서 하나님의 전능 개념이 유지될 수 있는가 하는 문제이다. 다섯 번째 주제는 생태학과 환경 윤리, 그리고 이와 관련한 사회적 정의의 문제이다. 이 모든 주제를 다룸에 있어서 바버는 화이트헤드의 과정 철학적 사유를 보여준다.

김연수 박사가 바쁜 목회의 일정 속에도 신학적 탐구에 대한 식지 않는 뜨거운 열정을 지니고 끊임없이 공부하면서 한국교회에 꼭 필요한 이와 같은 명저를 번역해 내는 것은 참으로 감사한 일이 아닐 수 없다. 앞으로 더욱더 큰 정진이 있기를 기대한다. 이 책이 많은 그리스도인을 과학과의 열린 대화로 나아갈 수 있도록 인도함과 아울러 많은 비그리스도인을 신학과의 진지한 대화로 들어올 수 있도록 이끄는 책이 되기를 기원한다.

현대인들은 최첨단의 과학이 주는 온갖 혜택을 누리면서 살아가고 있다. 하루하루 급속도로 발전하는 과학기술 덕분에 그 어느 때보다도 빠르고 편리한 시대를 살고 있다. 아침에 눈을 떠서 밤에 잠자리에 들 때까지 우리의 오감이 과학이 주는 편리함을 만끽하면서 살고 있다. 이 점에 있어서 과학은 현대인들의 삶에 긍정적인 기여를 하고 있는바, 역자는 앞으로 인간의 삶에 끼치는 과학발전의 영향이 더욱 커질 것이라고 본다.

과학기술이 인간의 삶에 끼치는 긍정적인 점을 인정을 하면서, 한편으로 역자는 '과학기술 발전의 이익과 혜택이 우리 인간의 삶에 전부인가' 하는 질문을 던져본다. 과학만으로 충분한가? 과학이 절대적인가? 단도직입적으로 말한다면, 과학기술 발전이 주는 이익과 혜택이 우리 인간에게 전부가 될 수는 없다. 과학기술의 발전이 커다란 가치와 의미를 갖는 것이 사실이지만, 이것이 우리에게 전부가 될 수는 없다. 이유는 발전된 과학 만을 가지고는 우리의 삶 속에 진정한 인간다움을 담아낼 수 없기 때문이다. '인간다움을 담아내는 삶', 여기에 과학과 더불어서 필수적으로 요청되는 또 다른 사안이 있는 바, 역자는 '신앙'이 여기에 속한다고 여긴다. 유물론자들과 무신론자들은 신앙을 증명해 낼 수 없는 지극히 주관적이고 개인적인 신념일 뿐이라고 여기지만, 이런 생각은 바람직하지 못하다. 신앙은 그 사람의 삶을 이끌어가는 원동력으로서, 우리는 신앙이 그 사람의 삶을 인간다움으로 채워내는 기제가 됨을 인정해야 한다.

결론적으로 말한다면, 우리 인간은 과학과 신앙 모두를 필요로 하는 존재이다. 이 점에 있어서 본서는 과학과 신앙의 관계에 대한 중심 잡힌 새로운 이해를 제공해 준다고 말할 수 있다. 저자는 본서에서 과학과 신앙이 상호배타적인 관계가 아니라 양립가능한 관계임을 설득력 있게 논증한다. 발전하는 과학 속에서 인간다운 삶에 대한 새로운 이해를 제공함과 동시에 전통적인 신학적 맥락의 인간 이해에 대해서도 새로운 통찰을 제시하고 있다.

바라기는 독자들(특히 그리스도인들)이 본서를 통해서 과학과 신앙의 관계에 관한 중심 잡힌 이해를 갖게 되기를 소망한다. 두 분야에 대한 균형 잡힌 앎을 새롭게 갖게 되면서, 나아가서 하나님에 대한 통전적인 앎까지를 갖게 되기를 바란다. 이 세계를 창조하신 하나님께서 이 세계 가운데서 다양하게 일하신다는 것, 이 세계를 섭리하시면서 이끌어가신다는 것, 이런 하나님 지식을 갖게 되기를 소망한다. 본서를 통해서 우리 신앙인들(나아가서 모든 인간)이 하나님을 떠나면 비인간적인 삶으로 치달을 수밖에 없음을 깨달으면서, 다시 한번 더 나의 삶을 하나님을 신뢰하는 믿음 위에 두고 살아가겠다고 결단하는 계기가 되었으면 하는 바램을 갖는다.

그리고 책을 꼼꼼하게 교정해주고 예쁘게 디자인을 해준 김민규 청년에게 감사한다. 김민규 청년은 서울대학교 고고미술사학과 3학년을 마치고 지금 군입대를 앞두고 있다. 군입대를 앞두고 여러가지로 바쁠텐데도 세심하게 책을 교정해 주고 깔끔하게 디자인을 해 준 김민규 청년에게 고마울 뿐이다.

1. 들어가는 말

2. 하나님과 진화

3. 진화와 유전학 그리고 인간

4. 신경과학과 인공지능 그리고 인간

6. 신학과 윤리학 그리고 환경

현대의 과학이론들은 오늘날 종교적 사유를 향해서 다섯 개의 도전적인 질문을 던진다.

첫째로 인격적 하나님에 대한 믿음과 진화론에 해당되는 과학적 설명이 서로 양립가능한가? 만일 진화 역사가 무작위적 변이와 자연선택의 산물이라면, 자연 안에서 행동하시는 하나님을 어떻게 설명할 수 있는가?

둘째로 우리 인간이 먼 원시적 조상들로부터 물려받은 유전자들로 인해서 결정되는 것인가? 진화론이 인간 본성에 관한 전통적인 기독교적 이해를 거절하거나 수정하도록 만드는가? 유전자 수정과 복제와 줄기세포 연구와 같은 유전학이 다루는 사안들에 올바르게 적용될 수 있는 윤리적 규범들에는 무엇이 있는가?

셋째로 뇌를 연구하는 신경과학이 모든 정신적인 활동이 신경세포들의 상호작용으로 말미암아 결정된다는 증거를 제시해 주는가? 만일 지능을 정보를 처리하는 능력으로 볼 때 로봇의 인공지능이 모든 인간의 능력들을 뛰어넘게 될 것이라고 여기는 것이 타당한가? 오늘날 인간 영혼에 관한 전통적인 이해를 지지할 수 있는가?

넷째로 신적 전능에 관한 고전적인 견해가 법을 준수하는 세계관과 그리고 악의 실존과 고난과 인간의 자유라는 사안들과 양립 가능한 것인가? 하나님의 자기제한을 다루는 최근의 설명들이 하나님의 권능이 피조물들을 일방적으로 다루는 권능이 아니라, 다른 피조물들에게 권한을 부여하는 권능으로 보는 것에 대해서 타당성을 제시하는가?

다섯째로 전통적인 기독교적 사유, 즉 하나님과 자연을 분리시키고 인간과 다른 피조물들을 날카롭게 구분짓는 기독교적 사유가 최근의 환경 위기를 초래했는가? 기술이 미치는 전-지구적 차원의 환경적-사회적 영향을 고려할 때 사회적 정의에 대해서 성서는 어떠한 관심을 가지고 있는가?

이 책에서 이러한 문제들을 다룰 것이다. 이 책의 서문에서는 책의 전체 내용에 관해서 일반적인 접근을 다룰 것이다. 위에서 제기한 다섯 가지 질문들은 근본적인 질문에 속하는 질문들이다. 우리가 과학을 감안하면서, 동시에 복음의 주된 메시지를 보존하면서 전통적인 맥락의 하나님과 자연과 인간에 관한 여러 양상들을 다시 정식화할 수 있을까?

앞의 두 개의 과에서 다룬 내용들은 바티칸 천문대와 캘리포니아 버클리에 있는 신학과 자연과학센터CTNS가 주최하는 토론 모임에서 이미 발표된 것들을 수록한 것이다. 신학과 자연과학센터와 그 창립자이자 지도자인 러셀Robert John Russell에게 진심으로 감사한다. 이십 년 이상 동안 신학과 자연과학센터는 회의와 출판과 교육에 있어서 선구자적인 프로그램을 진행해 왔다. 그 센터는 신학교들에게 여러 강좌를 제공해 왔고, GTU의 석사 과정에 있는 학생들과 박사 과정에 있는 학생들에게도 여러 강좌를 제공해 왔다. 그러면서 미국 전역과 해외의 우수한 과학자들이 그 강좌들에 활발하게 참여하도록 이끌었다. 전-세계의 여러 센터 중에서 과학과 종교 간의 창조적인 대화에 이 정도로 중요하게 기여한 기관이 없다고 생각한다.

1. 들어가는 말

오늘날 과학과 종교의 관계를 논함에 있어서 다음의 견해들이 널리 수락되고 있다. 갈등모델과 독립모델과 대화모델 그리고 통합모델이 그것이다.

첫째로 '갈등 모델'Conflict이다.

성서 문자주의자들은 진화론이 종교적 신념과 갈등을 일으킨다고 여긴다. 무신론의 입장을 가진 과학자들은 물질주의를 옹호하면서, 진화론이 그 어떤 형태의 유신론과도 양립될 수 없다고 주장한다. 과학과 종교는 두 그룹 모두에게 적으로 여겨진다. 이러한 입장은 미디어를 통해서 사람들에게 주목을 받게 되었다. 이유는 과학과 종교 간의 갈등 모델이 하나님을 믿는 신학자들과 진화론을 신뢰하는 과학자들이 빚어내는 여러 차이점들 이상으로 흥미로운 뉴스거리를 제공해 주기 때문이다.

둘째로 '독립 모델'Independence이다.

과학과 종교 간의 갈등은 과학과 종교가 구별된 인간 삶의 영역들에 각각 독립적으로 자리매김함으로써 피해질 수 있다. 과학과 종교는 각각 서로 다른 영역을 다루면서 실재가 갖는 대조적인 양상들을 취급한다고 여겨져 왔다. 과학은 어떻게 사물들이 작동하는가를 묻는데, 이때 과학은 객관적인 데이터에 의존한다. 반면에 종교는 여러 가치들과 개인의 삶과 관련해서 커다란 의미구조를 묻는다. 하지만 이러한 방식을 취하는 각각의 입장은 서로 상충相衝되지 않는데, 이유는 양쪽이 각기 다른 기능들을 제공한다고 생각되기 때문이다. 이러한 유형의 입장은 세계에 대해서 상호 간에 배타적이지 않은, 보완적인 전망들을 제공한다. 이러한 입장은 갈등은 피하지만, 양자 간의 건설적인 상호작용을 막는 한계를 지닌다고 볼 수 있다.

셋째로 '대화 모델'이다.

대화 모델은 과학과 종교를 비교하는 것을 하나의 방법론으로 삼는데, 이 입장은 양자 사이에 차이가 있을 때도 여러 유사한 것들이 나올 수 있다고 본다. 예를 들면 개념상의 모델들과 유사점들이 직접적으로 관찰될 수 없는 것(예를 들면 하나님이나 쿼크quark 같은 것이 여기에 속한다)을 논의하는 데에 사용될 수 있다는 것이다. 또한 과학이 스스로 답할 수 없는 경계선상에서 질문을 제기할 때, 예를 들면 우주가 존재하는 이유가 무엇인지, 왜 우주에 질서와 지성이 존재하는지의 질문들을 제기할 때, 과학과 종교가 서로 대화의 여지를 갖는다는 것이다. 또한 이 입장은 과학과 종교가 각각 독립적이라 할지라도, 두 분야에 속하는 특정한 개념들이 상호 간에 흥미로운 유비들을 가질 수 있다고 여긴다.

넷째로 '통합모델'Integration이다.

과학과 종교 사이에 더 많은 체계적인 통합을 시도하는 사람들이 있다. 예를 들면 '자연 신학'natural theology 전통에 서 있는 사람들 가운데, 과학을 가지고 하나님이 존재한다는 증거(이것은 적어도 암시적인 증거일 수 있다)를 찾으려는 사람들이 있다. 한편으로 이와 달리 어떤 사람들은 하나의 특정한 종교 전통에서 시작하면서 많은 종교적 신념들이 현대 과학과 양립가능하다고 주장하는가 하면, 특정한 과학 이론들에 비춰 봤을 때 몇몇 종교적 신념들을 새롭게 수정해야 한다고 주장하기도 한다. 나는 이런 접근을 '자연신학'이라고 칭하지 않고 '자연의 신학'a theology of nature이라고 칭한다.(물론 자연의 신학도 전통적인 종교 그룹에 속한다) 자연의 신학에 속하는 몇몇 유형들은 과정철학과 같은 통합된 철학을 이용하기도 하는데, 과정철학은 과학과 종교 모두와 관련된 일련의 개념들을 체계적으로 설명해 주는 장점을 가지고 있다.

최근의 나의 책『과학이 종교를 만날 때』When Science Meets Religion의 각 장에서 나는 특정한 과학적 분야들(천문학, 양자 물리학, 진화생물학, 유전학, 신경과학 등)[01]이 가지고 있는 신학적 함의들을 탐색하면서 앞에서 다룬 네 가지 유형들을 소개했다. 하지만 그와 달리 이 책에서는 나의 입장을 네 번째의 통합모델에 국한시키면서 개진코자 한다. 이유는 통합모델을 가장 밝은 전망을 가진 대안으로 여기기 때문이다. 이로 인해 나는 이 책에서 긍정적으로 여기는 견해들을 발전시키는데 더 많은 시간을 쏟았던 반면에, 내가 부인하는 견해들에 관한 반박 사안들을 검토하는 데에는 상대적으로 덜 시간을 쏟았음을 밝히는 바이다.

이 책에서 나는 생명 과학들biological sciences(예를 들면 진화론, 유전학, 신경과학, 생태학 등)이 갖는 신학적 함의들을 다루었고, 다른 책에서는 물리 과학들(예를 들면 천문학, 양자물리학, 열역학, 상대성 이론 등)[02]에 관심을 기울였다. 또한 이 책의 3장에서 유전공학에서 파생되어 나온 몇 개의 윤리적 문제들을 다뤘고, 6장에서는 전 지구적 차원의 환경 위기를 다루었다. 내가 쓴 다른 몇 권의 책들에서 다른 종교 전통에 속하는 네 가지 유형을 응용하기도 했지만, 이 책에서는 개인적으로 가장 친숙하게 여기는 기독교 전통에 견주어서 나의 견해를 펼쳐나갔다.

최근에 자연신학에 대한 관심이 다시금 대두되고 있다. 19세기 초는 '설계 모델'을 주장하는 입장이 인기를 끌면서 설득력을 가졌는데,

그 당시는 일반적으로 본질적으로 불변하는 우주가 단 한 번에 창조되었다고 여겨졌다. 하지만 현재의 형태를 갖고 있는 모든 피조물이 특별히 설계되었다는 그러한 주장은 찰스 다윈Charles Darwin의 자연선택 이론으로 인해서 약화된다. 그러나 사실 다윈 자신은 진화가 발생해 온 오랜 과정이 본래적으로 하나님에 의해서 고안된 것이라고 주장하면서, 설계 모델이 주장하는 바를 수정된 행태로 자기 것으로 삼았다. 오늘날 몇몇 천문학자들은 초기 우주의 물리적 항구성constants이 생명체가 존재하기 위해서 필요한 미세한 조정fine-tuned처럼 보인다고 주장한다. 만일 140억 년 전의 빅뱅 후에 초당 팽창 속도가 하나의 미세한 파편a tiny fraction을 가지면서, 그 파편이 좀 더 크든지 작든지 했더라면, 우주는 은하수들과 행성들과 생명체와 지성 등의 형성으로 인해서 매우 빠른 속도로 분산되거나 붕괴되었을 것이다.

한편으로 많은 무신론적 입장의 천문학자들은 다양한 물리적 항구성을 가진 많은 우주들이 존재할 것이며, 우리는 단지 우연히 생명체에 적합한 요인들parameters을 가진 우주에서 살게 된 것이라고 말한다. 팽창과 수축contraction의 순환 속에서 우주들이 잇따라 계속 생겨날 것이라고 주장하는 천문학자들이 있는가 하면, 각각의 우주들이 태곳적의 진공 상태primordial vacuum에 속하는 양자의 요동들quantum fluctuations에 기원을 둔다고 하면서, 각각의 우주들이 서로 평형을 이루면서 계속 존재할 수 있다고 주장하는 천문학자들도 있다. 하지만 이러한 다중 우주론은 매우 사변적이라 할 수 있는데, 이유는 원리적으로 볼 때 우리의 육안으로 관측될 수 없는 또 다른 우주들이 존재할 수도 있기 때문이다. 게다가 설계 모델은 그 초기 단계에서부터 문제점이 제기됐다. 생명체와 지능에 적합한 하나의 세계를 발생시키는 시공간과 양자물리학 법칙들에 대해서 어떻게 설명할 것인가? 이렇게 자연 신학적 맥락에 속하는 새로운 견해들이 현대의 과학자들과 신학자들에 의해서 논의되고 있는데, 지금 추세로는 과학적 사안들보다 신학적 사안들에 대해서 더 많이 반대표를 던지는 입장이다. 이유는 신학자들의 주장이 수락이 된다 하더라도, 그 주장은 단지 우주를 설계한 후에 우주 스스로 돌아가도록 내버려 둔 '멀리 계신 하나님'이라는 이신론으로 귀결되기 때문이다. 이 점에 있어서 전통적 맥락의 유신론이 말하는 하나님은 세계와 인간의 삶에 활발하게 관여하지 않는 분으로 귀결된다.

자연신학처럼 과학에서 출발하지 않고, 자연의 신학은 역사적 공동체의 종교적 경험에 기반을 둔 종교 전통에서 출발한다. 이러한 입장을 지지하는 사람들은 몇몇 전통적인 교리들이, 특히 신론과 인간론이 현대과학의 전망과 발맞춰서 새롭게 다듬어져야 한다고 말한다. 이들은 현대의 과학적 이론들을 염두에 두면서 신학적 교리들이 과학적 증거들과 양립가능성을 지닌다고 여긴다.

대부분의 기독교 역사에서 볼 때 우주는 본래 정적이고 변하지 않는 질서를 가진다고 생각되었다. 하지만 오늘날 자연은 긴 창발적 새로움의 역사와 더불어서 역동적인 진화의 과정을 갖는 것으로 여겨지는데, 즉 자연에 법칙과 우연성이라는 특징이 나타난다고 본다. 자연 질서는 생태학적이고 상호의존적이며 다층적인multi-leveled 특성을 지닌다. 자연 질서가 갖는 이러한 특성들은 우리에게 자연 대 하나님과 인간의 관계에 있어서 새로운 이해를 가질 것을 요구한다. 이렇게 되면 자연에 대해서 우리 인간이 새로운 태도를 가질 것이고, 나아가서 환경적 윤리와 관련해서도 실제적인 함의들을 갖게 될 것이다. 그리고 악의 문제도 정적인 세계관이 아니라 진화론적인 관점에서 매우 다양하게 다루게 될 것이다.

한편으로 '신학적 재정식화'라는 과제를 감당하는 데 있어서, 우리는 성서를 진지하게 다루어야 한다. 물론 이것이 성서를 문자적으로 취급해야 한다는 의미는 아니다. 19세기 초에 성서학자들은 성서의 다양한 부분들이 기록된 문화적 배경들을 연구하기 위해서, 역사 방법론을 가져왔다. 그들은 창세기의 창조 기사들이 세상이 선하고 질서를 지니며 목적을 지닌 신에게 의존된다는 중대한 여러 함의들을 지닌다는 사실에 주목했다. 하지만 이들의 이러한 종교적 확신들은 과학 이전의 우주론에 해당되는 상징적이고 시적인 담론들, 즉 7일간의 창조, 지구 중심의 천문학, 위로는 하늘과 지옥 그리고 아래로는 현세계로 이루어진 우주론이라는 담론을 통해서만 사람들에게 전달될 뿐이었다. 그러나 창세기가 가지고 있는 종교적 의미는 오늘날에도 여전히 수락될 가능성을 갖는데, 이유는 창세기가 고대의 우주론에 의존하지 않을 뿐 더러, 현대의 과학적 우주론과도 꽤 동떨어져 있기 때문이다. 사실상 창세기가 과거의 사건들에 관한 기록이 아니라, 세상과 모든 상황 속에서 인간과 하나님과의 근원적인 관계를 다루는 것에 의미를 둔다는 것이다. 따라서 진화해 나가는 세계에 살고 있는 우리로서는 먼 과거 속에 있는 사건들이 아니라 '계속되는 창조'continuing creation에 주목해야 한다. 이런 점에서 볼 때 우리의 과제는 이 시대의 용어를 사용하면서 복음서의 중심 메시지를 발견하려고 노력하는 것이라고 할 수 있다.

기독교 전통은 첫 인류인 아담과 하와가 에덴동산에서 창조되었다고 주장해왔다. 이러한 견해에 따르면 아담이 하나님께 불순종했고, 그 벌로 아담이 낙원으로부터 추방된 것이라고 여겨진다. 그리고 그로 인해 죽음과 고난이 이 세상에 유입되었다. 모든 인간이 계속 대물림되는 원죄를 물려받았는데, 그 죄로부터 구원받을 수 있는 길은 오직 그리스도의 죽음이라는 공로에 의해서만 가능하다고 여겨진다. 그러나 이와 달리 진화론적인 설명은 투쟁과 죽음과 고난이 없이는 낙원은 결코 존재할 수 없다고 말한다. 또한 우리 인간이 초기 인류 이전의 다양한 형태들의 후손들에 속하는 것이라고 주장한다. 이런 점에서 볼 때 진화론적 맥락에서 원죄 개념과 구속 개념을 재해석하는 것 역시 우리의 과제라 할 수 있다.

나는 오류 없는 책(성경-옮긴이)의 진술 속에서가 아니라, 인간의 삶 속에서 계시가 발생했다고 여긴다. 성경은 하나님의 주도권에 대해서 인간이 어떻게 반응했는지를 기록한 책으로서, 먼저는 히브리 예언자들과 이스라엘 공동체를 기록한 것이고, 후에는 그리스도의 삶과 초대교회를 기록한 것이다. 이런 점에서 볼 때 신학은 여러 성서의 책들과 예배 공동체의 계속되는 경험에 대한 비판적인 반성이라 할 수 있다. 그러나 신학은 그 개념들을 사용함에 있어서 초대교회 교부들의 헬레니즘 사상들과 중세 시대의 아리스토텔레스 철학과 오늘날의 과학적 세계관과 같은 문화적 전제들에 불가피하게 영향을 받을 수밖에 없었다. 따라서 우리는 하나님의 주도권과 다른 종교 전통들과 다른 행성들에 대해서도 해석학적으로 올바르게 반응할 과제를 지닌다. 지적 생명체가 우주의 그 어딘가에 존재한다고 할 때, 우리에게 이런 반응들이 요청된다는 것이다.

다른 과학자들처럼 나도 진화의 증거는 수락하는 반면에, 과학자들에 의해서 상정되거나 지지되고 있는 물질주의 철학은 수락하지 않는다. 물질주의는 물질이 우주에 있어서 근본적인 실재가 된다는 주장이다. 물질주의는 형이상학metaphysics의 한 형태로서, 실재가 가지고 있는 가장 일반적인 특성들과 구성요소들을 다루고 있다. 물질주의의 이러한 입장은 다음과 같은 두 번째 입장을 수반한다. 즉 과학적 방법론만이 지식으로 향하는 유일하게 신뢰할만한 길이라는 입장이다. 이것은 인식론(인식론은 지식에 대한 탐구와 습득에 관한 이론이다.)의 한 형태로서, 다음의 입장을 함의하는 데로 나아간다. "과학만이 사실적 실재들을 다룬다. 과학만이 지식으로 가는 타당한 방법론이다."

이 외에도 많은 형태의 물질주의는 '환원주의'reductionism라는 이름으로 대변된다. 인식론적 환원주의는 모든 과학 이론들과 법칙들이 원칙적으로 물리법칙들과 화학법칙들에 대해서 환원론적 특징을 갖는다고 말한다. 또한 형이상학적 환원주의는 어떠한 시스템의 구성요소들이 그 시스템의 행위를 결정한다고 말한다. 물질주의자들은 모든 현상이 결국에는 물질을 구성하는 요소들의 활동의 견지에서 설명될 수 있다고 하는데, 이때 물질을 구성하는 요소들은 이 세계에 존재하는 유일하게 효과적인 원인들로 이해된다. 과거에 있었던 강력한 이론들은 그 범주를 넘어서 무언가를 추론해내려고 하는 과학자들의 상상력을 자극했다. 18세기에 많은 과학자들은 뉴턴의 물리학이 원리적으로 모든 현상을 설명해 낼 것이라고 여겼다. 그러나 20세기에 양자 역학은 그러한 예측이 잘못된 것임을 드러내 주었다. 오늘날 분자생물학은 상당히 유용한 탐구 프로그램으로서, 우리는 분자생물학이 모든 살아있는 생명체의 행위를 설명할 것이라고 여긴다. 그러나 생물학적 분야에서 생겨나는 새로운 개념들은 우리에게 환원론적 입장에서 벗어나야 함을 역설하고 있다. 즉 현재 우리가 갖고 있는 이해에 한계가 있다는 것이다.

과학자들은 포괄적인 물질주의적 원리들materialistic philosophies을 옹호하려는 목적을 가지고, 일반적인 과학적 용례를 넘어서 있는 과학적 개념들을 계속해서 확장시켜 왔다. 그 예로 물리 과학은 정확한 수치와 관련이 있는 측정 가능한 특성들을 가진 실재를 규명하려고 했다. 나아가서 이러한 입장은 다른 분야들의 과학자들에게도 영향을 끼쳤으며, 오늘날까지도 여전히 계속해서 영향을 끼치고 있다. 하지만 나는 물질이 지니는 수량화 될 수 있는 특성들은 각 사건들이 지니는 독특성과 인간 경험의 수량화될 수 없는 양상들과 관련이 없다고 여긴다. 따라서 우리는 물질만 실재일 뿐이라고 결론짓지 않아야 하고, 또한 마음이나 의도 그리고 인간의 사랑이 운동 속에 있는 물질의 부산물일 뿐이라고 결론내리지 않아야 한다.

일반적으로 과학자들은 실제로 과학의 영역에 속하지 않는 개념들을 과학의 권위에 기대서 다루려고 한다. 유신론과 물질주의는 상호 대안적인 신념 체계로서, 모든 실재를 포괄함에 있어서 유신론과 물질주의는 함께 공명해야 한다. 그러나 이와 달리 만일 과학만이 유일하게 수락 가능한 이해의 형태를 갖는다고 말한다면, 진화 역사와 생화학적 메커니즘과 과학 이론들의 견지에서 내리는 설명은 과학에서 벗어나 있는 다른 형태의 설명들을 배제 시킬 수 밖에 없다. 이 점에 있어서 나는 신(神)개념이 과학적 가설들과 경쟁하는 세계 내의 특정한 사건들을 설명하기 위해서 공식화된 가설이 아님을 주장하는 바이다. 신에 대한 믿음은 본래 역사 전통에서 만들어진 공동체들이 독특한 종류의 종교적 경험에 대해서 반응하면서 갖게 된, 일종의 삶의 방식에 속하는 헌신이다. 따라서 나는 신에 대한 믿음은 과학적 연구로 대체될 수 없다고 주장하는 바이다. 종교적 신념들은 과학이 가져다 줄 수 없는, 더 넓은 의미구조(이 의미는 상황 속에서 설명될 수 있는 특정한 사건들이 지닌 의미이다.)를 갖는다고 말할 수 있겠다.

환원주의에 대한 대안으로, 개인적으로 '전일론'holism을 지지한다. 전일론은 하나의 시스템의 행위가 그 나머지 부분들에 영향을 끼친다고 보는 이론이다. 통합된 전체에 대한 각 부분들의 상향식의bottom-up 인과적인 영향 외에도, 전체는 그 구성 요소들에게 하향식의top-down 인과적인 영향을 발휘하기도 하는데, 그렇다고 해서 하위 계층의 법칙들을 위반하는 것은 아니다. 단지 이것은 하위 계층의 법칙들을 위한 경계 조건boundary condition을 설정할 뿐이다. 일반적으로 전일론은 단일한 양자 사건에서 형성된 두 개의 미립자들의 특성들의 상관관계와 같은 물리학적 범주에서, 즉 '비-국부적 현상'non-local phenomena에 속하는 물리학적 범주에서 명백한 사실로 여겨진다. 또한 전일론은 고체 상태solid-state의 물리학에서도, 복잡한 열역학 시스템의 '자기조직화' 이론self-organization에서도, '배아 발달' 이론development of an embryo에서도, 시스템 이론에서 연구된 네트워크에서도, 그리고 뇌의 정신 활동에서도 발견된다.

전일론이 존재하는 시스템의 행위와 관련된 견해라면, '창발'emergence은 기존에 있었던 시스템들이 서로 조합되었을 때 거기로부터 새롭게 발생하는 여러 특성들과 관련된 견해이다. 창발은 경우에 따라서는 이전의 구성요소들과 그 조직의 특성들로부터 예측 가능하다는 특성을 지닌다. 예를 들면 물의 습기는 수소와 산소가 가지고 있는 하나의 특성에만 해당되는 것이 아니다. 즉 분자들의 요소들이 서로 결합 될 때 생기는 역동적인 법칙들로부터 물의 습기를 예측할 수 있다는 것이다. 또 다른 예를 들면, 동식물의 태아embryo가 성장함에 따라서 그 구성요소들의 구조가 변경되는 점을 들 수 있다. 가장 복잡하고 예측 불가능한 창발은 하나의 특정한 상태에 속한 정보가 기존의 구조들을 변경시키는 연속적인 싸이클들에 반복적으로 다시 입력이 되었을 때 생긴다. 이러한 복잡한 창발은 환경과 다른 유기체들과의 계속되는 상호작용 중에 있는 유기체들의 진화 역사에서 만들어진 디앤에이DNA에 정보가 다시 입력되었을 때도 생겨난다. 물의 성질은 그 이전의 성질과 비교해 볼 때 상당히 달라지지만, 하나의 유기체가 갖는 성질은 그렇지 않다. 이유는 다양한 차원들을 갖는 인과성이 공간과 시간의 방대한 범주를 가로지르면서 서로 연결되어 있기 때문이다.

개인적으로 화이트헤드Alfred North Whitehead와 그의 동료들의 과정 철학이 과학적인 개념들과 종교적인 개념들을 통합하려는 나의 시도에 유용하다는 것을 인정한다. 이 점에 있어서 과정신학자들에게 빚을 진 셈인데, 특히 존 캅John Cobb과 그리핀David Griffin 같은 과정신학자들에게 빚을 졌다. 존 캅과 그리핀은 화이트헤드가 사용한 기술적 용어들을 사용하지 않으면서, 화이트헤드의 철학적 사상들을 사용해서 기독교 신앙을 해석해 냈다. 또한 본서에서는 신적 전능성에 대한 과정신학자들의 비판과 고전적 기독교의 '몸과 영혼의 이원론'body-soul dualism에 대한 과정신학자들의 비판을 수락한다. 또한 더 강력한 하나님의 권능의 역사하심이라는 견해와 화이트헤드의 작품에서 발견되는 더 풍부한 자아라는 통전적인 견해를 옹호한다. 과정 철학적 사유가 독자들에게 익숙하지 않음을 알면서도, 이 책의 각 장 앞부분에서 중요한 과정 철학적 주제들을 다루었다. 본서의 각 장 마지막 부분마다 어떻게 과정 철학이 독특한 방식으로 그러한 주제들을 통합하는지를 다룰 것이다.

여러 신학자들과 철학자들은 과학 이론들을 해석함에 있어서 자신들만의 개념상의 틀들frameworks을 사용한다. 신학자들은 과학 이론들을 해석하기 위해서 역사상의 종교 공동체가 가지고 있는 경험들과 의식들과 이야기들과 신념들을 가지고 온다. 철학자들은 인간 삶이 지니는 종교적이고 심미안적이며 윤리적이고 문화적인 특징들을 가져오고, 더불어서 인간 삶의 과학적인 면들을 탐구함에 있어서 일관성 있는 견해를 추구한다. 하지만 그렇다고 해서 비환원론적 물리주의가 인간을 완전하거나 적절하게 설명해 낼 수 있는 것은 아니다. 왜냐하면 엄청나게 많은 류의 '중간 조직들'organization intermediate이 있기 때문이고, 그 조직들이 갖는 다양한 차원들이 있기 때문이다. 이러한 중간 조직들은 여러 군집들에 속하는 분자들과 개체들로 구성된 것이다. 여기에는 진화생물학과 신경과학과 인지과학과 발전적-사회적 심리학과 인간학과 역사와 문학과 예술과 종교 연구들이 연구한 관계성들이 포함되기도 한다.

과학자들이 연구하면서 과학적 견해들을 만들어 낼 때, 철학자들과 신학자들은 과학자들에게 더 폭넓은 지적이면서도 인격적인 배경들을 제공해 줄 수 있다. 이때 그 주된 방식은 과학을 다른 분과들과 관련시키는 것이고, 과학 이론들을 적절하게 적용함으로써 인간 사회의 윤리적인 사안들을 분석하는 것이다. 철학자들과 신학자들은 또한 과학자들이 가지고 있는 철학적 전제들을 연구할 수 있도록 격려할 수도 있다. 보통 과학자들은 현상들을 탐구함에 있어서 그 현상들의 어떤 특징들이 중요한지에 대해서, 또한 어떤 유형의 개념들이 개연성을 지니는지에 대해서 그들만의 철학적 전제들을 지니고 있다. 따라서 과학 이론들은 항상 과학적 기준들에 준해서 검토를 받아야 한다. 예컨대 과학 이론들이 그 범위와 일관성과 경험적 자료와의 양립가능성과 연구를 계속 진행함으로써 생기는 결실 등, 다양한 판단 기준들에 준해서 검토를 받아야 한다는 것이다.

1장 후에 이 책의 나머지 장들에서는 특정한 주제가 다루어질 것이다. 2장에서는 진화와 하나님과의 관계를 다룰 것이다. 만일 자연이 정확한 법칙들을 따르기 때문에 하나님이 간섭하실 수 있는 틈gap이 없다면, 어떻게 진화가 하나님의 창조방식에 속한다고 말할 수 있겠는가? 만일 진화 역사에서의 모든 사건들이 '우연에 의한 돌연변이'random mutation와 '자연 선택'에 의해서만 결정된다면, 역사 속에서 하나님이 활동하신다고 말할 수 있겠는가? 우리는 먼저 다윈주의가 그 자체로 다윈 이래로 상당히 발전해 왔다는 사실에 주목할 것이다. 생물학자들은 자기조직화나 '불확정성'indeterminacy이나 하향식 인과관계나 정보의 전달communication of information 등, 유기체가 갖는 여러 독특한 특징들을 설명해 왔다. 이러한 여러 견해들이 하나님에 대해서 새로운 개념들을 낳게끔 만들었다. 즉 하나님을 자기조직 시스템의 디자이너와 불확정성의 결정자determiner와 하향식 원인cause과 정보의 전달자로 여기도록 만들었다. 이 점에 있어서 과정 철학적 사유는 이러한 견해들을 상세히 설명함과 동시에, 나아가서 하나님께서 모든 유기체의 내부interiority에서, 특히 유기체의 가장 높은 통합integration 차원에서 활동하신다는 것을 덧붙여 말한다.

3장에서는 인간을 이해함에 있어서 진화와 유전학이 가지고 있는 함의들을 검토할 것이다. 우리가 사교성을 갖는 곤충들에게서 나타나는 명백한 이타주의와 오늘날의 인간의 도덕성이 진화 역사에서 종들의 생존에 유익한 행위라고 설명하는 사회생물학자들의 주장을 수락하는 것이 옳은가? 수화를 배울 수 있는 능력을 지니는 침팬지들에 대한 연구가 인간이 독특성을 지닌다는 신념을 축소시키는가? 상징적인 표상을 만들어 내고 대화할 수 있으며 문화를 창출할 수 있는 인간의 능력 때문에 우리 인간이 여타의 다른 피조물들과 구별된다고 볼 수 있는가? 진화 역사는 인간에 관한 전통적인 기독교 교리들, 예를 들면 하나님의 형상으로 만들어진 인간, 원죄로 인해서 타락한 인간, 그리스도로 인해서 구원받은 인간 등, 전통적인 여러 기독교 인간관을 다시금 재정립해야 한다고 말한다. 인간 행위의 여러 특성들과 특정한 종들이 갖는 특성들의 상관 관계에 대한 연구들이 인간의 자유에 대한 우리의 이해에 영향을 끼치는가? 3장에서는 또한 윤리적인 사안들, 예를 들면 유전자 수정, 인간 복제, 줄기세포연구 등의 사안들을 다룰 것이다.

4장에서는 신경과학과 인공지능 그리고 인간에 대해서 다룰 것이다. 뇌를 연구하는 신경과학은 인간의 지능이 서서히 실현된 것으로서, 인간의 지능이 정서적인 특성과 선천적으로 사교적 특성을 지닌다고 말한다. 한편으로 대다수의 컴퓨터 전문가들은 인간 뇌처럼 컴퓨터 회로들circuits도 정보를 처리할 수 있는 능력이 딸린 지능을 가질 수 있다고 말한다. 최근의 연구들은 로봇이 환경과 상호작용을 하고, 환경 속에서 구체화 되며, 무언가를 경험하면서 학습할 수 있음을 역설해 왔다. 본서에서는 신경과학과 로봇공학에서 말하는 구체화된 사회적 자아라는 개념이 사실상 성서적 견해와 잘 매치가 된다는 것에 대해서도 언급할 것이다. 대부분의 헬라적 사유에 기초를 두고 있는 고전적 기독교는 오늘날의 과학적 증거와 양립하기에 어려운 '몸과 영혼이라는 배타적 이원론'을 채택했는데, 이것은 본래의 성서적 견해와는 다르다고 할 수 있다. 신경과학과 컴퓨터 공학 모두에서 '의식'이라는 지위status는 여전히 난제로 남아 있다. 여기에 속하는 철학적 해석에 환원론적 물질주의와 '쌍방향 이론'two-aspect theories과 의식의 환원불 가능성 등, 다양한 이론들이 포함된다. 그리고 과정 철학적 사유는 한편으로는 다차원적이고 통합적인 유기체들에 속하는 더 높은 유기체의 수준들에서만 의식이 발생한다고 주장하면서도, 한편으로는 모든 실재가 '주관적인 내면성'subjective interiority에 있어서나 다른 실재들에 대한 객관적인 인과적 관계성 모두에 있어서 정신적이면서 물리적인 양상을 함께 지닌다고 주장하기도 한다.

5장에서는 자연과 하나님과의 관계를 다룸에 있어서 많은 이론적 토론들을 다룰 것이다. 오늘날 우리가 신적 전능이라는 고전적 기독교의 견해를 수락할 수 있는 것인가? 먼저 성서적 사유에서 하나님 담론이 다양하다는 것과 중세의 지배적인 사유에 해당되는 신적 전능이라는 군주적 모델에 대해서 다룰 것이다. 그런 후에 자연이 갖는 통전적인 성격과 악의 실재와 고난과 인간의 자유와 십자가에 대한 기독교적 이해를 새롭게 가지면서, 하나님의 자기 제한이라는 최근의 설명에 대해서 주목할 것이다. 여성 신학자들은 하나님의 가부장적이고 군주적 모델들에 대해서 인상적인 비판들을 제기해 왔다. 이 문제에 대해서 과정 철학 사상가들은 한편으로는 신적 전능에 대한 이러한 이의들을 수락함과 동시에, 다른 한편으로는 자연이라는 실재의 특성상 하나님의 권능이 제한되어야 한다고 주장하기도 한다. 즉 하나님의 자발적인 결정이라기보다는 본상상 하나님께서 당신을 제한하신다는 것이다. 과정 철학적 사유는 하나님의 능력이 피조물들을 지배하고 통제하는 것이 아니라, 다른 존재들에 권한을 부여하면서 그것들을 배양하는 데 있다고 여긴다.

6장에서는 환경-윤리학과 관련해서 생태학과 신학이 가지고 있는 여러 함의들에 대해서 다룰 것이다. 생태학과 여타의 다른 학문들이 우리에게 모든 생명체들이 상호 의존성을 가짐을 알게 해 주었는데, 신학 역시도 사람들을 고무시켜서 새로운 환경적 태도들을 갖게 만들 수 있는 능력을 지닌다. 아쉽게도 고전적 기독교는 하나님의 내재성보다 초월성을 강조함으로써, 또한 인간과 다른 생명체들을 날카롭게 구별함으로써 환경의 위기를 초래했다. 하지만 성경으로 돌아가서, 우리는 그동안 태만하게 여겨져 온 청지기 의식과 자연을 찬양하는 것과 자연에 내재하신 성령과 성스러운 자연 등, 여러 신학적 주제들이 다시금 건강하게 회복되어야 한다고 주장하는 바이다. 최근의 신학으로부터, 특히 과정 신학으로부터 우리는 하나님의 내재성과 다른 피조물들과 우리 인간의 연대성에 대한 새로운 정식들을 만들어 내야 함을 알게 되었다. 나아가서 최근의 특정한 환경 정책들은 사회적 정의라는 쟁점들을 새롭게 도출시키기도 한다. 기술이 환경과 사회에 끼치는 영향으로 인해서 누가 혜택을 보는 것인가? 또 기술로 인해서 야기되는 위험을 누가 감수해야 하는가? 세계화가 가속화되면서 개발도상국에 새로운 투자와 새로운 기술들이 활성화된 것이 사실이지만, 그렇게 함으로써 개발도상국의 환경보호와 경제적-정치적 '자기 결정'self-determination 사안이 희생된 것도 역시 사실이다. 결론적으로 나는 과학과 종교가 협력함으로써 지구상에 더욱 정당성을 지닌 환경친화적인 사회가 건설될 수 있음을 주장하는 바이다.

2. 하나님과 진화

진화론은 하나님이 자연 안에서 활동하신다는 사상과 양립할 수 있는가? 대부분의 서양 역사는 현존하는 모든 피조물들이 하나님에 의해서 고안되었고 창조된 것이라고 말해 왔다. 하지만 이와 달리 찰스 다윈Charles Darwin은 현존하는 생물들이 오래 과정을 거친 자연 선택의 산물이라고 주장했다. 다윈의 진화론은 하나님의 디자인으로서의 피조 세계라는 전통적인 입장에 이의를 제기하면서, 하나님의 섭리적인 인도하심과 대립 관계에 있는 과학 법칙을 가지고 자연의 역사를 설명해 냈다. 여기서 우리는 생물학이 다루는 몇 가지 주제들이 신학과 관련해서 신뢰할만한 새로운 내용들을 제공해 주었음을 인정해야 한다. 즉 자연법칙들을 위반하는 하나님의 초월적 '관여'intervention 없이도, 하나님께서 진화 역사에서 행동하신다고 말할 수 있게 되었다는 것이다.

2장의 첫 번째 항에서는 진화론의 발달 역사를, 즉 다윈에서부터 분자생물학과 '복잡성 이론'complexity에 관한 최근의 여러 가설들에 대해서 다룰 것이다. 두 번째 항에서는 생물학적 과정을 탐구하는 최근의 몇 가지 저작들이 담고 있는 네 가지 주제들에 대해서 다룬다. 자기조직화, 불확정성indeterminacy, 하향식 인과율, 정보의 전달communication of information이 그것이다. 세 번째 항에서는 유기체들이 갖는 네 가지 특성들을 비교하면서 자연 속에서의 하나님의 행동에 관한 여러 신학적 모델들에 대해서 다룰 것이다. 그리고 마지막 항에서는 과정 신학으로 인해서 정통 신학이 갖는 몇 가지 난제들에서 벗어날 수 있음을 다룰 것이다. 즉 자연과 하나님의 관계에 관한 몇 가지 모델들을 다룸으로써, 정통 신학의 몇 가지 난제들을 해결할 수 있음에 대해서 다룰 것이다.

진화해 나가는 다윈주의

진화론은 다윈 이래로 상당히 자신들의 입장을 재해석하면서 수정해 왔다. 어떻게 수정해 왔는지를 다룸에 있어서, 먼저 '개체 유전자들'population genetics의 성장과 분자생물학을 간략하게 다루고, 이후에 다윈주의의 팽창에 대해서 다루도록 하겠다. 특별히 여기서는 자연선택과 관련된 여러 요인들이 진화의 방향성 변화에 영향을 끼쳤음에 대해서 검토할 것이다. 그리고 마지막으로 최근의 복잡성 이론과 자기조직화를 다루도록 하겠다.

1. 다윈에서 유전자까지

다윈 당시에 뉴턴주의 기계론은 다른 학문들이 배워야만 하는 학문의 한 형태로 간주되었다. 뉴턴주의는 원자론적이고, 결정론적이며, 환원주의적 입장을 지녔다. 즉 뉴턴주의가 모든 시스템들의 행위가 그 시스템들의 가장 단순한 구성요소들의 행위를 지배하는 몇 가지 단순한 법칙들에 의해서 이미 결정되어져 있다고 여겼다는 것이다. 변화는 중력과 같이 외부에서 가해진 힘들의 결과로 생각됐고, 이러한 외부의 힘들이 본질적으로 수동적인 몸에 영향을 행사하는 것이라고 여겨졌다. 다윈은 뉴턴주의 물리학이 모든 학문들에 필요한 하나의 사상을 제시했다고 보면서, 자신의 진화론이 여러 면에서 뉴턴주의의 전제들을 공유한다고 여겼다.[03]

다윈은 진화의 변화가 하나의 종이 갖는 '개별적인 요인들'individual members 사이에서 여러 변이들에 영향력을 행사하는 자연 선택에 의해서 야기된다고 말한다. 경쟁 상태에서는 취약한 적응에 이점을 가진 개체들이 자신들의 후손들에게 그 이점을 전달하면서 번식함으로써, 더 잘 살아남게 될 것이다. 이러한 다윈의 견해는 '원자론적인' 특성을 갖는데, 즉 자연 선택이 각각의 유기체들 내의 분리된 특성들에 영향을 끼친다고 가정했다. 뉴턴과 마찬가지로 다윈도 변화를 외부로부터 가해진 여러 힘들의 결과로 여겼다. 다윈은 변화의 방향은 라마르크Jean Baptiste Lamark가 생각했던 것처럼 유기체들의 노력에 의해서가 아니라, 자연 선택에 의해서 결정되어 있다고 말했다. 다윈이 뉴턴과 공유했던 이러한 견해들은 드퓨Depew와 베버Veber가 쓴 최근의 책에서 상세하게 다루어졌다.[04]

19세기 말경에는 물리학의 여러 영역들에서 개연성이 중요한 개념으로 취급되었다. 루트비히 볼쯔만Ludwig Bolzmann은 가스 분자들이 다양하게 배열된다는 개연적 사실을 계산으로 입증할 수 있다고 생각했다. 비록 각각의 분자들의 움직임들이 계산하기 어려울 정도로 지나치게 복잡한 것이 사실이지만, 그래도 계산해 낼 개연성이 존재한다고 여겼다. 평균 상의 통계수치들이 커다란 규모의 '변수들'variables, 예를 들면 압력, 질량, 열의 흐름, 엔트로피 간의 상관관계를 예측하는 데 사용되었다. 또한 통계역학과 고전 열역학에서의 '거시적 평형상태들'equilibrium macro-states은 초기 분자들의 분포상태를 알지 않고도 계산될 수 있다고 여겨졌다.

확률적 추론 역시 개체 유전자들의 출현과 함께 20세기 로널드 피셔Ronald Fisher와 시월 라이트Sewall Wright와 도브잔스키Theodosius Dobzhansky의 20세기 진화 이론에 있어서 중요한 개념이다. 피셔는 19세기 물리학이 각각의 유기체들 내의 '유전자 확률'gene probabilities을 계산하고 개체들 내의 유전자 빈도를 계산하는 자신의 사상에 영향을 끼쳤음을 인정했다. 또한 저명한 쥴리안 헉슬리Julian Huxley와 심슨G. G. Simpson과 에른스트 마이어Ernst Mayr의 관심 분야인 '현대 종합설'modern synthesis은 종의 진화가 작은 변화들의 점진적인 축적의 결과라는 다윈주의의 신념에 힘을 실어주기도 했다. 만일 한 개체 내의 요인들이 '위치적으로' '생식적으로' 다른 요인들로부터 격리되어 있다면, 결국 축적된 변화들로 인해서 더 이상 '본래의 개체'original population와 상호교배 되지 않는 새로운 종이 되는 셈이다. 이렇게 되면 격리된 매우 미세한 개체에서의 유전자 빈도는 커다란 개체에 있는 유전자 빈도들과 전혀 다를 수 있다. 즉 진화에 있어서 '변화되어져 가는 방향'genetic drift(유전적 부동)이 자연 선택에 기인한다기보다는, 우연의 결과일 수 있다는 것이다. 하지만 이러한 가능성에도 불구하고, 자연 선택은 여전히 진화의 변화에 있어서 주요한 동인principal agent으로 간주 되고 있다.[05]

1953년에 디엔에이DNA 구조의 발견으로 인해서 사람들은 개체 유전자들로부터 나오는 유전자들의 분자 구성요소들이 모두 동일하다는 인식을 갖게 되었다. 오늘날 사람들은 유전자를 디엔에이에 속하는 하나의 조각으로 알고 있는데, 디엔에이 내의 이 조각이 특정한 단백질을 모으는 데 필요한 정보를 제공해 주는 역할을 감당한다고 생각한다. 분자생물학의 '센트럴 도그마'central dogma(이것은 유전 정보의 흐름을 나타내주는 것으로서 분자생물학의 기본 원리이다.)는 정보는 단지 한 방향으로만, 즉 디엔에이 내의 '염기서열'sequences of bases에서 단백질을 만들어내기 위해서 디엔에이가 모은 아미노산의 서열로만 이동한다고 주장한다. 이로 인해서 환경은 유전자들에 직접적인 영향을 끼치지 않는다고 여겨지게 되었다. 단지 환경이 유전자들을 운반하는 유기체들에 가해지는 선택압selective presssures(選擇壓)을 통해서 유전자들을 제거하거나 영속화하는 역할을 할 뿐이라고 생각되었다. 하지만 분자생물학이 진화 역사의 거의 모든 측면을 조명하는데 상당히 유용한 역할을 감당했음에도 불구하고, 오늘날 분자생물학의 여러 전제들 가운데 몇몇 전제들에 대해서는 점점 더 의구심이 커지고 있는 실정이다.

2. 다윈주의의 팽창

최근 수십 년 동안 현대 종합설에 대한 여러 도전들은 팽창된 다윈주의(또는 신다윈주의)에 대한 도전으로 봐야 한다. 즉 이러한 최근의 도전들이 초기 다윈이 갖고 있었던 통찰들에 대한 도전들이 아니라는 것이다. 예를 들면 선택은 개체들 내의 유기체들의 차원에서만이 아니라, 여러 차원들에서 발생하는 것이라고 주장되어 왔다. 도킨스Dawkins는 유기체들의 차원에서만 선택을 논할 뿐이다. 그는 유기체들을 단지 유전자가 자신들을 영속화시키는 장치일 뿐이라고 여긴다. '혈연 선택'kin selection을 지지하는 윌슨Edward O. Wilson 같은 사람이 있는가 하면, '집단 선택'group selection을 옹호하는 사람들도 있다. 또한 철학자들과 생물학자들 모두는 종의 차원에서도 선택이 일어난다고 주장해 왔다. 하나의 유기체가 번식을 통해서 다른 유기체들을 생산하지만, 사망 시 그 유기체는 즉시 사라지고 만다. 또한 하나의 종(種)이 종의 분화를 통해서 다른 종들을 생산하지만, 역시 멸종될 때 그 종은 사라지고 만다. 궁극적으로 볼 때 '종의 분화율'speciation rate은 각각의 유기체들의 번식 비율만큼이나 중요하다고 할 수 있다. 변이와 선택이 단번에 여러 차원에서 발생하는데, 한 차원에서의 변화들은 다른 차원에서의 변화들에까지 영향을 끼칠 수 있다.[06] 애초에 다윈이 종들이 생존을 위해서 투쟁하고 경쟁해야 함을 강조했다면, 진화와 관련된 최근의 해석들은 협력과 공생을 위해서 종들이 더 커다란 역할을 감당하는 것에 주목해 왔던 것이다.

굴드Jay Gould와 엘드렛지Niles Eldredge가 주장하는 '단속평형설'punctuated equilibrium (斷續平衡說)은 '대진화'macro-evolution가 여러 작은 변화들이 축적된 결과라는 초기 진화론의 전제에 도전을 가했다: 그들은 화석의 기록들이 수백 년 동안 거의 변화가 없음을 지적한다. 화석은 급속한 종의 분열과 더불어서, 특히 초기 캠브리아기Cambrian period 때에 만들어진 것이라고 여겨진다. 그 시기에 잘 알려진 '종족들'phyla과 체제(體制)들body plans (이것은 동물 몸의 기본 형식이다.)은 비교적 짧은 시기 동안에 출현하였다. 굴드와 엘드렛지는 발전 단계에서 변이(變質)들alterations이 주요한 구조상의 변화를 만들어냈다고 가정한다. 이들이 '다유전자적 특질'poly-genic traits과 하나의 시스템으로서의 게놈genome과 발달해 나가는 규제 프로그램들regulatory programs의 역할에 주목했다는 점에서 볼 때, 이들의 견해는 전일적인 특성을 갖는다. 즉 이들이 각각의 특질들(이 각각의 특질들은 선택에 종속된다.)을 통제하는 단일한 유전자들 내의 변이가 만들어내는 작은 변화들에만 주목한 것이 아니라는 것이다. 이들은 변화의 방향성이 발전상의 재조직 가능성과 더불어서 유기체들에 영향력을 행사하는 선택하는 힘에 의해서 결정된다고 여겼다.[07]

굴드와 레온틴Lewontin은 진화상의 변화를 야기하는 수많은 원인들이 있다고 주장하면서, '범적응론'pan-adaptationism만을 가지고 이 모든 것을 설명하려는 태도를 비판한다. 그들은 어떻게 환경에 적응해 나갈 것인가에 있어서 '단지 하나의 이야기'just-so story만을 구상함으로써 어떤 특성에 요구되는 하나의 '선택 이익'selective advantage, (選擇利益)이 타당하다면, 누구나 쉽게 그것을 가정할 수 있다고 말한다. 심지어 선택이익과 관련된 독자적인 증거가 없는 상태에서도 쉽사리 이렇게 상정할 수 있다는 것이다.[08] 하지만 대다수의 생물학자들은 잘 알려진 데이터들이 신다원주의의 확장되고 풍부한 입장(이것은 진화상의 변화에 있어서 변이와 자연 선택이 신다윈주의에 있어서 여전히 중요한 요인들이라고 보는 입장을 말한다.)과 일치한다고 주장하면서, 스테빈스Stebbins와 아야라Ayala 같은 사람들과 입장을 같이 한다.[09] 센트럴 도그마central dogma에서 주장하는 것처럼 디엔에이에서 단백질에로의 정보의 전달이 매우 중요하지만, 그러나 어떻게 살아있는 유기체들에서 유전자들이 출현하는지를 결정함에 있어서 다른 정보의 출처들도 중요하다고 봐야 한다. 세포핵cell nucleus 외부의 세포질 cytoplasm, (細胞質) 내에 어느 정도의 정보들이 있긴 하지만, 어떤 정보들은 유기체나 더 넓은 환경으로부터 생성이 되기도 한다. 그리고 복잡한 피드백complex feedback과 '조절 체계'regulatory system가 불규칙하게 특정한 유전적 프로그램들로 변하기도 한다. 나아가서 외부의 영향들 또한 유전자들의 변이transposition에 영향을 끼칠 수도 있다.[10]

한편 '내적 충동들'internal drives과 유기체들의 새로운 행동들이 진화상의 변화의 출발점이 될 수 있음에 주목한 생물학자들도 있다. 환경이 개체들을 선택하기도 하고, 개체들이 환경들을 선택하기도 한다는 것이다. 또한 새로운 영역에서는 다양한 유전자들 집합이 유기체의 생존을 위해서 기여할 수도 있다. 어떤 선구자적인 물고기는 위험을 무릅쓰고 육지로 올라와서 양서류와 포유류의 조상이 되기도 했다. 또한 어떤 포유류는 나중에 물로 돌아가서 돌고래와 고래의 조상이 되기도 했으며, 숲 딱따구리가 산에서 사냥을 시작한 케이스도 있다. 각각의 경우에 있어서 유기체들이 새로운 주도권을 잡았는데, '유전적 동화'genetic assimilation로 인한 유기체들의 새로운 행동으로부터 유전적이고 해부학적인 변화들이 잇따라 발생했다.(발드윈 효과) 이러한 변화들은 유전적 변이들에 의해서 주도된 것이 아니다. 라마르크는 유기체들의 의도적인 행동들이 결국 생리학적인 변화들을 낳은 것임을 옳게 지적했지만, 한편으로 그는 유기체의 전체 생애 동안에 발생하는 생리학적인 변화들이 그 후손으로 직접 유전된다는 주장을 하기도 했다.[11] 마지막으로 마이어와 굴드와 레온틴을 포함한 몇몇 생물학자들은 자신들을 확장된 다윈주의의 대표자로 자처하면서도, 물리학에서 차용된 '생명의 자율성'the autonomy of biology 개념을 주장하기도 했다. 하지만 그들은 고전 열역학의 개연적 사실에 의거한 물리학이 진화생물학을 위한 하나의 모델은 될 수 없다고 말한다. 이유는 그들이 변화와 우발적인 역사적 환경이 종의 진화에 있어서 중요한 역할을 감당한다고 보기 때문이다. 하나의 독특한 역사적 내러티브를 통해서 진화를 설명하는 것은 가능하지만, 예측적인 법칙들을 가지고 진화의 경로까지를 추론할 수는 없다는 것이다. 이 사람들은 또한 생물학적 개념들의 독특성을 옹호하면서, 이 개념들을 물리학적 개념과 화학적 개념으로 바꿀 수 없다고 본다. 이제 그 내용을 살펴보자.[12]

3. 다윈주의를 넘어서?

다윈의 이론은 여러 면에서 뉴턴주의 물리학이 가지고 있는 여러 전제들과 공유하는 점이 많았는데, 다윈의 '근대의 종합설'modern synthesis 은 통계역학의 개연적 추론에 영향을 받은 것이다. 자연과학에 속하는 혼돈과 복잡성 이론에 관한 최근의 저작들로 인해서 진화론의 미래적 전망을 보다 잘 이해할 수 있게 되었다. 고전 열역학의 '선형 시스템'linear systems이 미세한 초기의 차이들에 대해서 민감하게 반응하지 못하다가 예측 가능한 평형상태에 도달하는 반면에, 평형상태와 무관한 비선형 열역학 시스템들은 매우 미세한 초기의 차이들에 극도로 민감하게 반응하면서 예측 불가능성의 특징을 지닌다. 그러므로 프로고진을 비롯한 몇몇 사람들은 평형상태와 무관한 산일성(散逸性)의 시스템에 속하는 새로운 유형의 질서의 창발emergence에 대해서 언급해 왔다.

초기 조건들 내의 매우 미세한 차이가 대안적인 '최종상태들'end-states
과 새로운 차원의 질서를 낳게 되는데, 이 질서는 분자 차원에서의 상
호작용에 의해서가 아니라 전체 조직에 미치는 친족 관계에 의해서 설
명될 수 있다.[13]

　카우프만Stuart Kauffman은 진화를 '자기 조직화'self-organization와 우연과
선택의 산물이라고 주장하면서, 복잡계 이론을 받아들인다. 그는 배아
발생, 신경망들, 컴퓨터 네트워크 등과 같은 다양한 시스템들이 가지
고 있는 공통 특성들에 주목한다. 다음 장에서 보게 될 텐데, 그는 역
동적인 시스템들은 어떠한 외부적 '선택압'selective pressures 없이도 새로
운 질서 상태들을 가질 수 있다고 주장한다.[14] 제프리 윅켄Jeffrey Wicken
도 유기체들과 함께 진화하는 광범위한 생태계 내의 엔트로피, 질서,
그리고 에너지의 흐름을 연구하지 않고는, 우리가 진화 역사를 올바르
게 파악할 수 없다고 주장해 왔다. 더욱이 그는 말하기를 아미노산이
단백질을 만들기 위해서 무작위로 결합 될 때, 구조적이고 열역학적인
통제규칙들constraints이 철저하게 안정적인 조합을 만들어낸다고 말한
다. 이 사람들의 주장은 다양한 차원을 분석하려고 하는 통전적인 접
근을 취한 것으로서, 진화론에 자명한 것으로 여겨지는 환원주의를 벗
어난 주장이라고 말할 수 있다. 그들은 자연 선택이 자기조직화된 시
스템이라는 하나의 분야에도 작용이 된다고 말한다.[15]

　과거에는 발생학embryology과 발생 생물학에서 다루는 사안들을 잘
못 이해했기 때문에 그 사안들을 신다윈주의로 통합시키는 데에 어려
움이 있었다. 어떻게 세포들이 분화해서 적절한 기관들이 성장해 가
는 생물 내의 적절한 장소에 형성이 되는가? 한편으로 세포들이 분
화하는 과정 속에서 세포들을 인도해 가는 '선재하는'preexisting 계획

을 담고 있는 '형태 형성 분야'morphogenic field를 말한 생물학자들도 있었다. 반면에 특정한 해부학적인 형태로 성장해 나가는 '발달경로들'developmental pathways을 말한 생물학자들도 있었다. 그러나 이러한 가설들은 발생학적 발달과정에 관한 최근의 유전자 구조와 분자 구조 연구에 빗대서 봤을 때, 상당히 신빙성이 떨어진다. '조절 유전자들'regulatory genes이 단백질을 생성해 내는데, 이때 단백질은 제2의 유전자들로 전환되기 위해서 필요한 스위치switches 역할을 한다. 그리고 여기서 제2의 유전자들은 결과적으로 세포와 세포조직과 세포 기관들 내의 '단백질 집합'protein assembly을 관장하는 제3의 유전자들을 통제한다. 최근의 실험에서는 초파리의 동공발달 프로그램을 주도하는 '총괄 조절 유전자'master control gene가 곤충들의 날개와 다리와 더듬이와 동공들eyes에 있는 세포 속으로 유입됐음이 확인이 되었다. 만일 한 마리 쥐의 동공발달에 필요한 조절유전자가 파리 날개의 세포 속으로 유입된다면, 파리의 동공도 발달하게 될 것이다. 이것은 각기 다른 두 종들의 동공발달에 필요한 조절유전자가 공통의 진화적 조상으로 인해서 변하지 않음을 암시한다. 즉 곤충이나 포유류의 동공이 다른 방향으로 빠르게 진화했음에도 불구하고, 조절유전자는 변하지 않는다는 것이다.[16] 이러한 과정들에 대한 우리의 이해는 여전히 제한되어 있지만, 그러나 '분자계통발달'molecular basis of development 연구로 인해서 진화 역사에 관한 우리의 이해는 매우 넓어지게 된 것이 사실이다. 예를 들면 캠브리아기 대폭발 시기의 '새로운 계통'new phyla이 매우 초기의 발달을 규제하는 유전적 네트워크들의 변화들에 의해서 야기될 수 있다는 것을 우리가 알게 됐다는 것이다.

분자의 팽창 능력을 인식한 후에도 발달패턴들이 '계층적 구조'hierarchical organization와 물리구조 양태들에 속하는 여러 원리들에 의해서 제약을 받는 것은 사실이다. '형질형의 가변성'variability of phenotype, body structures은 발달시스템들의 구조와 역학에 의해서 제한을 받는다. 굿윈Goodwin과 호Ho와 선더스Saunders는 구조주의structuralism를 옹호해 왔는데, 구조주의는 비교적 자율적인 발달 역학이 거대진화의 주요 원천이 된다는 설이다.[17] 물론 이러한 견해들은 다분히 논쟁의 여지를 갖기 때문에 현재의 생물학적 사유의 주류 밖에 놓여져 있는 것은 사실이다. 하지만 그래도 이러한 견해들을 일방적으로 묵살해서는 안 된다. 만일 이러한 견해들이 신다윈주의 이론보다 관찰된 현상들을 더 적절히 설명해 낼 수 있다면, 우리는 그 유용성을 인정해야 한다.

이러한 견해를 가진 사람들은 자신들을 팽창된 다윈주의 이상으로 나아가는 학자들로 간주한다. 만일 이 사람들의 견해들이 유용하다고 입증이 된다면, 그 견해들은 토마스 쿤Thomas Kuhn이 '패러다임의 전환'paradigm shift[18]이라고 칭했던 것과 같은 변화를 가져올 수도 있다. 나아가서 이러한 패러다임의 전환 속에서 뉴턴주의와 19세기 물리학의 기본 전제들이 새로운 대안적 전제들로 대체될 수 있는 가능성도 생겨나게 된다. 그렇게 되면 아마도 우리는 라카토스Imre Lakatos의 용어를 사용할 수 있게 될 것이다. 또한 우리는 변이와 자연선택이라는 다윈주의의 핵심 사상이 다윈주의가 가지고 있는 몇 가지 '보조 가설들'auxiliary hypotheses을 버림으로써, 예를 들면 '점진적인 진화'gradualism와 직접적인 힘으로서의 선택의 배타적 역할 등과 같은 견해들을 버림으로써 더 잘 보호받게 된다고 말할 수도 있을 것이다. 우리는 또한 복잡한 현상들을 연구함에 있어서 보편적으로 적용할 수 있는 예측성의 법칙들을 찾는 것이 아니라 특정한 영역에만 적용할 수 있는 '한계 모델'limited models을 찾아야 함을 주장하는 과학적 입장들을 따를 수 있게 될 것이다. 그렇게 되면 자연선택은 전체 영역이 아니라 일부 몇몇 특정한 영역에서만 적용될 수 있는 여지를 갖게 될 것이다. 최소한 우리는 변이와 자연선택에 덧붙여서 다른 요인들도 고려해야 하며, 또한 다양한 차원으로 나아가는 진화의 여러 측면들을 관찰해야 할 것이다. 이후의 토론에서 나는 주로 다윈주의의 팽창을 지지하는 사람들의 입장을 소개함과 동시에 카우프만의 책에 나오는 입장도 다룰 것이다. 카우프만은 스스로 자기 자신을 '다윈주의를 넘어선' 사람으로 간주한다.

생물학적 과정들

현재의 생물학적 사유에 있어서 우리는 다음의 네 개의 개념들을 주의 깊게 분석해야 한다. 자기조직화, 불확정성, 하향식 인과율, 정보의 전달communication of information이 그것이다. 이들 각각의 개념들은 신학적 해석들에서도 중요한 것으로서, 이제 이 개념들에 대해서 다루도록 하겠다.

1. 자기 조직화

진화 역사는 실제로 '지향성'directionality, (방향성)을 제시하는데, 지향성은 종이 커다란 복잡성과 의식을 향해서 나아가고 있음을 의미한다. 디엔에이의 유전적 정보는 계속해서 증가해 왔다. 환경에 관해 정보를 모으고 처리하면서 환경에 반응하는 유기체들의 능력 또한 계속해서 발전해 왔다. 특히 생명과 의식과 인간 문화의 창발은 지속적이고 점진적인 과정 내에서의 중대한 변이들에 속한다. 하지만 그렇다고 해서 진화가 단선적인 진보적 발전의 양상을 보이는 것은 아니다. 대부분의 종의 경우에 있어서 '우발적 적응'opportunistic adaptation은 여러 조건들이 변화되었을 시 멸종하게 된다. 진화의 패턴은 균일하게 자라는 나무와 같지 않다. 또한 진화의 패턴은 엉켜진 가지들이 여러 방향으로 제멋대로 뻗어나가다가 결국 죽어버리는 덤불과 같지도 않다. 하지만 그래도 진화의 방향에는 하나의 전반적인 경향성이 존재한다. 인간이 아메바나 벌레에 비해서 놀랄만하게 도약했다는 것에 대해서 누가 의심을 제기할 수 있겠는가?

몇몇 사람들은 만일 '원시 바다'primeval oceans에서 아미노산이 '단백질 사슬'protein chains을 형성하기 위해서 우연히 결합되었다면, 특정한 단백질을 제대로 형성하기 위해서 그렇게 결합될 수 있는 가능성이 상당히 미세할 것이라고 주장해 왔다. 하지만 우주의 역사보다 몇 배나 더 긴 시간에서도 그렇게 될 가능성은 거의 없다.[19] 따라서 그러한 주장은 신빙성이 없는데, 이유는 아미노산이 동일한 가능성 때문에 우연히 결합되지 않기 때문이고, 또한 아미노산들 사이에 붙박이식의 유사성들과 상호 유대적인 선호도와 구조상의 가능성들이 있기 때문이다. 아미노산들이 결합됨으로써 지속가능한 안정적인 단위들을 만들어 내는데, 그러한 단위들은 더 커다란 단위들을 만들어 내기 위해서 서로 결합이 된다. 즉 생체분자organic molecules가 구조상의 억제constraints와 더불어서 그 잠재력 때문에 자기조직화와 복잡성이라는 능력을 지니게 된다는 것이다.

생명체 내에서 어떻게 더 높은 차원에로의 구조적 복잡성organizational complexity이 이루어지는가를 설명하기 위해서, '단계이론'hierarchy theory을 말한 학자들이 있었다. 여기서 그들의 작업을 논함에 있어서 가끔씩 작업이 중단되는 시계제조업자가 있다고 가정해 보자. 만일 그가 시계를 만드는 작업을 매 시간마다 새롭게 다시 시작해야 한다면, 그는 자신이 해야 하는 일을 결코 끝마치지 못할 것이다. 그런데 그가 시계 부품들의 모음집들을 안정적인 '하위부품들'sub-assemblies로 모아서 조립한다면, 그는 보다 빠르게 자신이 해야 하는 일을 끝마칠 수 있을 것이다. 살아있는 유기체들은 다양한 차원에서 수많은 안정적인 하위부품들을 지니게 되는데, 이것들은 '손상되지 않은 채로' 그리고 서로 '느슨하게 연결된 채로' 보존이 된다. 또한 유기체 내의 미세한 부분들이 지니는 여러 변이들이 있는데, 이 변이들과 상관이 없는 또 다른 여러 기능들이 종종 더 높은 차원의 안정성을 낳기도 한다. 따라서 진화는 우연성과 '방향성'directionality, (지향성)을 나타낸다고 할 수 있다. 이유는 종의 더 높은 수준들이 새로운 유형의 질서를 구현하기 때문이고, 또한 그 수준을 계속 유지하면서 더 높은 수준으로 나아가는 안정성 또한 구현하고 있기 때문이다.[20]

이제 카우프만의 이론을 검토하도록 하자. 그는 진화를 자기조직화와 불규칙한 변이와 자연선택의 산물이라고 말한다. 그는 분자들, 세포들, 신경망들, 여러 생태계들, 기술적이고 경제적인 시스템들 내에 매우 상이한 것처럼 보이는 '복잡계 시스템들'complex systems이 있음을 발견해 내면서 복잡계 시스템들이 유사한 패턴들을 가짐을 알게 되었다. 각각의 경우에 있어서 피드백 메커니즘은 더 커다란 전체에서의 협력적 행위를 가능하게 만든다. 이러한 시스템들은 작은 구성요소들에서는 볼 수 없는 새로운 창발적-조직적 특성들이다. 나아가서 카우프만은 네트워크들의 특정한 행태들에도 특별한 관심을 갖는다. 예를 들면 네 사람이 10만 개의 백열전구에 전기를 연결하거나 차단하도록 배열시킨 상태가 됐을 때, 백열전구들의 불빛은 천문학적인 숫자의 여러 경로들 가운데서 단지 327개의 경로들만을 돌 뿐이었다. 이와 마찬가지로 유전자들도 네트워크로 연결되어 있다. 단순하게 봤을 때 유전자 A가 유전자 B를 억제하기도 하고 그 반대의 경우도 있을 수 있지만, 두 개의 유전자 중에서 하나를 어느 한쪽으로 방향을 전환시킬 수 있다. 카우프만은 포유류들 가운데서 단지 265개의 세포 형태들만이 있다는 것에 주목하면서, 이것이 우연한 것이 아니라 시스템 원리들의 결과일 수 있다고 말한다.[21]

카우프만이 쓰는 수많은 개념들이 사변적이어서 여전히 탐구의 여지를 갖는 것이 사실이지만, 그럼에도 불구하고 그 개념들은 진화를 관찰하게 해 주는 새로운 방식에 속한다. 그는 복잡계 시스템들 속에서, 특히 질서와 혼돈의 경계 선상에서 하나의 새로운 질서가 자발적으로 창발한다는 것도 알아냈다. 지나칠 정도의 엄격한 질서는 변화를 생겨나지 않도록 만드는 반면에, 지나칠 정도의 혼돈 역시도 변화의 연속성을 가능하지 않게 만든다는 것도 알아냈다. 이런 맥락에 따라서 우리는 우리 자신을 상당히 개연성이 낮은 역사적 사건의 산물로 보는 것이 아니라, 자연 질서의 예상된 성취물로 보아야 한다. 자신의 책 『우주에서의 나의 집』"At Home in the Universe"에서 카우프만은 우리 인간이 그러한 자기조직화가 발생하는 하나의 과정에 대해서 경외심과 존경심을 가져야 한다고 말한다.

2. 불확정성

진화 역사가 보여주는 수많은 특성들은 예측불가능한 사건들의 산물이다. 우리는 암수로 이루어진 특정한 쌍의 유기체들과 그들의 후손들에로 전해진 유전자들이 어떻게 조합되는지를 예측할 수 없다. 유전자 법칙들은 단지 커다란 집단들 내의 개체들과 관련해서만 확률적으로 적용될 수 있을 뿐이다. 수많은 변이들과 복제replication 상의 오류들 또한 무작위로 발생하는 것처럼 보인다. 일부 개체들만이 커다란 집단의 평균적인 수준과 유전적으로 다른 것처럼 보이는 작은 격리된 집단을 만들 수 있을 뿐인데, 이것은 결국 '유전적 부동'genetic drift을 낳게 된다. 이러한 예측 불가능성은 공진화하는co-evolving 종들이 역사적으로 우연히 발생하는 생태계들과 환경들 속에서 서로 '경쟁하고 협력하면서' 상호작용할 때 생성이 된다. 왜 이렇게 됐을까? 페름기permian period 말기에 소행성 충돌이 지구의 기후와 진화 역사를 극적으로 바꿨을 가능성이 있다. 따라서 우리는 단지 하나의 역사적 이야기로만 진화를 설명해 낼 수 있을 뿐, 진화의 과정에 대해서는 정확하게 예측할 수 없다고 봐야 한다. 이러한 발생 가능성을 가진 '우연한 사건들'chance events은 예측할 수 없는 독립된 인과적 사슬들의 교차점intersection of separate causal chains을 지시하는 것처럼 보인다. 두 개의 인과적 사슬들이 결정적으로 중요할 수 있지만, 그것들이 완전히 서로 무관하다면 아무리 일정한 규칙적인 패턴을 가졌다 하더라도 시공간 상에서의 그것들의 교차점을 설명해 낼 수는 없다. 이 점에 있어서 하나의 인과적 사슬이라는 개념은 추상적이고 모호할 수밖에 없다. 보통 하나의 사건의 '원인'에 대해서 논할 때 여러 개의 필수적이고 필요 충분적인 조건들 중에서 하나의 조건을 선택하게 되는데, 우리에게서 그 조건은 특정한 탐구 영역에 속한다고 할 수 있다. 하지만 진화 역사에서 상당히 복잡하면서도 세분화 되어있는 인과적 영향력을 가진 그물망이 그 자체로 결정적인 성격을 갖는 것은 아니다.

또한 본래적으로 자연 내의 '양자 수준'quantum level에도 불확정성이라는 특성이 존재한다. 양자 이론에서는 원자들과 아원자 입자들 사이에서 일어나는 개별적 사건들을 예측할 시에는, 정확성이 아니라 확률

probabilities에 기댈 수밖에 없다고 말한다. 하나의 특정한 방사선 원자 radioactive atom는 현재로부터 수천 년이 지나면 부패할 수밖에 없다. 따라서 양자에 관한 이론이 우리에게 앞으로 일어날 일들을 정확하게 말해준다고 얘기할 수 없는 실정이다. 한편 현재의 이론이 가진 한계들 때문에 이러한 불확정성이라는 특성이 발생한다고 생각하는 몇몇 물리학자들도 있다. 그들은 언젠가 발견하게 될 미래의 이론들이 은닉되어 있는 변수들variables을 드러내 줄 것이라고 기대한다. 즉 미래에 밝혀질 이론이 우리로 하여금 정확한 계산을 가능하도록 만든다는 것이다. 하지만 대부분의 물리학자들은 불확정성이 원자 세계가 가진 하나의 특성이라고 주장한다. 전자들과 아원자 입자들이 시공간 상에서 하나의 정확한 위치를 점유하지 않는다는 것이다. 정확하게 관측되기 전까지, 이것들은 다양한 가능성의 범주에 속하는 퍼져나가는 파동들로 여겨질 수밖에 없다는 것이다.[22]

일상적인 물체들에 속하는 커다란 그룹의 원자들 사이에서는 원자 수준에서의 불확정성이 평균치에 속하게 되는데, 이로 인해서 결과적으로 통계적으로 예측 가능한 광범위한 작용을 설명하는 것이 가능한 것처럼 보인다. 그러나 어떠한 생물학적 시스템들에서는, 특히 유전적이고 신경적인 시스템에서는 작은 몇몇 원자들 내에서의 변화가 광범위한 결과를 이끌어 내는 것이 사실이다. 양자 사건에서 하나의 변이가 일어날 수 있는데, 그때 하나의 유전자 내에서 이루어지는 단일한 '분자 결합'molecular bond이 생성이 됐다가 파괴된다. 그리고 그로 인한 결과들이 성장하는 유기체의 표현형phenotype. (표현형은 유전자와 환경의 영향에 의해서 형성된 생물의 형질을 가리킨다.) 안에서는 확대될 수 있고, 자연선택에서 영속화될 수도 있다. 이러한 진화적 예측불가능성은 자연 안에서의 불확정성을 초래할 수 있다. 즉 불확정성을 단지 인간 지식의 한계 때문이라고 볼 수 없다는 것이다.

평형상태equilibrium와 또 다른 카오스 이론과 '비선형적 열-열학 시스템'non-linear thermodynamic systems에서는 지극히 작은 불확정성이 초기 상태와 관련해서 큰 결과들을 초래할 수도 있다고 본다. 또한 카오스 시스템에서는 매우 작은 하나의 변화가 기하급수적으로 확대될 수도 있다. 이것을 '나비효과'라고 칭할 수 있는데, 이유는 이것이 브라질에서의 작은 나비 한 마리의 날개 짓이 한 달 후에 뉴욕 전체의 날씨를 바꾸는 것을 연상시키기 때문이다. 먼 은하계 상에서의 하나의 전자의 움직임이 오랜 시간이 지난 후에 지구상에서의 여러 사건들을 야기하는 원인이 될 수도 있다.[23] 이러한 맥락에 따라서 볼 때 결정론적 법칙들deterministic laws은 단지 닫힌 시스템들 내에만 적용될 뿐이다. 닫힌 시스템 내에서만 결정론적 법칙들이 실재reality에 가깝게 다가선다는 것이다. 이유는 초기 조건들에 상당히 민감한 실제 시스템들만이 외부로부터의 영향과 상관될 수 있기 때문이다.

켈러트Stephen Kellert는 카오스 시스템들의 예측 불가능이라는 특성을 접하면서 우리 인간이 한계를 갖는 것이 우리 인간이 반성해야 하는 사안은 아니라고 말한다. 이유는 오랜 시간 너머를 예측하기 위해서는 우리의 은하계가 지닌 모든 전자들 내에 저장될 수 있는 정보보다 더 많은 정보를 필요로 하기 때문이다. 즉 그것들을 정확하게 계산하고자 하면, 우리가 관측하고자 하는 현상들 이상으로 더 많은 시간이 걸릴 수 있다는 것이다. 더욱이 카오스 시스템들 역시도 양자의 불확정성들을 증폭시킬 수 있다. 이렇게 되면 이론과 실제 모두에 있어서 초기 상태들을 정확히 설명해 내는 데에 어려움이 있을 수밖에 없다. 한편으로 켈러트는 전체에 속하는 각각의 구성요소들의 상호작용을 지배하는 인과법칙들을 예측함으로써 전체 행위를 추론할 수 있다고 보는 고전 물리학의 입장에 주목하기도 한다. 하지만 이와 달리 카오스 이론은 '대규모 패턴들'large-scale patterns의 질적 형태qualitative form를 연구하는데, 이때 대규모 패턴들은 그 구성요소들이 매우 상이할 때에도 유사한 질적 형태를 가질 수 있다. 즉 카오스 이론이 미세한 인과적 구조에 대한 물리학적 '미시 환원'micro-reduction을 검토하는 것이 아니라, 전일적인 기하학적 관계들과 조직적인 특성들만을 검토할 수 있다는 것이다. 따라서 우리는 질서가 법칙보다 더 넓은 개념인 것을 알아야 한다. 질서는 형식적이고 전일적이며 개연적인 패턴들을 포괄한다고 봐야 한다.[24]

3. 하향식 인과율

살아있는 유기체들은 다차원적인 계층적 시스템들과 더불어서 하위 시스템들sub-systems을 갖는다. 이때 하나의 수준은 통합된 안정적인 자기 통제적 성격을 지닌 하나의 단위와 동일시된다. 비록 그 단위가 동일한 수준과 비교했을 때 더 높거나 낮은 수준에서 다른 단위들과 상호 작용을 한다고 하더라도, 하나의 수준이 하나의 단위와 동일시된다는 것이다. 나아가서 이러한 하나의 계층 질서hierarchy는 구조적으로 미립자particle, 원자, 분자, 거대분자macro-molecule, 세포기관organelle, 세포, 기관, 유기체, 생태계와도 동일시된다. 반면에 다른 계층 질서들은 '생식계의 계층 질서'reproductive hierarchy와, 예를 들면 유전자, 게놈, 유기체, 개체수population와 동일시된다. 또한 이것은 '신경계의 계층 질서'neural hierarchy와, 예를 들면 분자와 시냅스synapse와 신경단위neuron 그리고 신경망neural network 같은 것들과 상호 연결되어 있으면서 변화하는 패턴들을 가진 뇌와도 기능적으로 동일시된다. 또한 사회과학과 인간학이 연구한 바에 따르면, 인간은 모든 사회적-문화적 상호작용에 참여하기도 한다. 사회과학의 특별한 분과 내지 탐구 영역은 특정한 수준에 관심을 기울이기도 하고, 그 수준이 인접해 있는 다른 수준들과 주고받는 상호작용에 관심을 기울이기도 한다. 보통 여러 수준들 사이에서 나타나는 환원reduction을 세 개의 유형으로 구별할 수 있다. 첫째로 방법론적 환원으로서, 이것은 더 높은 수준들에 나타나는 여러 관계성들을 더 잘 이해하기 위해서 낮은 수준을 연구하는 것을 가리킨다. 생물학에서 분자들의 상호작용을 분석하는 것이 꽤 성공적이라고 알려졌지만, 그러나 이러한 분석은 다차원적 분석과 더 커다란 시스템들의 연구에는 적절치 못한 것으로 알려져 있다.

둘째로 인식론적 환원으로서, 이것은 여러 이론들 사이의 관계를 연구하는 것이다. 인식론적 환원은 하나의 수준이 갖는 여러 법칙들과 이론들이 더 낮은 수준이 갖는 여러 법칙들과 이론들로부터 파생될 수 있다고 본다. 앞에서 나는 생물학적인 개념들이 독특하기 때문에, 이 개념들을 물리적-화학적 개념들로 규정해 낼 수 없다고 말했다. 그러나 하나의 수준이 갖는 독특한 유형의 설명이 다양한 수준들에서도 타당성을 지닐 수 있으며, 다차원 간間 이론들inter-level theories이 인접해 있는 여러 수준들을 상호 연결시킬 수도 있다. 비록 인접해 있는 여러 수준들이 각 수준에 해당되는 이론들과 무관할지라도, 여러 수준들을 상호연결시키는 것은 가능하다는 것이다. 일련의 중복된 이론들과 모델들로 인해서 우리는 하나의 수준이 다른 수준보다 더 근본적이거나 사실적이라고 주장할 수 없지만, 그럼에도 불구하고 여러 과학들을 하나로 묶는 것은 가능하다고 볼 수 있다.[25]

셋째로 존재론적 환원으로서, 이것은 세계 내에 존재하는 실재들의 유형들 또는 인과율의 유형들에 대해서 다룬다. 종종 하나의 유기체를 단지 조직화된 분자들에 불과하다고, 또한 단지 물리적 힘은 인과적으로만 유효하다고 주장하는 사람들이 있다. 이와 달리 나는 존재론적 다원주의를 옹호해 왔는데, 존재론적 다원주의는 하나의 실재가 다차원적 견해를 가짐을 의미한다. 즉 각기 다른 수준을 분석함으로써 이 세계 내의 각기 다른 존재론적 수준의 사건들과 과정들을 설명하는 것이 존재론적 다원주의다.[26] 진화 역사에 이전에 존재하는 형태들을 지배하는 법칙들과 이론들만을 가지고 새로운 형태의 질서를 설명할 수 없다. 새롭게 등장한 질서 때문에 자연 내에서 새로운 종류의 행위와 활동이 가능하게 되는데, 그것을 설명할 수 없다는 것이다. 생명을 분리된 실체로 여기는 것과 달리, 또는 활력론자들이 상정하는 것처럼 생명을 물질에 부과된 '생명력'vital force으로 여기는 것과 달리, 우리는 살아있는 유기체들이 독특한 성격들을 지님을 인정해야 한다.

상향식 인과관계Bottom-up causation는 많은 하부 시스템들이 하나의 상위 시스템에 영향을 끼칠 때 발생한다. 이와 달리 하향식 인과관계는 상위의 시스템이 수많은 하부 시스템들에 영향을 끼치는 것을 의미한다. 더 높은 수준의 사건들이 낮은 수준의 법칙들을 위반하지 않은 채, 낮은 수준에서의 화학적-물리적 과정들에 영향을 끼친다는 것이다.[27] 이때 그 시스템의 '거시 상태'macro-state에 대한 설명에 '미시 상태에 속하는 특성들'micro-properties은 포함되지 않는다. 하향식 인과관계는 상당히 다양하면서도 특정한 상호 연결을 통해서 네트워크화된 특성들이 실현될 수 있다고 본다. 하향식 인과율은 한 수준에 속하는 여러 행위들의 상관관계가 그 모든 구성요소들을 상세히 설명하는 것 까지를 요구하지 않는다. 장기 게임의 규칙들이 장기알에게 허용된 여러 움직임들을 제한함에도 불구하고, 장기 게임의 규칙들이 장기알에게 결정되어 있지 않으면서도 일관성 있는 상당히 다양한 가능성들을 열어 놓는 것과 같은 이치이다. 이것은 화학 법칙들도 마찬가지이다. 화학 법칙들이 디엔에이에서 발견된 분자들의 조합들에 제한을 가함에도 불구하고, 그 조합들을 결정할 수는 없다. 디엔에이와 관련해서 볼 때 이 사실은 우리에게 화학 법칙들에 의미가 있는 것이 아니라, 전체 시스템의 작용에 의미가 있음을 깨닫게 만든다. 또한 신경 세포들neurons 내에서의 여러 신호들의 상호작용은 어떠한 에너지의 소비expenditure를 요구하기도 한다. 그러나 이때 상호작용을 하는 것은 에너지가 아니라, 입력과정과 출력과정과 관련된 신호 형태이다. 즉 신호 그 자체가 아니라 더 높은 수준에서 발생하는 신호 형태끼리 상호작용을 한다는 것이다.

카오스 이론의 가장 저명한 주창자인 제임스 그레익James Gleick은 카오스 이론의 전일적이고 반-환원주의적 성격에 대해서 다음과 같이 말한다.

카오스 이론은 반-환원론적인 특성을 지닌다. 카오스 이론이라는 새로운 과학은 이 세계에 속한 가장 흥미로운 문제들과 관련해서, 예를 들면 질서와 무질서의 문제, 부패와 창조의 문제, 패턴 형성pattern formation과 생명 그 자체의 문제, 그리고 전체는 부분들의 견지만으로는 설명될 수 없다는 문제 등에 대해서, 보다 합리적으로 설명할 수 있다. 복잡계 시스템들과 관련된 근본적인 법칙들이 존재하지만, 이 법칙들도 역시 새로운 유형의 법칙들에 속한다. 이 법칙들은 구조와 조직과 규모와 관련된 법칙들로서, 하나의 복잡한 시스템 내의 개별적인 구성요소들에 집중할 시에는 이 법칙들이 사라질 수도 있다. 이것은 린치를 가하는 군중의 심리가 그 군중 개개인을 개별적으로 인터뷰할 때, 그 군중들의 심리가 사라지는 것과 같은 이치이다.[28]

우리는 뇌 속에서 어떻게 기억들이 보존되는지에 대해서 거의 알지 못한다. 하지만 신경망들에 대한 컴퓨터의 모의실험들은 기억이 각각의 분리된 위치들이 아니라, 분산된 패턴들 속에 저장될 수 있음을 암시한다. 평행식의 분산된 처리 과정을 하는 몇몇 컴퓨터들에서는 일련의 층들 속의 마디들nodes이 다양한 강도를 지닌 고리들links과 연결될 수 있다. 한편 어떠한 음성합성장치 실험에서는 그룹 문자들 형태의 입력물이 무작위성의 소리 형태의 출력물로 나오기도 했다. 입력물과 정확한 출력물 사이의 상관관계가 향상될 때마다 가장 강력한 고리들도 강화되었고, 그 네트워크도 점차적으로 그 성능이 개선되었다. 이렇게 됨으로써 그 네트워크는 학습을 통해서 기록된 문자를 발음하는 것이 가능해졌다. 그러한 연결하는 패턴들은 전체 네트워크들과 관련되는데, 그 패턴들은 직접적인 프로그래밍이 아니라 경험에 의해서 학습이 가능해진 것이다. 따라서 여러 패턴들은 이전의 각 부분들을 상세하기 설명하는 것이 없이도 전체 속에서 진화해 나간다고 봐야 한다. 이러한 부분들에 대한 재조정은 하향식 인과율의 한 형태로 간주될 수 있다.[29] 또한 우리는 아기의 뇌가 출생 시 완성된 것이 아니라는 것과 뇌가 '하드웨어에 내장된'hard-wired 방식으로 생겨난 것이 아님을 주목해야 한다. 우리는 신경 연결 통로가 환경과의 상호작용 속에서 발전되며, 아기의 경험에 따라서 변경되기도 한다는 것을 알아야 한다.

모든 과학들 중에서 생태학은 그 전망에 있어서 가장 '전일적'이라는 특징을 갖는다. 생태계의 어떤 패턴도 격리된 채로 존재한다고 여겨질 수 없는데, 이유는 하나의 구성요소가 갖는 여러 변화들이 자주 그 시스템 밖의 다른 곳에까지 큰 영향을 끼치기 때문이다. 하나의 생태계에 관계자로 참여하는 것들은 다양한 관계들과 싸이클로 인해서 서로 연결되어 있다고 보아야 한다. 예컨대 동물들이 흡입하는 산소는 이산화탄소로 배출이 되는데, 이것이 나중에는 식물들에 의해서 흡입됐다가 다시금 산소로 전환이 된다. 또한 먹이사슬도 다양한 형태의 생명체들을 연결해 준다. 이런 점에서 볼 때 포식자들과 먹이감은 안정적인 개체수를 유지함에 있어서 서로 '의존적'이라 할 수 있다. 또한 하나의 전일적인 접근이 도시와 산업과 전자 기기들electronic systems의 역동성을 연구하는 시스템 분석 분야에 사용되기도 한다. 물론 이 모든 경우에 있어서 각 부분들 사이에 타당한 관련성들이 있는 것이 사실이지만, 그러나 각 부분들의 행위는 더 커다란 전체와의 관련성 속에서만 분석 가능하다고 봐야 한다.

한편으로 전일론holism은 존재론적 환원주의를 거부하면서, 전체가 부분들에 영향을 끼친다고 주장한다. 하나의 특정한 전체에 속하는 여러 부분들에 관심을 가졌다가 결국 더 커다란 전체에 속하는 부분에로 관심이 전환되는 셈이다. 전체-부분의 구별은 보통 구조적이고 공간적인 특성을 지닌다.(예를 들어서 더 커다란 전체를 가리킨다.) 이런 점에서 볼 때 하향식 인과율은 전체-부분의 구별과 매우 유사하다고 할 수 있다. 또한 하향식 인과율은 다차원적 수준들의 계층구조에도 관심을 갖는데, 이것은 결국 구조와 활동 내의 질적 차이들로 특징화된다.(예를 들어서 더 높은 차원을 가리킨다.) 또한 기능적이고 역동적인 관계들이 여러 수준들을 규정하기도 한다. 이때 시간 속에서의 패턴들이 강조되는데, 이 패턴들은 공간 속에서의 패턴들과 분리될 수 없다.

베버Bruce Weber와 데콘Terrence Deacon은 창발을 세 가지 유형으로 구별해 왔다. 첫 번째 단계의 창발에서는 새로운 특성들이 전체적으로in an aggregate 출현한다. 하지만 이 새로운 특성들은 낮은 차원의 법칙들로부터, 그리고 각 구성 요소들 사이의 배열적configurational 관계들로부터도 예측이 가능한 것이다. 즉 그 시스템 이전의 역사를 몰라도, 새롭게 나타나는 특성들을 예측할 수 있다는 것이다. 예를 들면 수소와 산소를 지배하는 법칙들과 이것들이 분자들로 결합되는 양태를 알면, 물의 유동성을 설명해 낼 수 있는 것이 예가 된다. 또한 가스들의 열역학적 법칙들은 가스 분자들의 정적 구조로부터 파생될 수 있다. 두 번째 단계의 창발에서는 전 조직에 미치는system-wide 배열들이 시간에 따라서 변하고, 낮은 차원의 상호작용에 영향을 미친다. 고차원적 질서higher-order를 갖는 규칙성들regularities이 예측할 수 없을 만큼의 불안정성을 띠기 때문에 이때 새로운 인과적 구조들architectures이 만들어질 수 있다. 카오스 이론과 복잡성 이론은 초기 조건들과 역사적 우연성들에 상당히 민감하게 반응하는 이론이다. 이 점에 있어서 떨어지는 모든 눈꽃송이들이 독특하다고 할 수 있는데, 이유는 쉽게 변하는 기온과 습도 상태 하에서의 과거의 역사가 그 미래의 성장 가능성들에 영향을 끼치기 때문이다.

베버와 데콘에 따르면 세 번째 단계의 창발에서는 인과관계의 여러 차원들과 계층구조들은 더 넓은 시간과 공간이 경과됨에 따라서 상호 연결된다. 하나의 시스템 상태가 지니는 여러 특성들이 역사의 기억으로 나타날 수 있을 때, 그것의 정보는 반복적으로 계속 작동하는 시스템의 낮은 차원들로 다시 들어갈 수 있다. 이런 양상은 생물학적 진화에서, 태아의 발달 단계에서, 정보의 문화적 전달transmission에서 각기 다양하게 나타날 수 있다. 유전자들과 유기체들과 개체들과 환경들 사이에서의 상호작용이라는 지속적인 유산에서, 인과관계는 시간과 공간에 걸쳐서 분배되었다가 이후에 커다란 복잡성이라는 다층적 시스템들을 형성하게 된다. 적응adaptation은 본질적으로 상당히 전일적인 개념으로서, 이것은 더 넓은 상황에서 채택된 여러 특성들의 복합체 complex라고 할 수 있다. 이때 무엇인가를 표현하고 기억하고 언급하는 것은 인지적이고 정신적 과정들이 갖는 중요한 특징들로서, 이것들은 신경 활동의 전 지구적 배열들configurations 속에 나타나는 것들이다. 이 러한 입장에 서 있는 사람들은 '하향식 배열 조직들'이라는 '점진적인 전일론'progressive holism을 인정함과 더불어서 시-공간상에서 각기 별개 의 위치를 지니는 상향식 조직들도 더불어서 함께 인정한다.[30]

4. 정보의 전달

여러 과학의 영역에서 '정보'라는 용어는 중요한 위상을 지닌다. 가 스의 열역학에서 낮은 엔트로피low entropy 시스템들은 상당히 개연성이 낮은 분자들의 배열을 갖는데, 이것들은 '획일적인 평형상태'라는 더 개연성 있는 배열들에로 분해되는 경향을 갖는다. 나아가서 이것은 질 서와 패턴의 상실loss을 수반하고 정보의 상실까지를 수반하기까지 한 다. '정보 이론'information theory은 2차 세계 대전 중에 라디오에서 흘러 나오는 메시지들의 전달을 연구하는 중에 개발되었다. 전파의 신호 대 對 잡음비율signal-to-noise ratio이 높을 때, 또한 코드화된 메시지가 규칙적 인 패턴들regularities과 오차들을 탐지하는 '가외성들'redundancies, (加外性)[31] 을 담고 있을 때 정보가 더 확실하게 전달되었다. 또한 컴퓨터가 처음 등장했을 때도 컴퓨터의 사용법들이 2진 표기법binary representation, (0/1 또 는 off/on) 속에 암호화되었고, 정보의 '조각들'bits of information로 수량화되 었다. 컴퓨터는 프로그래밍 된 그 사용법들에 반응하면서 작동되었는 데, 그 사용법들로 인해서 전기 회로들의 연결이 가능하게 되었다. 컴 퓨터는 컴퓨터에 입력된 여러 상징들의 전기 표기들electrical representation 을 다루는 방식('정보 프로세싱')과 산출된 몇몇 정보들을 작동시키는 방식을 갖는다. 이때 정보의 전달에 있어서 인쇄된 문자들은 독자에게 고전적인 방식classical case이라고 여겨진다.[32]

정보는 질서화된 패턴으로, 이것은 하나의 시스템이 가지고 있는 여러 장면들 또는 상태들 가운데 하나이다. 그 패턴은 디엔에이 염기들DNA bases과 알파벳 문자들alphabetical letters과 청각 음향들auditory sounds과 이진 숫자들binary digits 그리고 결합 가능한 또 다른 요인들의 연속sequence으로 이루어져 있다. 이때 독자와 청자와 컴퓨터와 살아있는 세포 등과 같은 또 다른 시스템이 선별적으로 반응하면서 정보가 전달되기도 한다. 즉 다양한 방식으로 정보가 입력되고 전송되며 해독될 수 있다는 것이다. 여기서 그 메시지의 의미는 폭넓은 해석의 상황context of interpretation과 관련되어 있다. 무슨 말인가? 순전히 정적 상태에서가 아니라 다이나믹하면서도 상호 관계적 맥락에서 그 메시지의 의미를 다양하게 끄집어낼 수 있다는 것으로서, 이것은 패턴 속에 담겨져 있는 하나의 메시지가 그 메시지를 담고 있는 패턴과 상관관계를 이루는 것과 똑같다는 의미를 갖는다.

유전자들이 가지고 있는 디엔에이 염기 순서들sequences 내의 정보 또한 매우 중요한데, 이유는 그 정보가 더 커다란 조직 체계organic system라는 환경에 새롭게 놓여지기 때문이다. 태아가 성장할 시, 하나의 시스템인 시간이 지체되기도 하고, 공간분화가 이뤄지기도 하며, 화학 반응 신호chemical feedback signals가 필요한 정보로 전달되기도 한다. 그런 방식으로 적절한 때에 건강한 단백질과 세포와 기관들이 정상적인 위치로 모아진 후에 정보가 정리되는 것이다. 양방향으로 흘러가는 정보를 가지고 있는 복잡한 발달경로들은 유전자들을 분자활동과 '생리 구조들'physiological structures과 연결시켜 주기도 한다. 또한 하나의 게놈은 엄청나게 많은 숫자의 발달 시나리오들을 가지고 있는데, 그것들 중에서 단지 소수만이 발달이 현실화된다. 『정보의 개체발생』Ontogeny of Information에서 스잔 오야마Susan Oyama는 유전자 정보가 가지고 있는 중요한 의미가 이미 존재하고 있는 세포들과 세포조직들 그리고 발달 시스템의 실제적인 기능에 의존되어 있다고 주장한다. 따라서 우리는 한쪽 방향으로 흘러가는 정보가 아니라, 하나의 특정한 환경에서 정보가 갖는 양 방향적 의미를 생각해야 한다.[33]

하나의 효소는 두 개의 분자들이 갖는 형태와 화학적 친화력을 인지하고 그것들에 빠르게 상호반응하면서, 그 분자들이 서로 반응할 수 있는 가까운 위치에서 그것들을 끌어당긴다. 면역 체계 내에 있는 분자들도 침입해 들어오는 바이러스를 인지하는데, 여기서 면역체계를 자물쇠에 견줄 수 있고 침입해 들어오는 바이러스를 열쇠에 견줄 수 있다. 이때 면역체계와 바이러스가 하나의 특정한 항체antibody를 방출하기 위해서 활성화된다. 분자들 사이에서의 이러한 상호 왕래는 발송자sender와 수신자receiver가 가지고 있는 특성들에 의존하고 있다. 또한 감각 기관receptor도 구체화된 활동 시스템의 어느 한 부분으로서, 이 감각 기관으로 인해서 여러 신호들에 반응하는 것이 가능해진다. 나아가서 지각은 눈과 귀 속에 있는 변환기들transducers이 물리적 투입량을 신경 충동들neural impulses로 전환시키는 것이다. 하지만 본래 '뉴런 생성의 빈도수' frequency of firing of a neuron는 우리에게 상호 왕래하는 정보에 관해서 거의 이야기해 주는 것이 없다. 따라서 정보는 단지 해석과 반응이라는 환경 속에서만 사실상의 의미를 지닐 뿐이다. 우리는 활동적이고 행동 지향적인 과정을 지닌 '감각 단위' sense data로부터 정보가 구성된다고 봐야 한다.[34]

디엔에이에 시간적으로 습득된 정보라는 자원이 저장되어 있고, 세계에 대처할 수 있는 여러 프로그램들도 저장되어 있다. 예를 들면 새나 동물은 예전에 만난 적이 없었던 위험한 포식자를 인식하고 적절하게 반응함에 있어서 특별한 시청각적 정보들을 이용한다. 또한 몇몇 종에 속하는 어떤 개체들은 그 종들에 속하는 다른 개체들이 경계태세를 갖추게끔 경고신호를 전달하도록 프로그래밍화 되어 있다. 영장류들도 상징적인 정보를 전달하는 것이 가능하고, 더 나아가서 인간도 추상적인 개념들을 나타내는 단어들을 사용하는 것이 가능하다. 인간은 유전자와 '부모가 보여주는 모범'parental example을 통해서 뿐 아니라, 언어와 문학과 예술과 음악과 여타의 다른 문화 양식들을 통해서도 세대 간에 정보를 전달할 수 있다. 이런 점에서 볼 때 정보의 저장과 전달은 여러 차원에서의 생물학적 과정들에 있어서 중요한 특징에 해당이 된다. 이 점에 있어서 정보는 정적이고 외형적인 견지에서가 아니라, 항상 역동적이고 상호관계적 맥락에서 이해되어야 한다. 우리는 낮은 차원에서도 실재가 단순히 물질과 에너지로 구성되어 있는 것이 아니라, 물질과 에너지와 정보로 구성되어 있다고 봐야 한다.

자연 속에서의 하나님의 활동하심에 관한 여러 모델들

자연과 하나님과의 관계를 다루는 여러 모델들 중에서, 어떤 모델이 기독교 전통의 주된 정식들과 양립이 가능한가? 또한 그 모델들 중에서, 어떤 모델이 자기 조직화와 불확정성과 하향식 인과율과 정보의 전달이라는 성격을 지니는 세계와 양립이 가능한가? 이 질문들과 관련해서 이제 나는 네 개의 특징들을 담고 있는 신학적 제안들을 검토할 것이다.

네 개의 모델 모두 자연법칙을 위반하는 '하나님의 개입'divine intervention이라는 개념을 거부한다. 네 개의 모델 중 어느 것도, 과학적 견지에서 볼 때 '까다로운 틈새'particular gap를 채워달라고 하나님께 호소하지 않는다.('틈새를 채우시는 하나님' 개념은 과학의 발전을 취약하게 만든다.) 우리는 하나님의 역할과 자연적 인과율의 역할이 각각 상호 구별된다고 봐야 한다. 하지만 각각의 경우에 있어서, 현재의 과학 이론의 특징은 자연 속에서의 하나님의 활동을 하나의 모델로 받아들인다.[35](이것은 체계적으로 발전된 유추이다.) 이제 곧 살펴볼 첫 번째 그룹에 속하는 사람들은 자연신학natural theology이라는 새로운 버전을 제안한다. 자연신학에서는 과학이 제공하는 증거물을 가지고 유신론을 지지하는 하나의 논증으로 사용한다. 과학이 하나님께서 존재한다는 증거를 제공하지 못함에도 불구하고, 과학의 여러 증거물로 인해서 하나님의 존재하심이 증명된다는 것이다. 이와 달리 어떤 사람들은 역사적 해석 공동체 안에서 이루어지는 종교적 경험 등과 같은 여러 동기들에 근거해서 받아들여진 하나님을 자연 속에서 활동하시는 분으로 새롭게 생각해야 한다고 말하기도 한다. 나는 이러한 입장을 '자연신학'natural theology이라 칭하지 않고, '자연의 신학'theology of nature이라고 칭할 것이다.[36]

1. 자기조직 과정의 설계자로서의 하나님

19세기까지 살아있는 생명체가 갖는 복잡한 기관과 실제적인 기능은 지적설계자가 존재한다는 증거로 간주되었다. 하지만 다윈으로 인해서 이러한 논증은 새로운 논의의 대상이 된다. 하나님이 현재 양태의 여러 생명체들을 만든 것이 아니고 진화 과정을 설계한 것으로 이해되었고, 진화 과정을 통해서 모든 생명체들이 생성된 것으로 여겨지게 된다. 이로 인해서 오늘날 우리가 매우 협소한 범주의 물리적이고 화학적인 조건들이 생명체의 존립가능성이 된다는 것을 알게 된 것이다. 우리는 또한 생명으로 나아가는 분자들의 자기조직화에 '생화학적 친화성'biochemical affinities과 분자구조와 복잡성을 위한 잠재 가능성과 계층적 질서 등과 같은 상당량의 디자인이 내장된 것처럼 보이는 사실에 주목해 왔다. 분자들이 창발적 복잡성과 생명과 의식으로 나아가는 본유적인 경향을 가진 것처럼 보인다는 것이다.

만일 디자인을 하나님 마음속에 정밀하게 선재하는 계획으로 이해한다면, 우연은 디자인과 쌍벽을 이루는 개념이 된다. 또한 만일 디자인을 복잡성과 생명과 의식으로 나아가는 보편적인 성장 방침으로 이해한다면, 법칙과 우연 모두 디자인의 일부분이 될 수 있다. 이따금씩 무질서가 새로운 형태의 질서를 창발하기 위한 조건이 되기도 하는데, 이것은 평행상태와 거리가 먼 열역학 시스템들과 진화 역사에서의 변이들이 유용한 의미를 지니는 것과 같은 이치이다. 이로 인해서 우리는 모든 항목들의 구조를 한정적으로 제한시킨 시계제작자로서의 하나님 개념을 더 이상 수락할 수 없게 된다. 이 문제로 인해서 오늘날 하나의 대안으로서 수정된 유신론 개념이 등장했는데, 그것은 하나님께서 세계를 '다차원적이고 창조적인 법칙과 우연의 과정'many-leveled creative process of law and chance으로 제작하셨다는 것이다. 폴 데이비스Paul Davies가 이러한 입장의 주창자이다.[37]

인내심이 강한 하나님께서 물질에 다양한 잠재성을 부여하셨으며, 이 세계가 스스로 창조되도록 허용하셨다는 것이다. 우리는 하나님께서 인간의 자유를 존중하셔서 '인간의 되어감'을 허용하신 것처럼, 이 세계의 순전한 상태를 존중하셔서 세계 스스로 무언가가 되어 가는 것을 허용하신 것이라고 말해야 한다. 즉 하나님께서 '세계의 되어감'에 개입하시지 않는다는 것이다. 한편 도덕상의 책무라는 개념은 이 세계로 하여금 몇 개의 개방성을 가질 것을 요청하는데, 이 개방성은 낮은 차원에서는 '우연'이라는 형태를 취하고 인간의 차원에서는 '선택'이라는 형태를 취한다. 그리고 나아가서 책임의 성격을 가진 '선택'이라는 개념 역시 적절한 정도의 정당성을 가질 것을 요청하는데, 이 정당성은 우리가 결정하는 사안들이 개연적인 결과들을 가질 수 있음을 의미한다.

이러한 대안들이 갖는 매력적인 특성은 그것이 적어도 고난과 죽음이라는 난제들에 대해서 부분적인 답변들을 제공한다는 것이다. 이 난제들은 '디자인'이라는 고전적 논증에 중대한 도전을 가해왔던 사안들로서, 진화 과정에 있어서 경쟁과 죽음은 본유적인 것에 속한다. 고통은 더 심오한 감성과 의식을 얻는데 필요한 불가피한 부수물로서, 고통은 외부에서의 위협들에 효과적으로 대처하도록 우리에게 유용한 경고를 제공한다. 이렇게 수정된 유신론은 우리를 하나님으로부터 멀리 떨어져서 단지 소극적으로만 존재하도록 만드는데, 이것이 내가 수정된 유신론을 반대하는 이유이다. 성서가 하나님을 지속적으로 친밀하게 세계와 인간의 삶에 관여하시는 분으로 묘사하는데, 수정된 유신론에는 이러한 하나님 표상이 없다는 것이다.

우리는 하나님께서 세계와 그 법칙들을 인정함과 동시에 여전히 세계 안에서 계속적인 역할을 감당해오셨다고 주장해야 한다. 이런 맥락에 따라서 세계가 스스로 존립하는 것이 아니고, 세계를 유지함에 있어서 하나님의 지속적인 협력이 필요하다고 주장하는 신학자들이 있다. 오늘날 이러한 입장의 사람들은 하나님이 정적인 과정이 아니라, 역동적인 과정으로 협력하신다고 주장한다. 이와 달리 일차적 원인이

신 하나님께서 자연 세계 속에 있는 이차적 원인을 기반 삼아서 세계를 유지시키신다는 토마스 아퀴나스Thomas Aquinas의 신념을 지지하는 신학자들도 있다. 신 토마스주의자인 윌리엄 스토거William Stoeger에 따르면 그 본질적 차원에 있어서 과학적 설명은 틈새들을 갖지 않는다. 이것이 무슨 말인가? 하나님이 모든 이차적 원인들과 전적으로 다른 국면으로 활동하신다는 것이다.[38] 이 점에 있어서 여러 신 토마스주의자들은 모든 사건들이 하나님의 계획 속에서 예견되고 예정되면서 하나님의 주권이 유지되는 것이라고 주장한다. 하나님은 자연법칙들에 직접 관여하시는 분이 아니라 자연 과정들을 통해서 간접적으로 활동하시는 분이다. 이러한 견해는 과학의 순전한 상태와 하나님의 초월성 모두를 존중하는 입장에 속한다. 즉 하나님께서 이 세계에서 인과율적으로 활동하시지 않는다는 것이 이러한 견해의 핵심적 입장이다. 하나님이 모든 사건들을 결정하시는 것이 아니라 무시간적 영원성 속에서 모든 사건들을 보고 계신다고 주장하는 신학자들이 있지만, 이와 달리 나는 이 책에서 예정설이 이 세계 속에 있는 인간의 자유와 우연의 현존과 악과 고난과 양립할 수 없음을 주장하는 바이다.

2. 불확정성의 결정자이신 하나님

나는 앞에서 양자 이론에서 통용되는 여러 예측들 중에서 불확실성들이 현재 과학의 불충분한 이론에서가 아니라 자연 자체에서 반영되는 것임을 언급했다. 이러한 해석에 따르면 실현가능한 것들에 속하는 하나의 범주a range of possibilities가 이 세계 내에 존재하는 셈이다. 양자 사건이 여기에 속하는데, 양자 사건들은 필수적이지만 충분치 못한 물리적 원인들을 갖는다. 만일 양자 사건들이 물리법칙으로 말미암는 여러 관계들로 인해서 완전히 결정되어 있지 않다면, 그 사건들의 최종 결정은 하나님에 의해서 직접적으로 이루어지는 것일 수 있다. 무신론자들이 우연을 유신론에 대한 반증으로 사용하지만, 역으로 자연 속에서 우연처럼 보이는 것이 하나님께서 활동하시는 영역이 될 수 있다는 것이다.

하나님이 우리에게 우연처럼 보이는 사건들을 섭리적으로 통제하실 때만 신적 주권은 유지될 수 있다. 여기에는 그 어떤 에너지의 유입도 필요하지 않다. 이유는 양자 상태에서는 대체적 잠재성들alternative potentialities이 동일한 에너지를 지니기 때문이다. 하나님은 전자들이 떠돌아다니는 물리적 에너지에 개입하시지 않는다. 대신에 하나님은 이미 현존하는 여러 가능성들 가운데 하나를 현실화시키신다. 예를 들면 하나님께서 특정한 방사성 원자가 소실되는 순간을 결정하신다는 것이다.[39]

우리는 특정한 상태들에서 미시적 수준에서의 매우 작은 차이들로 말미암는 결과들이 거시적 수준에서는 상당히 확장될 수 있음을 검토해 왔다. 비선형적 열역학과 혼돈이론에 속하는 극미한 초기 변화가 커다란 시스템상에서는 극적인 변화들을 산출할 수 있다는 것이다. 이와 유사하게 '방아쇠 효과들'trigger effects[40]이 진화의 변이들과 오늘날의 유전적-신경적 시스템들 속에서 발생한다. 과학은 단지 법칙과 우연만을 발견해 낼 수 있을 뿐이다. 이와 달리 자연법칙과 특정한 신적 활동의 결합을 통해서 모든 사건들이 예견되고 결정되는데, 이런 것들 모두가 하나님의 지식 속에 속한다. 하나님의 활동은 과학적으로 탐지될 수도 없고 입증될 수도 없으며 반박될 수도 없다. 따라서 과학은 자연신학에서 탐구되는 하나님의 활동에 대한 증거를 포착할 수 없다. 단지 과학은 폭넓은 범주의 자연의 신학에 근거해서 주장되는 하나님의 활동 가능성만을 포착해 낼 수 있을 뿐이다.

만일 우리가 하나님께서 모든 불확정성을 통제하신다고 가정한다면, 우리는 예정설이라는 전통적 개념을 보존하게 되는 셈이다. 이렇게 되면 물리적 결정주의가 아니라 신학적 결정주의가 되는데, 이유는 그 어느 것도 우연히 발생되는 것은 없기 때문이다. 하지만 그럼에도 불구하고 훼손과 고난과 인간의 자유와 같은 문제들이 해결되지 않은 채, 여전히 심각한 상태로 남아있을 수밖에 없다. 낸시 머피Nancey Murphy는 하나님께서 모든 양자 차원의 불확정성을 결정하시면서 법칙과 같은 규칙성들이 생기게끔 조정하신다고 말한다. 낸시 머피는 하나님께서 이렇게 하시는 이유를 견실한 구조와 과학 탐구가 가능하도록 하기 위해서라고, 또한 여러 인간의 활동들이 신뢰할 수 있는 결과들로 이어져서 그 결과 도덕적 선택들이 가능하다는 것을 보장하기 위해서라고 말한다. 자연에 속한 질서정연한 관계성들은 하나님을 제약하지 않는데, 이유는 그 관계성들이 하나님의 목적 안에 포함되기 때문이다. 또한 하나님은 피조된 존재물들에게 인과력을 주시기도 한다. 머피는 하나님이 인간 생명의 양자 수준에서 활동하시기도 하고 더 높은 수준에서는 인간의 정신 활동에서도 활동하시지만, 그렇다고 해서 인간의 자유가 침해당하는 것은 아니라고 주장한다.[41]

이에 대한 하나의 대안은 다음과 같이 말하는 것이다. "대부분의 양자 사건들은 우연히 발생한다. 하나님은 양자 물리학의 정적인 법칙들을 위배하지 않으면서도, 그것들 일부에게 영향을 끼치신다." 러셀Robert Russell과 엘리스George Ellis와 트레이시Thomas Tracy가 이러한 입장에 서 있는 사람들로서, 이러한 입장은 과학적 증거와 양립가능하다는 장점을 지닌다.[42] 이 입장에 대해서 그럴듯한 반론을 펼치는 하나의 반대 모델이 있는데, 이 모델은 하나님이 활동하시는 순간에 자연 내에서 '상향식 인과율'bottom-up causality이 작용되는 것이라고 주장한다. 또한 이 모델은 모든 실재들의 행위가 그 실재들의 가장 작은 부분들(또는 가장 낮은 수준들)로 인해서 결정된다는 환원주의자들의 주장을 용인하는 것처럼 보이기도 한다. 누군가가 하나님의 의도는 양자 사건들에 의해서 영향받는 커다란 전체(또는 더 높은 수준)로 방향 지워져 있음을 가정한다고 할 때, 이것이 상향식 인과율에 해당된다는 것이다. 또한 이러한 입장에 서 있는 사람들 대부분은 높은 수준에서의 하나님의 활동을 허용한다. 이때 높은 수준에서의 하나님의 활동은 양자 수준에서의 상향식 인과율과 더불어서 낮은 수준에서는 하향식 작용top-down influence으로 나타나기도 한다. 따라서 이러한 입장은 아래에서 살펴볼 여러 모델들 중 하나와 양립가능하다고 할 수 있다.

3. 하향식 인과율의 원인이신 하나님

만일 하나님을 자연보다 더 높은 수준에서 활동하시는 분으로 여긴다면, '다차원적 실재'levels of reality라는 개념은 성립 가능성의 여지를 갖는다. 피콕Arthur Peacocke은 하나님께서 이 세계에 하향식 인과율을 행사하신다고 주장한다. 낮은 수준에서의 상호 관련성 속에서 하나님의 활동은 낮은 수준의 법칙들을 위배하지 않는 하나의 제약constraint이 될 수 있다. 하나님으로부터의 여러 제약들이 공간적-시간적 범주가 아니라, 낮은 차원의 법칙들에 허용된 부가적 사항을 통해서 내부적으로 유입될 수 있다는 것이다. 인간에게 있어서 하나님은 인간의 가장 높은 진화 수준에, 즉 인간 정신 활동 차원에 영향을 끼치실 수 있고, 나아가서 뇌 속의 신경망들과 신경세포들에도 영향을 미치실 수 있다.[43] 하나님의 활동은 인간 내부에서 자연적 수준의 계층적 시스템

방식으로 하향식으로 행사될 수 있는데, 이때 우리 인간은 인접한 수준들끼리의 여러 관련성들에 대해서만 부분적으로 알 뿐이다. 피콕은 물리과학에서 인간에 이르기까지 여러 계층구조를 보이는 도표를 제시한다. 여러 학문 영역들이 잇따라서 발생하는 더 높은 수준을 연구하는데, 그중에서 차원 간의inter-level 문제들을 다루는 학문 분과들이 있다.[44] 그러나 내가 보기에 피콕의 하향식 인과율은 무생물에서의 신적 작용이라는 주제에 있어서 많은 문제점들을 가진 것처럼 보인다. 우리는 가장 높은 수준(하나님)과 가장 낮은 수준(물질)이 직접적으로 영향을 주고받는 것도 가정할 수 있어야 한다. 그러나 중간 수준에서는 이러한 상호 간의 영향이 부재한다. 즉 자연 질서에서는 이러한 유비를 찾아볼 수 없다는 것이다.

또한 피콕은 자연 안에서 발견되는 '전체와 부분whole-part의 관련성'이라는 개념을 하나님에게까지 적용시킨다. 그는 '가장 포괄적인 전체'이신 하나님께서 '전체로서의 세계'the-world-as-a-whole에서 활동하신다고 말한다. 하지만 이러한 공간적인 유비는 애매한 것처럼 보이는데, 이유는 이 세계가 공간적 범주들로 한정되어 있지 않기 때문이다. 또한 우리가 스티븐 호킹Stephen Hawking의 양자 우주론을 수락한다고 할 때, 이 세계는 시간적 범주들에도 한정되지 않는 셈이다. 더욱이 우리가 상대성 이론에서 말하는 '보편적 동시성'universal simultaneity을 거절한다면, 전체로서의 세계가 어느 한 순간에 형성되었다고 말할 수 없게 된다. 전체는 시간적 차원과 공간적 차원 모두를 지니는 '시공간적 연속체'continuum이다. 이러한 구조에서는 아마도 하나님도 공간과 시간 속에서 더 국부적으로 활동하실 수밖에 없다. 또한 이러한 구조에서는 시공간적 전체에 임하는 하나님의 활동이 전체와 간접적으로 상호작용한다기보다는, 특정한 부분들과 더 직접적으로 상호작용한다고 봐야 한다.

하향식 인과율은 인간의 몸과 정신의 상관성을 이 세계와 하나님과의 상관성에 대한 유비로 사용한다. 한편으로 이 세계를 하나님의 몸으로 보고, 하나님을 이 세계의 정신 또는 영혼으로 볼 것을 촉구하는 사람들도 있다. 하지만 이러한 유비를 사용함에 있어서, 우리는 하나님께 적용될 수 없는 인간의 한계가 있음을 고려해야 한다. 우리가 사유나 느낌이라는 직접적인 인식을 갖는 것이 사실이지만, 이러한 인간의 인식은 우리 몸에 속하는 여러 다양한 사건들에 대한 제한된 인식일 뿐이다. 반면에 하나님은 모든 사건들에 대해서 직접적인 인식을 가지실 수 있다. 예컨대 우리가 우리의 몸을 선택하는 것이 아닌 바, 우리는 우리 몸 안의 여러 사건들에 대해서 제한된 범주로만 영향을 끼칠 수 있는 반면에 하나님의 활동들은 모든 사건들에 우주적으로 영향을 미치신다는 것이다. 우리는 다른 사람들의 행동 유형을 보면서 그들의 의도들을 추론할 수 있는데, 그럼에도 불구하고 우리가 그들의 의도를 직접적으로 관찰할 수 있는 것은 아니다. 이와 달리 우주적 드라마cosmic drama는 하나님의 다양한 의도들의 표현으로 해석될 수 있다.[45]

하지만 이러한 유비를 극단적으로 적용하게 되면, 부작용이 생길 수 있다. 전체로서의 우주를 몸 안에서 발견되는 중간 수준의 기관으로 간주하는 것이 여러 가지로 부적절하다는 것이다. 우주는 반응과 의사소통이라는 생화학적-신경학적 채널들을 갖지 못한다. 즉 우주가 반응과 의사소통을 통해서 여러 기관들의 다양한 활동들이 조율되고 통합되는 몸으로서의 성격을 지니지 못한다는 것이다. 사실을 말하자면 하나님은 어디에나 존재하시기 때문에 그분에게는 하나의 신경기관과 같은 우주가 필요치 않다. 즉 우리 인간이 특정한 몸의 구조에 의존하는 것과 달리, 하나님은 몸의 구조에 의존하지 않으신다는 것이다. 그러나 만일 하나님을 이 세계 각각의 물리적 구성 요소들에 직접적으로 행동하시는 '형체가 없는 정신'disembodied mind으로 본다면, 우리는 이러한 유비를 포기해야 할 수도 있다. 이 점에 있어서 우리에게는 전체를 한 존재의 여러 부분들로 바라보게끔 하는 '일원론적 유비'가 아니라, 여러 존재들이 속해 있는 하나의 공동체 사이에서 상호작용이 일어난다고 보는 '다원론적 유비'가 더 적절한 것처럼 보인다. 이 세계와 하나님이 하나의 단일한 유기체라기보다, 유력한 구성원들을 가진 하나의 공동체에 가까운 것처럼 보인다는 것이다.

4. 정보의 전달자이신 하나님

무선전송과 컴퓨터와 생물학적 시스템에서는 두 지점 사이의 정보의 전달이 물리적 입력과 에너지의 소비를 필요로 한다.(이것은 소위 Brillouin-Szilard 상관성이라고 칭해진다.) 그러나 만일 하나님이 모든 미시적 수준을 포함해서 어디에나 존재하신다면, 정보의 전달을 위해서 에너지가 요구된다고 볼 수 없다. 더욱이 양자 세계에 이미 존재하는 대체적 잠재성들alternative potentialities이 실현된다면, 물리적으로 입력된 것과 에너지가 소비되지 않고서도 다양한 정보를 전달할 수 있게 된다.

피콕은 하향식 인과율 외에도 풍부한 유비들을 사용해 왔다. 그러한 유비들 중 몇몇 유비들은 정보의 전달과 상관이 있다. 하나님은 무용dance에서 안무가choreographer 같은 분으로 여겨지는 데 비해서, 무용에서 댄서들dancers은 많은 춤동작들을 감당해야 하는 사람들이다. 또한 하나님은 미완성된 교향곡의 작곡가와 같은 분으로도 여겨지는데,

이때 하나님은 다양한 곡을 만들기도 하시고 즉흥 연주를 하시기도 하며 주제를 바꿔가면서 교향곡을 전개해 나가기도 하신다.[46] 피콕은 하나님의 여러 목적들이 이 세계 내에서 사건들이라는 패턴pattern of events을 통해 전달된다고 말한다. 우리는 진화 역사를 하나님의 의도들을 반영하면서도 정확하게 미리 예정된 계획을 따르지 않는 대리자의 활동이라고 간주할 수 있다. 또한 우리의 사유들이 신경세포들의 활동에 영향을 미치는 것과 마찬가지로, 하나님으로부터의 정보의 입력이 우리의 기억들과 이미지들과 개념들에 상호 영향을 끼칠 수 있다. 피콕은 예수 그리스도를 '상당히 하나님과 잘 소통했던 사람'God-informed person으로 보는데, 그에게 예수는 하나님의 자기표현을 전달하는 전례가 없는 효과적인 매개자로 여겨진다. 따라서 그는 자연이나 역사에서보다, 그리스도 안에서 하나님의 의도들이 더 명백하게 계시가 된다고 주장한다.[47]

폴킹혼은 하나님의 활동을 '순수한 정보'pure information의 유입으로 볼 것을 제안한다. 우리는 앞에서 혼돈이론에서 극도로 작은 에너지가 그 시스템 내에서 커다란 변화를 일으킨다는 것을 다뤘다. 폴킹혼은 이미지화하는 하나님의 활동 속에서, 우리가 혼돈이론을 제로 에너지zero energy라는 한계 상황에 적용할 수 있다고 말한다.(제로 에너지는 양자이론과는 다른 것이다. 양자 이론에 실제로 존재하는 것은 '제로 에너지 차등'zero energy difference으로서, 대체적 잠재성들 사이에 존재하기 때문에 여기에는 그 어떤 일반화extrapolation도 배제된다고 할 수 있다.) 폴킹혼은 하나님의 활동이 전일적 패턴들을 갖는 정보의 비-에너지적non-energetic 유입이라고 주장한다. 혼돈 과정들 속에 존재하는 여러 가능성들의 꾸러미envelop 속에서 하나님의 선택으로 인해서 새로운 구조들과 질서 유형들이 생성되며, 그 결과 더 높은 체계적 차원의 조직 원리들이 구현된다는 것이다.[48]

하나님의 말씀 또는 로고스Logos라는 성서적 개념은 정보라는 개념과 유사성을 지닌다. 그리스적 사유에서 로고스는 보편성을 지니는 합리적 원리에 해당이 된다. 성서에서 이 용어는 창조적 힘으로서의 말씀Word이라는 히브리적 견해를 잘 나타내 준다. 창조와 구속 redemption, 救贖 모두에 있어서 말씀은 사실상 하나님에게서 세상으로 전해지는 정보의 전달로 여기질 수 있다. 유전학적 정보와 인간의 언어에 있어서도 메시지가 지닌 의미는 더 넓은 해석 문맥의 범주 속에서 식별되어야만 한다. 인간에게 주시는 하나님의 말씀은 인간의 자유를 보존하는데, 이유는 하나님의 말씀이 인간의 반응을 불러일으키는 것일 뿐, 인간의 반응을 강제하는 것은 아니기 때문이다.[49] 그러나 신적 로고스를 비인격적 메시지의 전달이라고 볼 수는 없는데, 이유는 신적 로고스가 계속 진행되는 신적 인격과 관계적으로 분리될 수 없기 때문이다. 로고스는 플라톤의 '영원한 형상'eternal forms과 같은 추상적인 개념 구조를 지니는 것도 아니고, 특정한 매체 또는 하드웨어 시스템 속에서 구현된 것과 관계없이 존재하는 컴퓨터 프로그램 같은 것도 아니다. 만일 우리가 하나님의 여러 목적들 가운데 하나의 목적이 단지 지적으로 정보를 처리하는 사람들을 만드는 것이 아니라 사랑하면서 반응하는 인격체를 만들기 위함이었음을 믿는다면, 우리는 유전자 코드나 컴퓨터 프로그램들로부터가 아니라, 본래 인간의 삶에서부터 나오는 정보의 전달에 관한 유비들을 끄집어내야 한다.

과정 신학에서의 하나님의 활동

　과정 신학은 화이트헤드Alfred North Whitehead의 과정철학을 이용해서 종교전통, 특히 기독교 전통의 표현 어구와 재공식화reformulation를 이루려는 신학적 시도이다. 몇몇 유대교 사상가들과 불교 사상가들이 과정철학에 관심을 가지고 있다. 과정 신학은 위에서 살펴본 네 가지 주제들과 몇 가지 점에서 유사성을 갖는 동시에 상이성을 갖기도 한다. 이유는 과정 신학에 다섯 번째 개념, 즉 내면성이라는 개념이 더해지기 때문이다.

1. 생물학과 과정 철학

　현대과학이 지니는 여러 특징들이 과정 철학에 상당히 잘 나타나 있다. 화이트헤드가 모든 사건들이 지니는 개별적이고discrete 우연적이며episodic 불확실한indeterminate 성격을 설명했을 때, 그는 양자물리학에 빚을 진 셈이다. 또한 모든 실재들이 상호작용을 하면서 조직화된다고 주장했을 때, 이것은 상대성 이론에 빚을 진 셈이다. 시간성과 변화를 강조했다는 점에서 볼 때 과정적 사유는 진화론적 특성을 지니기도 한다. 과정 철학에서는 '되어감'becoming과 '행동'activity이 '존재'being와 '실체'substance보다 더 근본적으로 중요하다고 여겨진다. 진화 역사 속에서의 연속성은 잇따라 발생하는 생명체들과 오늘날의 실재의 차원들 사이에 '절대 경계선'absolute lines을 긋는 것이 불가능하다고 말한다.[50] 따라서 앞에서 논한 네 개의 주제들이 과정 철학에서도 다루어진다.

첫째로 '자기조직화'이다.

자기조직화는 실재의 기본적 단위들이 갖는 특징으로서, 이것은 순간적으로 통합된 사건들events이다.(화이트헤드는 통합된 이 사건들을 '실제적 계기들'actual occasions이라고 부르지만, 나는 통합된 사건들을 단순하게 '사건들'events이라고 칭할 것이다. 이렇게 하는 것이 우리로 하여금 이 사건들이 시간적 성격을 지님을 상기시키기 때문이다.) 모든 사건들은 단순히 과거로부터 이어져 온 수동적인 산물이 아닌 바, 이 사건들은 현재의 창조적 활동의 산물들이다. 현재라는 창조적 활동 속에서 시간적이고 공간적인 패턴과 구조라는 조직화가 이루어진다는 것이다. 그런데 이와 달리 과정 철학적 사유에서 자기조직화는 독특한 방식으로 분석된다. 과정 철학적 사유에서 내면성interiority은 모든 사건들을 전제로 하면서 조직화함에 있어서 그 사건들을 통일시키는 중추 역할을 감당한다.

둘째로 '불확정성'이다.

불확정성은 과정적 사유 뿐 아니라 양자 세계와 통합된 활동의 모든 차원에서도 당연한 것으로 여겨진다. 모든 수준들은 질서order와 개방성openness이라는 특성을 지닌다. 낮은 수준에서는 질서가 주도권을 갖지만, 높은 수준에서는 자발성과 창조성과 새로움novelty이라는 더 많은 기회들이 존재한다.

셋째로 '하향식 인과율'이다.

과정 철학적 사유는 하향식 인과율도 지지하는데, 상호연결된interconnected 사건들이라는 네트워크를 설명함에 있어서 과정 철학적 사유는 전일성holistic의 특성을 지닌다. 모든 사건은 그 사건에 미치는 여러 작용들의 새로운 종합으로서, 사건들은 그 사건에 영향을 미치는 상황 속에서 발생한다. 즉 사건과 상황이 서로 영향을 미친다는 것이다. 이것을 실재의 '관계적-생태학적 전망'이라고 칭할 수 있다. 이 점에 있어서 하나님은 자립적인 분이 아니신데, 이유는 하나님의 경험이 이 세계에 의해서도 영향을 받기 때문이다. 특히 과정 철학은 실재가 다차원적으로multi-leveled 이루어져 있다고 본다. 따라서 복잡성을 특징으로 하는 높은 수준에 속하는 사건들은 낮은 수준에 속하는 사건들에 의존한다. 그러나 사실상 새로운 현상들은 낮은 수준의 현상들에 속하는 법칙들을 설명하는 법칙만으로 설명될 수 없는 높은 수준에서 창발한다. 이런 맥락에 따라서 찰스 하트숀Charles Hartshorne의 과정 철학은 다양한 특성들을 가진 계층 구조적 차원 개념을 포괄적으로 이용하면서, 환원주의를 세심하게 비판한다.[51]

넷째로 '정보의 전달'이다.

초기의 과정 철학적 사유의 글들에서는 정보의 전달communication of information 개념이 두드러지게 다루어지지 않았다. 이것은 당연한 것으로서, 이유는 2차 세계대전 이전에는 정보의 전달 개념의 과학적 중요성을 사람들이 인식하지 못했기 때문이다. 그러나 융합적인concrescing 사건은 다른 사건들과의 관계를 고려해야 한다는 개념으로 인해서 활동 속에서 정보가 가진 상황적이고 관계적인 특성과 유사한 것에 주목하게 된다. 제임스 스털링James Hutchingson Stirling은 정보는 항상 있어날 수 있는 여러 상태들에서 하나를 선택하는 것과 관련됨에 주목하면서, 화이트헤드의 '실제적 계기들'이 정보를 처리하는 실재들information-processing entities이라고 말한다. 즉 이 실재들이 하나님에 의해서 제공된 여러 가능성들과 이전의 사건들로부터 하나를 선택한다는 것이다. 더욱이 정보는 이 세계로부터 와서 하나님에게로 돌아가는데, 이러한 피드백 과정이 인공 두뇌학 시스템에서처럼 적절하게 재배열이 된다. 제임스 스털링은 과정철학적 사유와 시스템 이론에 속하는 정보의 역할속에 전일론과 하향식 인과율이 작동함을 발견했다. 또한 하나의 시스템은 전체로서 작동하는데, 즉 전체가 모든 가능한 상태들을 실현하기위해서 그 구성요소들의 능력을 제한한다는 것이다. 과정 철학적 사유와 시스템 사유 모두는 새로운 형태의 질서가 높은 수준의 구조에서 발생한다고 여긴다.[52]

2. 내면성

내면성은 과정 철학적 사유에서 가장 많은 논쟁의 여지를 갖는 개념이다. 실재는 무엇인가를 경험하는 순간에 발생하는 상호 연결된 사건들의 네트워크로 여겨진다. 즉 각각의 실재가 자기 나름의 방식대로 과거로부터 오는 여러 작용들과 다른 실재들을 통합한다는 것이다. 물리적 구조를 가진 실재의 진화처럼, 내면성의 진화는 연속성continuity 과 변화라는 특성을 갖는다고 여겨진다. 내면성에 속하는 형태들은 단순한 기관들에 속하는 제대로 발달하지 못한 기억력rudimentary memory과 지각력sentience과 민감성responsiveness과 예지 능력에서 복잡한 기관들에 속하는 의식과 자기의식에 이르기까지, 상당히 다양할 수 있다. 인간의 생명은 우리가 그 내면을 들여다봄으로써, 실재를 알게 되는 유일한 지점이다. 만일 우리가 인간의 생명에 속하는 물리 구조들과 경험으로부터 시작한다면, 우리는 더욱더 미발달된 경험을 가진 더 단순한 구조들에 대해서도 알 수 있는 여지를 지닌다. 그러나 만일 우리가 전체적으로 볼 때 내면성이 결핍된 단순한 물리적 구조들로부터 시작된다면, 외부구조들에 속하는 복잡화complexification가 어떻게 내면성이 되는가를 관찰하는 데에 어려움을 겪게 된다.[53]

박테리아의 접근과 회피 반응avoidance reactions은 인식과 반응의 초보 형태들로 여겨질 수 있다. 아메바는 설탕을 찾는 것을 학습할 수 있는데, 아메바의 이러한 행위를 제대로 발달하지 못한 기억력과 의도성이라고 볼 수 있다. 한편으로 무척추동물invertebrates은 고통과 즐거움을 느낄 수 있는 지각력을 가지고 있는 것처럼 보인다. 그리고 열등한 척추동물들도 의도성과 예지능력을 가지고 있는데, 우리는 신경체계가 이러한 의도성과 예지능력을 크게 향상시킨다고 봐야 한다. 전반적으로 봤을 때 동물들의 행동은 그들이 고통을 격하게 느낀다는 증거를 제시해 준다. 심지어 스트레스를 받고 있는 무척추동물들도 인간의 뇌 속에 있는 엔돌핀과 유사한 고통을 완화시키는pain-suppressant 화학물질을 방출하기도 한다. 나아가서 상당할 정도의 문제 해결 능력과 예상능력과 다양한 인지와 느낌을 갖고 있는 종들도 있다. 내면성을 개념화하기 위해서는 하나의 유기체가 활동하는 것을 그 유기체의 관점에서 들여다보는 것이 중요하다. 비록 유기체의 경험이 우리의 경험과 상당히 다르다 하더라도, 유기체의 관점에서 들여다보는 것이 필요하다는 것이다.[54]

우리는 앞에서 진화상의 변화가 유기체들이 자신들의 환경을 선택하는 행동에 의해서 주도된다는 것을 다뤘었다.(발드윈 효과) 유기체들의 다양한 반응들과 새로운 행동들이 진화상의 새로운 여러 가능성들을 만들어 내는 것일 수 있다. 들소와 말을 공통조상으로 가진 생물체들 가운데서 어떤 것들은 그들의 적들을 정면으로 들이받기도 했는데, 그 순간에 그것들의 생존율이 충격과 무게와 강한 두개골과 들소가 가지고 있는 특성들과 유사한 여러 특성들로 인해서 향상되는 것처럼 보이기도 했다. 이와 달리 동일한 개체군 내의 다른 생물체들은 그들의 적들로부터 도망치기도 하는데, 이때 그들의 생존은 속도와 민첩성과 말들이 가지고 있는 능력들과 유사한 능력들에 의존했다. 진화론적으로 볼 때 들소와 말들의 종의 분기divergence는 신체와 관련된 유전적 변이 때문이라기보다는, 초기 시절에 위험에 대처하는 다양한 반응들 때문일 수 있다. 따라서 감정들과 심리적인 반응들이 유전자들로부터 전해 받은 신경계 안에서 발생함에도 불구하고, 이러한 반응들이 유전자들에 의해서만 결정되는 것은 아니라고 봐야 한다. 진화 역사에서 유기체들이 상호 간에 활발하게 상호작용하면서 참여한다는 것이다. 즉 유기체들이 그 내부의 유전적인 힘 때문에 수동적으로 생겨난 산물도 아니고, 그 외부의 환경적 영향 때문에 생겨난 산물도 아니라는 것이다.[55]

경험을 과학적으로 학습하는 것이 어려움에도 불구하고, 우리는 우리 자신의 경험을 의식한다. 이러한 직접적 의식은 우리를 다른 인간과 동물과 낮은 생명체들에 주관적인 의미를 부여하도록 이끌어 준다. 의식과 정신이라는 용어가 신경계를 가진 유기체들에 제한적으로 쓰이고 있음에도 불구하고, 우리는 아메바와 같은 유기체들도 제대로 발달하지 못한 형태의 인식과 경험을 지니고 있다고 봐야 한다. 나는 진화의 연속성의 관점과 형이상학적인 보편성의 관점에서 비록 의식이 고등한 생명체들에서만 출현함에도 불구하고, 경험을 모든 통합된 실재들에 적용할 수 있는 범주로 봐야 한다고 주장하는 바이다.

3. 기독교와 과정 신학

과정 신학적 맥락에서 볼 때 하나님과 이 세계가 관련성을 가진다는 것은 하나님이 이 세계 속에서 비인격적 원리로 수행하시는 분이심을 의미하는 것처럼 보인다. 하나님은 이 세계 속에 있는 질서와 새로움의 근원이시다. 하나님은 새로운 가능성들을 제시하심과 동시에 그 대안이 열려진 채로 있는 것을 허용하시기도 하고, 이 세계 안에 있는 실재들이 새로운 가능성들에 반응하도록 이끌어내기도 하신다. 과정 신학적 사유에서 볼 때 하나님은 사실상 매우 인격적인 분이시다. 또한 하나님은 이 세계 속에서 계속 진행 중인 여러 사건들에 적극적으로 반응하는 분이시다. 하나님은 펼쳐지고 있는 모든 사건들에 현존하시지만, 그 결과를 독점적으로 결정하시는 분이 아니다. 즉 하나님이 강요하시는 분이 아니라 설득하시는 분이라는 것이다. 과정신학자들에게 있어서 하나님은 전능한 통치자가 아니라 여러 존재들beings이 속해 있는 상호의존적 공동체의 '리더'이자 '동기부여자'이시다. 따라서 존 캅과 데이비드 그리핀은 하나님을 '창조적으로 반응하는 사랑'creative-responsive love이라고 말한다. 이 사랑은 이 세계에 영향을 끼침과 동시에 이 세계에 의해서 영향을 받는 사랑이기도 하다. 이런 점에서 볼 때 인간과 하나님과의 관계를 논함에 있어서 '모든 존재와 하나님의 관계'라는 모델이 적용될 수 있다.[56]

과정신학자들은 이 세계에 내재하시면서 참여하시는 하나님의 내재성을 강조함과 동시에 하나님의 초월성도 포기하지 않는다. 이들에게 하나님은 이 세계와의 관계성에 영향을 받으면서 시간 속에 존재하시지만, 그 인격과 목적에 있어서는 영원하고 변하지 않는 분으로 일컬어진다. 전능과 전지라는 고전적 신개념이 유지됨에도 불구하고, 그들에게 하나님은 무한히 개방되어 있는 방식으로 미래를 알 수 있는 분이 아니다. 전통적인 서양의 하나님 개념과 비교해 볼 때, 과정 신학에서는 이 세계 내의 여러 사건들에 대한 하나님의 능력이 상당히 제한되어 있다. 특히 낮은 수준에 속하는 사건들은 거의 그 사건들이 속해 있던 과거에 의해서 배타적으로 결정된다고 여겨진다. 장구한 기간의 우주 역사를 볼 때 하나님은 인내하는 분이시면서 또한 이해하기에 어려운 분으로 여겨진다. 즉 하나님이 새로운 형태의 느린 창발을 통해서 활동하시는 분으로 이해된다는 것이다. 기독교 과정 철학자들은 그리스도의 삶과 죽음이 이 세계의 삶에 하나님께서 사랑으로 참여하심을 보여주는 탁월한 모범에 해당이 된다고 주장한다. 그리스도의 십자가는 하나님의 고난 받으시는 사랑을 계시해 주고, 그리스도의 부활은 죽음조차도 사랑을 종결시킬 수 없음을 계시해 준다. 이 점에 있어서 과정 사상은 앞에서 설명했던 여러 신학적 모델들이 지닌 여러 통찰력을 공유하면서도, 한편으로는 중요한 점에 있어서는 다른 입장을 가지고 있다고 말할 수 있겠다.

하나님이 자기조직화 과정의 설계자이신 것처럼, 과정 사상의 하나님은 이 세계 내의 질서의 근원이시다. 나아가서 과정 사상의 하나님은 또한 각각 통합된 사건의 내면성을 통해서 나타난 새로움novelty이라는 창발에 직접적으로 관여하시는 분이시기도 하다. 따라서 과정 사상에 이신론deism이 들어설 자리가 없게 되는데, 이유는 하나님이 이 세계의 역사에서 직접적이면서도 지속적인 역할을 감당하시기 때문이다.

하나님께서 양자의 불확정성을 결정하신다고 말하는 사람들처럼, 과정사상가들은 하나님께서 과거의 사건들에 의해서 완전히 결정되어 있지 않은 시스템들에도 영향을 끼치신다고 주장한다. 물론 그렇다고 해서 하나님이 각각의 시스템들에 절대적인 확정의 방식으로 영향력을 행사하시는 것은 아니다. 하나님은 항상 여타의 다른 원인들에 입각해서 영향력을 행사하신다. 과정 사상은 하나님의 행동이 양자 수준의 사건들과 더불어 높은 수준의 조직에서도 발생한다고 여긴다. 이로 인해 양자 수준의 사건들만을 의존하는 것에서 벗어날 수 있게 된다. 따라서 그동안 정설로 받아들여졌던 가정, 즉 단지 양자 수준의 사건들에만 의존된다고 봄으로써 자연 시스템들에는 오로지 상향식 인과율만 작용한다는 환원주의자들의 가정에서 벗어나게 된 셈이다.

하나님을 하향식 인과율의 원인top-down cause으로 상정하는 사람들처럼, 과정사상가들은 상호의존적인 다차원적 세계에 하나님께서 내재하시면서 참여하신다고 말한다. 그러나 그렇다고 해서 과정 사상이 중간 차원의 부재 속에서 높은 수준(하나님)과 낮은 수준(생명이 없는 물질) 사이의 상호작용을 개념화함에 있어서 어려움을 갖는 것은 아니다. 이유는 하나님이 모든 수준에 속하는 통합된 사건들의 펼쳐짐 속에 현존해 계시기 때문이다. 실제로 하트숀은 '하나님의 몸으로서의 세계'라는 유비를 사용해 왔다. 과정 사상이 몸을 다양한 수준에 속하는 통합된 실재들의 집단으로 이해하는 것을 차용해서, 하트숀이 하나님께 이런 방식의 유비를 적용시켰다는 것이다. 하지만 여기서 나아가서 대부분의 과정 사상가들은 우주적 몸이 암시하고 있는 유비보다, 더 커다란 신적 초월성과 더 커다란 인간의 자유를 주장한다. '유기체 유비'organic analogy가 아니라 '공동체 유비'social analogy를 사용하면서, 과정사상가들은 우리 인간이 하나님의 몸속에서 세포들로 존재하는 것이 아니라 우주적 공동체 내의 구성원들로 존재하는 것이라고 말한다. 즉 하나님이 탁월한 주체로 존재하시는 우주적 공동체 내에 인간들이 구성원들로 존재한다는 것이다.

과정 사상은 하나님이 이 세계와 정보로 소통하신다고 말한다. 하나님이 다양한 잠재성들을 명령하시고 가치화하시는 것은 커다란 의미에서 볼 때 정보의 한 형태에 속한다. 하나님은 또한 이 세계로부터 정보를 수용하시기도 하는데, 그렇게 주고받는 피드백으로 인해서 하나님이 변화되실 때도 있다. 하나님과 세계 사이에 주고받는 정보의 전달은 모든 차원에 속하는 통합된 사건들이라는 순간적인 경험 내에서 발생하는 것이다. 즉 하나님과 세계 사이에 정보는 양자 현상이나 혼돈이론의 유발점trigger point을 통해서 작용되는 상향식 인과율로만 전달되는 것도 아니고, 전체 우주에 작용되는 하향식 인과율의 방식으로만 전달되는 것도 아니라는 것이다. 하나님과 과거의 사건들과 그 사건에 대한 현재의 반응은 모든 사건들에 속하는 정보 속에서 결합되는 것이다. 모든 차원에 임하는 신적 활동을 나타내기 위해서 과정 사상이 하나의 단일한 개념적 표현을 사용하는 것과 비교해 볼 때, 한편으로는 이 세계 내의 여러 차원들에서의 신적 활동이라는 다양한 양태를 가정하는 사람들도 있다. 나아가서 과정 사상은 다양한 수준들에서 발생하는 사건들의 특징적인 차이점들을 허용하기도 한다.

과정 사상에서 하나님의 역할은 성서의 성령과 많은 유사점을 공유한다. 과정 사상에서의 하나님처럼 성령은 이 세계와 더불어 활동하신다. 여러 성서 구절들에 나타나는 것처럼 성령은 내주하시고 새롭게 하시며 권능을 주시고 영감을 주시며 인도하시고 화해시키는 분이시다. 시편 104편에 따르면 성령은 현재 속에서 새로움을 만들어 내신다. "당신께서 소 떼들이 자라도록 목초지와 인간이 경작할 수 있는 식물들을 만드셨다. ... 당신이 성령을 보내셨을 때 그것들이 만들어졌고 당신이 땅의 표면을 새롭게 하셨다." 성령은 이 세계 속에 임재하시면서 활동하시는 하나님이시다. 성령에 대한 과정 사상의 이러한 입장은 하나님의 내재성에 대한 강조라 할 수 있다. 하지만 그렇다고 해서 과정 사상의 이러한 입장이 하나님의 초월성을 배제시키는 것은 아니다. 나아가서 창조와 구속이 하나님의 단일한 활동의 여러 양상들인 것처럼, 성령은 자연과 인간의 경험과 그리스도 안에서 활동하시는 하나님으로 이해되기도 한다.[57] 마찬가지로 과정 사상은 하나의 개념쌍들을 인간과 인간 외의 생명체 내에서 감당하시는 하나님의 역할에 적용시키기도 하는데, 이것은 그리스도의 생애에 대한 인간의 반응과 독특한 신적 활동이라는 개념과 양립할 수 있다. 성령은 우리의 반응을 강제적으로 이끌어내지 않으시면서 우리에게 오신다. 따라서 성령이 온화한 새인 비둘기로 상징되는 것이다. 또한 성령은 바람과 불로도 상징된다. 이러한 상징이 강압적인 것처럼 보일 수 있지만, 사실상 이러한 상징들은 힘이라기보다는 영감을 나타내는 것이라고 봐야 한다. 나는 나의 다른 책에서 하나님에 대한 과정 사상적 전망이 성서 메시지가 가진 여러 양상들과 양립할 수 있음을 보여주려고 노력했다.[58]

4. 몇 가지 반론들

이제 마지막으로 과정 사상과 관련해서 있음직한 몇 가지 반론들을 살펴보고자 한다.

1) 범-경험주의pan-experientialism를 신뢰할 수 있는가?

과정사상가들은 단순한 실재들이 지닌 완전히 발달하지 못한 경험과 느낌과 반응을 상정한다. 과정사상가들은 마음과 의식은 오로지 복잡한 유기체들에 해당되는 높은 수준에서만 현존한다고 주장하는데, 따라서 그들은 최소한 범심론자들panpsychists은 아닌 셈이다.(범심론자들은 낮은 수준에도 미발달된 형태의 마음이 있다고 상정한다.) 바위들과 무생물에 속하는 물체들은 통합된 경험을 지니지 못하는 집합체aggregates에 불과하다. 진화 역사와 오늘날의 생명체들에게서 생명체들을 구분하는 날카로운 기준점은 존재하지 않는다. 마음을 생산해 내는 물질에 있어서, 진화나 발생학적 성장에 있어서, 중간 단계나 중간 차원들이 있어야만 하는 것처럼 보이고, 마음과 물질이 몇 가지 공통적 특징들을 가져야만 하는 것처럼 보인다는 것이다. 따라서 여러 물리적 개념들을 일반화시키는 것은 우리의 주관적 경험을 설명하는 데 있어서 불필요한 개념들만을 만들어 낼 뿐이다. 과정 사상은 낮은 수준의 사건들을 높은 수준의 사건들에 속하는 단순한 계기들cases로 여긴다. 즉 이들이 낮은 수준에 속하는 개념들의 견지에서 높은 수준의 사건들을 해석하려고 하지도 않고, 이원론에도 의지하지 않는다는 것이다.

그러나 화이트헤드는 모든 사건들에 적용될 수 있는 일련의 형이상학적 범주들을 만들기 위해 상당히 많은 노력을 기울였다. 따라서 내가 생각하기에 그는 여러 상이한 수준들에서 구현되는 각각의 범주들에 적용가능한 근본적으로 다양한 방식들에 대해서는 관심을 덜 기울였다고 여겨진다. 이 점에 있어서 화이트헤드보다 하트숀과 그리핀과 최근의 과정사상가들이 더 타당성을 지닌다. 나는 또한 순간적이고 우연적인 경험의 성격에 대한 화이트헤드의 이해가 인간의 인격에 대해서 적절한 견해를 제공했는지에 대해서도 의문을 갖는다. 화이트헤드와 달리, 나는 인격적 정체성과 관련해서 더 많은 연속성과 더 강한 계승 방식을 수락할 수 있어야 한다고 주장하는 바이다. 즉 인격적 정체성을 논함에 있어서 실재에 대한 전통적 범주들로 되돌아가지 않아야 한다는 것이다.(이것에 대해서는 다음의 4번을 참조하라.)

2) 틈새의 하나님이 존재하는가?

일찍이 하나님은 과학적으로 설명 불가능한 것을 설명할 때 요청되는 분이셨다. 사람들은 이 세계로부터 멀리 떨어져 계시는 하나님께서 법칙들을 준수하는 방식으로 이 세계에 관여하신다고 여겼다. 하지만 이러한 입장은 그 틈새들gaps이 과학적 설명으로 말미암아 잇따라 메꿔지면서 실패한 전략으로 여겨지게 되었다. 이와 달리 과정 철학에 따르면 하나님은 특정한 틈새들을 메꾸기 위해서 일방적으로 이 세계에 관여하시는 분이 아니다. 하나님은 모든 사건들이 펼쳐질 때마다 이미 존재해 계시지만, 모든 사건이 하나님께로만 귀속되는 것은 아니다. 과정 철학에서 하나님과 피조물들은 공동창조자들로 여겨진다. 따라서 하나님께서 감당하시는 역할은 과학에 의해서 채워질 수 있는 틈새와는 다른 것으로서, 과학은 과거로부터의 인과적 영향을 연구하는 학문 분과이다. 이 세계에 대한 하나님의 관여는 인과적 영향으로부터 분리될 수 없다. 즉 이 세계에 대한 하나님의 관여가 또 다른 외부적 힘인 것처럼 여겨질 수 없다는 것이다. 이유는 하나님의 관여가 모든 실재의 내면성을 통해서 작용이 되기 때문이다. 이러한 하나님의 관여는 과학과는 구별이 된다. 낮은 수준의 사건들에 끼쳐지는 하나님의 영향이 극도로 미세할 수 있기 때문에, 따라서 새로운 형태의 진화가 그렇게 길고 느린 과정을 지닌다는 것이 그렇게 놀라운 사실은 아니라는 것이다.

3) 우리가 제한된 권능을 지니신 하나님을 예배할 수 있는가?

과정 사상이 말하는 하나님은 고전적 신학이 말하는 전능한 통치자보다 '덜' 전능한 분이시다. 그러나 하나님의 권능은 다양한 유형을 지니는데, 그 권능은 다양한 방식으로 효력을 나타낼 수 있다. 그리스도 안에서 드러난 권능은 외부에서 우리를 통제하는 권능이 아니라, 우리의 반응을 이끌어 내는 사랑의 권능이다. 더욱이 과정 사상의 하나님은 영원하고 편재하며 그 목적에 있어서 변함이 없는 분으로서, 알려질 수 있는 모든 것을 알고 계시는 분이다. 또한 하나님은 보편적인 역할을 감당해 오신 분으로서, 수많은 전통적인 신의 속성들에 앞서는 우선권priority을 지니신 분이다. 이 점에 있어서 나는 신비스러운 거룩한 경험과 예배라는 기독교인들의 경험으로 인해서 하나님의 초월성이 강조될 밖에 없다고 주장하는 바이다. 그런데 이러한 강조가 화이트헤드에게서는 발견이 되지 않는다. 우리는 신학이 기독교 공동체의 경험을 해석해야 하는 경우에 화이트헤드의 모든 사상들을 수락하지 않으면서도 그가 말하는 범주들을 적용할 수 있다고 말할 수 있을 것이다. 하나님의 권능의 문제를 5장에서 다루도록 하겠다.

4) 과정 사상이 지나치게 철학적인 것은 아닌가?

형이상학적 범주들은 추상적이고 이론적인 것처럼 보이는 바, 이 범주들에는 종교에 있어서 중요한 개인적 삶이라는 실존론적 사안들이 제거된 것처럼 보인다. 이 문제를 해결하기 위해서 몇몇 과정사상가들은 상당한 정도의 연구 후에 이해하기 쉬운 기술적인 용어를 사용하기도 한다. 즉 이들이 과정 사상의 개념들이 통속적인 용어로만 기술

되는 것을 지양한다는 것이다. 신학자들은 개념들을 체계화함에 있어서 철학적 범주들을 사용할 수밖에 없다. 어거스틴은 플라톤으로부터, 아퀴나스는 아리스토텔레스로부터, 바르트는 칸트로부터 철학적 범주들을 가져왔다. 그러나 기독교 공동체가 만들어 내는 사건들과 기독교 공동체의 독자적인 경험들을 신학적으로 숙고하고자 할 때, 우리는 항상 출발점으로 돌아가야만 한다. 교회의 일상생활을 설명함에 있어서 구체적인 상상력을 갖춘 모델들이 추상적인 개념들보다 훨씬 더 중요하다는 것이다. 신학적 모델은 문자적이거나 지나치게 포괄적인 설명을 담지 않아야 한다. 우리는 이 세계에 대한 하나님의 관련성이 지니는 다양한 양상들을 상상함에 있어서 여러 다양한 모델들을 사용해야 한다. 학문적 보편성을 추구함에 있어서 우리는 다른 사회 영역의 사람들과도 대화를 해야 한다. 왜냐하면 경제적인 관심이든지, 문화적 가치이든지, 성gender의 문제이든지, 이 모든 것들이 우리의 해석학적 범주들에 영향을 끼치기 때문이다.

지금까지 우리는 과정 사상에 주목하면서 진화 세계 속에서의 하나님의 활동에 대한 다양한 모델들을 다루었다. 결국 우리는 성령 하나님이라는 성서적 개념으로 돌아가야 한다. 이렇게 해야 고전적 기독교가 주장하듯이, 창조와 구속이 분리되지 않기 때문이다. 또한 이렇게 되는 것이 자연에 대해서 성스러운 감정을 갖도록 우리를 회복시킬 것이기 때문이다. 자연에 대해 성스러운 감정을 가져야 오늘날의 환경에 대해서도 건강한 관심을 갖게 된다는 것이다. 성령은 인간과 자연 세계 각각에서 활동하시는 분으로서, 이러한 이해는 과정 사상과 일맥상통하는 점이 있다. 1991년 호주 캔버라에서 있었던 세계교회공의회에서 기도에 관한 주제가 다루어졌는데, 거기서 우리를 하나로 묶을 수 있는 기도문이 작성되었다. "오소서. 성령님. 전체 피조물을 새롭게 하소서."

3. 진화와 유전학 그리고 인간

진화론은 고전적인 하나님 개념에 이의를 제기했을 뿐 아니라, 인간에 대한 전통적 가르침에도 이의를 제기했다. 3장에서는 진화론적 맥락의 인간 연구가 갖는 신학적 함의들과 인간 행동에 끼치는 유전자들의 영향에 대해서 다룰 것이다. 인간이 원시 조상으로부터 물려받은 유전자에 의해서 결정되는 것인가? 우리가 유전학이 우리에게 끼치는 새로운 힘들에 대해서, 예를 들면 인간 유전자를 변형시킬 수 있는 가능성과 인간 복제와 같은 사안들에 대해서 어떤 이해를 가져야 하는 것인가?

인간의 진화

다윈 당시에 이미 진화론은 인간의 지위에 대한 전통적 이해에 도전을 가했다. 그때 이후로 수많은 과학적인 학문 분야에서 인간이 선행 인류들로부터 하강해 왔다는 증거가 축적되어 왔다. 분자생물학을 통해서 우리는 오늘날 침팬지와 인간이 디엔에이의 99% 이상을 공유한다는 것을 알고 있다. 물론 1%의 차이가 중요한 것은 사실이다. 한편 아프리카에서 인류학자들은 침팬지와 인간 사이의 중간생성물intermediate에 속하는 수많은 화석형태들을 발견해 내기도 했다. 유인원에 속하는 오스트랄로피테쿠스 아파렌시스Australopithecus afarensis가 400만 년 전에 두 발로 걸어 다녔다. 에티오피아에서는 루시라는 이름을 가진dubbed Lucy 작은 여성이 발견되기도 했다. 이 여인은 두 발로 걸어 다녔고 긴 팔과 커다란 원숭이 머리 크기의 머리를 가지고 있었다. 또한 이 여성의 이는 그녀가 육식을 했음을 보여주는 단서가 되기도 했다. 이 여성은 곧바른 자세로 나무와 초원을 활보했는데, 이런 자세로 인해서 여러 사물들을 자유롭게 다루었고 더 잘 봤으며 사냥하는 것도 용이했다. 이 여성은 커다란 뇌가 발달하기 이전의 수준을 지닌 것으로 여겨진다. 200만 년 전에 출현한 직립 원인Homo erectus, 猿人은 더 커다란 뇌를 가지고 있었고 그룹을 지어 살았으며 더 복잡한 도구를 만들기도 했다. 또한 직립 원인은 불을 사용하기도 했을 것으로 여겨진다.

고대 형태의 호모 사피엔스Homo sapiens는 40만 년 전에 출현했고, 네안데르탈인은 15만 년 전에 유럽에 출현했다.(아마도 호모 사피엔스와 네안데르탈인은 현대인들의 혈통은 아닌 듯하다.) 크로마뇽인은 3만 년 전에 동굴 벽에 그림을 그렸고 매장 의식을 수행하기도 했다. 가장 초기로 알려진 수메르 문자Sumerian가 지금으로부터 6천 년 전에 출현한 것으로 알려져 있다. 금속을 녹이는 기술들로 인해서 청동기 시대가 시작이 됐으며, 이때 이래로 3천년 후에 철기시대가 도래하게 된다. 이렇게 간략하게 살펴봄으로써 우리는 인간의 생리구조와 더불어 비인간nonhuman에서 인간 형태로 넘어가면서 인간 문화가 시작되기까지의 진화 역사에 대해서 어느 정도의 폭넓은 윤곽을 갖게 되었다.[59]

한편으로 화석과 인공 유물의 발견과는 별개로, 인간의 기원에 관한 탐구가 네 개의 분야에서 수행되어 왔다. 즉 사회생물학과 영장류 연구와 인간의 언어와 문화에 대한 연구와 진화와 종교에 대한 연구가 그것이다.

1. 사회생물학과 인간의 도덕성

만일 진화가 가장 유리한 형태의 생존과 관련이 있다면, 하나의 유기체가 자신의 생존에 해를 끼치면서까지 이타적으로 행동하는 것을 어떻게 설명할 수 있을까? 개미와 같은 사회성 곤충들은 집단colony을 위해서 개체를 희생시킬 수 있다. 윌슨Edward O. Wilson과 몇몇 사람들은 이타적 행위가 개체가 만들어 내는 후손들의 숫자를 줄일 수 있는가 하면, 동일족에 속하는 가까운 친족들의 생존을 향상시킬 수도 있음을 입증했다. 만일 내가 나의 유전자의 절반을 나의 형제 또는 누이와 공유한다면, 나아가서 내 생명의 위험을 무릅쓰고서라도 나의 유전자들을 계속해서 번식시키고자 한다면, 나의 유전자는 영속화될 수 있을 것이다. 만일 내가 나와 관련이 없는 누군가를 돕는다면, 그가 미래에 나를 돕게 될 것이다.(상호관계적 이타주의) 그러나 그렇다 하더라도 이렇게 되는 것이 나의 유전자가 생존하는 것에 직접적으로 기여하는 것은 아니다.[60]

윌슨은 진화생물학이 인간 생명이 지니는 모든 양상들을 설명해 낼 수 있다고 확신한다. 종교와 윤리도 설명 가능한데, 결국 종교와 윤리 모두 생물학적 지식으로 대체될 것이라고 말한다. 한때 그는 도덕성이 유전자들에 입력되어 있는 정서의 표현이라고 말하기도 했다. "도덕성이 가지고 있는 증명된 단 하나의 기능은 유전자들을 순전한 상태가 되도록 만드는 것이다." 오늘날의 과학은 "자연법칙이라는 물질적 기본 원리에 입각해서 윤리의 기반을 설명해 낼 수 있다."[61] 또한 리처드 도킨스Richard Dawkins도 자신의 책에 '이기적 유전자'The Selfish Gene라는 이름을 붙였는데, 이유는 그가 모든 이타적 행위들이 유전자의 생존에 기여한다는 입장을 갖기 때문이다.[62]

진화심리학evolutionary psychology이라는 새로운 분야는 사회생물학이 가지고 있는 여러 전제들을 공유한다. 하지만 그러면서도 진화심리학을 연구하는 사람들은 유전자적 소질genetic heritage이 우리의 행동에 영향을 끼치는 특정한 습관들을 결정함에 있어서 문화가 더 큰 역할을 감당한다고 여긴다. 라이트Robert Wright는 타임지Time magazine에 다음의 제목으로 글을 게재했다. "불륜이 우리의 유전자일수도 있다."Infidelity: It May Be in Our Genes. 라이트는 불륜을 저지르는 것이 자연스럽다고 말하는데, 이유는 더 고귀한 유전적 혈통들genetic descendants을 선호하는 행위가 이미 석기 시대에 결정되었기 때문이라고 주장한다. 그는 인간이 특히 난잡한 성행위promiscuity를 좋아하는 경향을 지닌다고 하면서, 그 이유를 인간이 상대적으로 적은 노력만을 가지고도 혈통과 후손들을 통해서 자신의 유전자들을 번식시킬 수 있기 때문이라고 말한다. 여성은 힘과 지위를 지닌 남자를 찾는 경향을 지니는데, 이유는 그러한 남자들이 아이들을 양육함에 있어서 좋은 부양자가 될 수 있기 때문이다. 라이트는 또한 범죄의 경향성에 속하는 유전적 토대가 존재한다고 주장하기도 한다. 이런 맥락에서 그는 인간에게 자유의지에 대한 믿음이 유용한 허구가 될 수 있다고 주장하는데, 이유는 자유의지에 대한 믿음으로 인해서 인간이 책임과 처벌에 대해서 생각하게 되기 때문이라고 말한다. 즉 책임과 처벌이 범죄 행위를 저지르지 못하게 만드는 억제물이 된다는 것이다.[63]

진화 철학자 러스Michael Ruse는 모든 가치들이 주관적이지만, 사실상 그 가치들이 우리에게 객관적으로 여겨진다고 하면서, 이렇게 되는 이유를 사회생물학에 근거해서 설명할 수 있다고 주장한다. 러스는 여러 가치들은 실제로 우리가 이 세계에 대해서 투영하는 구성물들로서, 그 가치들을 진지하게 취급하고자 우리가 그것들을 객관적으로 여기는 것이라고 말한다. 즉 진화적 선택이 문화적 통념을 객관적인 가치들로 생각하도록 만든다는 것이다. "다윈주의는 도덕성이 단지 우리에게 주관적인 느낌들에 불과하지만, 동시에 이것이 우리에게 객관성이라는 환상을 갖게끔 만든다는 것을 보여준다. ... 따라서 이런 점에서 볼 때 도덕성은 유전자들에 의해서 우리에게 새겨진 집단 환상에 불과하다고 봐야 한다."[64] 러스는 하나님이 도덕적 관례들의 근원이라고 믿는 신념 때문에 그러한 도덕적 관례들이 더욱 더 사회적으로 효율적이게 되었다고 말한다. 즉 그러한 신념들이 생물학적으로 유용한 기능을 감당한다는 것이다. 그러나 이러한 러스의 입장은 자기 패배적인 것처럼 보이는데, 이유는 윤리적 규범들을 집단 환상으로 본다 하더라도, 우리가 그 규범들의 사회적 유효성이 계속해서 유지된다고 기대할 수 없기 때문이다.

사회생물학자들에게 답변함에 있어서, 소버Eliott Sober와 윌슨David Wilson은 유전적 친족들genetic relatives의 생존을 향상시키는 유전자들 외에도, 수많은 수준에서 진화적 선택이 발생한다고 주장한다. 전적으로 유전적으로 관련이 없는 그룹의 개체들 중에서도 협력이 발생한다는 것이다. 예를 들면 집단적 사냥을 한 후에 고기를 나누는 문제에 있어서, 집단적 규범들과 사회적 규범들은 일종의 속박들을 제공하기도 하는데, 이 속박들이 개체의 생존에 도움이 된다는 것이다. 소버와 윌슨은 생존을 위한 생물학적 귀결들과 여러 행위들을 위한 심리학적 동기들을 명확하게 구별해야 한다고 말한다. 어떠한 이기적 동기, 예를 들면 다른 이들을 존중하고 영원한 대가를 바라는 것과 같은 이기적 동기들을 담고 있는 이타주의적 행동들을 명백하게 밝히려는 사회생물학자들의 시도와 반대로, 소버와 윌슨은 심리적 차원에 속하는 여러 다양한 동기들이 있다고 말한다. 결론적으로 그들은 이 동기들 속에 사리사욕(이기주의 등)과 이타주의(순수한 목적에서 다른 이들의 복지에 관심을 갖는 것 등) 모두가 포함되어 있다고 말한다.[65]

한편 롤스톤Holmes Rolston은 낮은 수준의 유기체에서는 이기적 유전자나 이타주의 같은 용어들이 적용될 수 없다고 본다. 그는 그 이유를 낮은 수준에서는 선택할 수 있는 능력을 지닌 도덕적 동인moral agents, 動因들이 없기 때문이라고 주장한다. 개별적인 여러 언어들이 있는 것이 아니라 단지 하나의 언어적 재능만을 이끌어내는 유전학적 토대가 있을 뿐이다. 마찬가지로 여러 합리적인 논쟁들이 있는 것이 아니라 단지 추론하는 재능을 이끌어내는 하나의 유전학적 토대만이 있을 뿐이다. 즉 개별적인 여러 도덕적 판단들이 있는 것이 아니다. 롤스톤은 단지 인간의 도덕성을 위한 능력을 가리켜서 자연선택의 산물이라고 주장한다. 그는 인간의 모든 이타주의가 사실상 은밀한 사리사욕 또는 미래의 보답 내지 사회적으로 누군가에게 인정받는 것과 상관된다는 주장을 하는데, 사실상 이러한 주장은 받아들이기에 어려운 점을 가지고 있다. 당연히 이러한 주장은 성서에 나오는 선한 사마리아인이나 테레사 수녀나 익사하고 있는 낯선 이의 생명을 구해주는 사람들에게 적합한 주장은 아니기 때문이다.

나아가서 롤스톤은 문화적 진화cultural evolution는 생물학적 진화와 상당히 다르다고 주장한다. 먼저 그는 문화적 혁신이 여러 변이들 mutations과 변이성variability의 근원인 '유전학적 재조합'recombination을 대체한다고 말한다. 문화적 혁신들은 '무작위성'이 아니라 그 정도에 있어서 '고의성'과 '지향성'을 갖는다. 사회적 문제들과 위기들이 출현할 때, 이러한 문제들에 대응하면서 창조적이고 상상력이 풍부한 새로운 여러 개념들과 제도들과 행동 양태들이 출현한다는 것이다. 그 다음으로 여러 개념들 사이에서 경쟁이 일어나면서, 사회적 경험을 통해서 무언가를 선택하게 된다. 시행착오를 반복하는 과정에서 가장 유용한 개념들을 끄집어내게 되고, 이와 더불어서 수많은 요인들이 '성공'

이라는 사회적 양식에 기여하게 된다. 이러한 문화적 선택은 생물학적 선택보다는 덜 급진적인데, 이유는 그 개념들을 지지하는 사람들이 죽지 않더라도 그 개념들이 거절될 수 있기 때문이다.[66]

마지막으로 롤스톤은 문화적 정보cultural information는 유전자들을 통해서 전달되는 것이 아니라, 언어와 전통과 교육과 사회제도들을 통해서 전달된다고 말한다. 이런 경우에는 문화적 진화에 속하는 변화가 생물학적 진화보다 더 빠르고 더 많은 고의성을 내포하며 더 점증적인 특성을 지니게 된다. 이러한 주요한 여러 변화들은 한 세대 내지 몇 세대 동안 발생할 수도 있다. 그러나 대조적으로 오래된 개념들은 거듭해서 표면화되고 개정이 되는데, 이 개념들이 영구적으로 사라지지는 않는다. 즉 멸종한 종들의 유전자들이 영구히 사라지는 것과 달리, 문화적 진화에 속하는 이러한 개념들이 완전히 사라지지 않는다는 것이다. 이러한 여러 차이들 때문에 문화적 신념들은 선행 인류와 석기 시대 선조들로부터 물려받은 유전적 경향성들과 무관하다고 말한다.

2. 원숭이와 인간

야생 상태에 있는 원숭이를 연구할 때도 그렇고, 포획 상태에 있는 원숭이를 연구할 때도 그렇고, 양쪽의 연구 모두는 원숭이들이 인간과 유사해 보이는 많은 능력들을 지니고 있음을 보여주었다. 이러한 결과물들은 인간이 유인원 같은 선조들로부터 진화해 왔다는 이론을 지지해 준다. 이것이 인간이 독특성을 지닌다는 주장의 근간을 흔든다고 생각하는가?

제인 구달Jane Goodall은 탄자니아 숲에 서식하는 침팬지들을 대상으

로 '침팬지의 사회생활'을 연구했다. 그녀는 원숭이들이 키스하고 포
옹하며 서로 사랑한다는 표시로 손을 붙잡는다는 사실을 밝혀냈다. 원
숭이들은 웃고 간질이며 서로 농간을 부리기도 했다. 일반적으로 인간
이 가지고 있는 행복과 슬픔과 노여움과 두려움과 같은 여러 감정들
을 원숭이들도 경험하는 것처럼 보였다. 또한 원숭이들은 다른 원숭이
들의 얼굴 표정과 감정들에 서로 다른 반응을 보이기도 했는데, 예를
들면 어려움에 처한 원숭이의 어깨를 툭툭 치거나 위로하는 것과 같
은 반응들을 보였다. 원숭이들은 가족적인 유대감과 사회적 계층구조
를 이루면서 지냈으며, 전략적인 연합전술을 구사하기도 했다. 나아가
서 원숭이들은 몸짓이나 자세를 가지고 비언어적으로 의사소통을 하
는 데 능숙했으며, 물체를 간단한 도구로 사용하기도 했다. 한편으로
구달은 성적으로 폭력을 행사하거나 영역을 놓고 싸움을 벌이거나 다
른 그룹에 속하는 침팬지들을 죽이는 등, 원숭이 사회가 가지고 있는
어두운 면도 발견해 냈다. 하지만 이와 달리 어미를 잃은 새끼 원숭이
를 다른 그룹의 성인 수컷 원숭이가 데려다 키우는 등, 동정심과 공감
에 해당되는 사례들을 발견하기도 했다. 그녀는 침팬지들이 천둥이 치
는 폭포 아래에서 황홀경에 빠져서 무언가에 집중하거나 무아지경으
로 춤을 추는 것을 목격하면서, 원숭이들도 경외심과 경이로움을 가지
고 있다고 말했다.[67]

월Franz de Waal은 포획된 침팬지들을 연구하면서, 침팬지들의 행위 속
에서 인간의 도덕성의 전조를 발견해 낸다. 사회생물학자들은 선행 인
류의 선조들로부터 인간이 선천적인 이기적인 본성을 물려받았는데,
이러한 이기적인 본성은 문화에 의해서만 부분적으로 극복될 뿐이라
고 주장해 왔다. 월은 침팬지들이 인간의 도덕성의 기저가 되는 동정
심과 친절함 같은 자질들을 지니고 있음을 알아낸 것이다. 그는 침팬

지들이 갖는 동정심과 돌봄의 사례들로서, 침팬지들이 음식을 공유하거나 사회적 목적들을 위해서 협력하는 경우를 제시한다. 이와 관련해서 일본에서는 기형적인 손과 발을 가진 원숭이를 다른 원숭이 부족이 데려다가 키우는 사례도 있었다. 동물원에 있는 고릴라가 부상을 당한 인간 아이를 엄마에게 데려다 주기도 했다. 침팬지들은 침팬지들 사이에서 싸움이 일어났을 시에 간섭하기도 하고 싸움을 중재하기도 하면서, 화해를 이끌어 내기 위해서 노력하기도 한다. 또한 침팬지들은 사회적 상호작용양식들을 개발하기도 하고 그 규칙들을 위반하는 침팬지들을 교육시키기도 하는데, 그런 후에 침팬지들은 죄책감이나 부끄러움을 나타내는 행동을 보여주기도 한다. 윌은 동정심은 영장류에게서만 나타나는 양상이라고 주장하면서, 동정심이야말로 인간 문화에서 더 넓은 관심의 영역으로 확대될 수 있는 건설적인 사회적 태도들을 가리킨다고 말한다.[68]

침팬지들이 수화sign language를 사용하도록 학습했지만, 이러한 학습이 초보적인 언어학적 능력으로 간주 될 수 있는지에 대해서는 지속적인 논쟁이 있어왔다. 원숭이들의 후두larynx, 喉頭가 낱말과 같은 구두 의사전달에 필요한 소리의 조율modulation에 부적합한 구조를 가지고 있는 것은 사실이다. 하지만 여타의 많은 종들처럼 원숭이들도 독특하게 울부짖기도 하고 무언가를 신호하기 위해서 특유의 춤을 추는 등, 그들만의 자세들을 가지고 있다. 가드너R. A. and P. T. Gardner는 침팬지에게 34개의 손동작을 가르쳤는데, 이때 원숭이들은 두 개의 손동작이나 세 개의 손동작들을 결합하는 모습을 부여주었다. 하지만 이렇게 된 것이 후천적으로 습득된 규칙syntax으로 말미암은 것은 아니다.[69] 수새비지 럼버E. Sue Savage-Rumbaugh는 200마리의 원숭이들에게 공들여서 시각적인 기호들을 가르쳤는데, 이때 성숙한 원숭이들은 단번에 두 개의 기호가 결합된 기호를 골랐던 반면에 두 살 정도의 어린 원숭이들에게서는 시각적인 기호와 관련해서 빠른 학습이 이루어진 후에 곧 다음 단계에 속하는 학습으로 넘어가는 모습을 보여주었다. 즉 침팬지들이 여러 기호들의 관계항들이 지니는 추상적 관련성들을 이해할 수 있는 능력을 가졌다는 것이다. 하지만 쉽게 관찰될 수 있는 물체들을 만지거나 그것들을 가지고 보여주는 행동들과 관련해서 대부분의 원숭이들이 보여주는 기호들의 배합에 대해서는 좀 더 많은 논의가 필요한 것이 사실이다.[70] 간단히 말하자면 침팬지들이 현저한 의사소통 능력을 지님에도 불구하고, 그들의 의사소통 능력은 인간의 상징적인 언어에 훨씬 못 미친다고 볼 수 있다. 더욱이 이러한 사례들에 쓰인 기호들은 그들의 조련사들이 그들의 실험 대상용 침팬지들에게 제공한 것이다. 이런 점에서 볼 때 언어는 선천적인 사회적 현상으로서, 우리 선조들의 문화 유형들은 교육의 과정 없이 선조들의 뇌의 구조와 언어가 만들어지면서 진화한 것이라 할 수 있다.

한편으로 볼 때 침팬지들은 초보적 형태의 자기의식을 가진 것처럼 보인다. 만일 침팬지들이 이러한 초보적 형태의 자기의식을 가지고 거울 속에서 이마에 있는 자신의 자국mark을 본다면, 침팬지들은 그 자국을 지우려고 할 것이다. 인간의 자기의식은 침팬지의 자기의식을 훨씬 더 능가한다. 과거를 기억할 수 있는 능력과 미래를 예상할 수 있는 능력 때문에, 또한 추상적인 기호들을 사용할 수 있는 능력 때문에, 우리 인간은 가까운 시공간으로부터 벗어나서 자유롭게 될 수 있다. 또한 인간은 현재의 경험과 간접적으로 관련된 능력들에 대해서도 상상할 수 있으며, 당장 눈앞에 있는 요구사항들에서 멀리 동떨어져 있는 목표들에 대해서까지도 숙고할 수 있다. 인간은 자신의 유한성과 죽음의 불가피성을 알고 있으며, 자신들의 삶의 의미에 관해서도 질문할 수 있다. 즉 인간만이 상징으로 가득 찬 세계를 언어와 예술을 통해서 구성할 수 있다는 것이다.

3. 언어와 문화

인류학자 데콘Terrence Deacon은 기호적 표현symbolic representation을 세 가지 방면의 상호작용에, 즉 언어와 뇌병리학과 진화 역사에 있어서 문화의 상호작용에 중요한 요인으로 간주한다. 이 세계 내에 있는 물체들과 사건들과 밀접한 관련을 맺고 있는 조각상들icons과 표시들indices과 달리, 기호들은 우리에게 더 풍부한 추상적 차원의 설명을 제공해준다. 기호들은 이 세계를 간접적으로 언급하면서 새로운 방식으로 서로 관련될 수 있다. 나아가서 기호들은 우리 인간으로 하여금 넓은 범주의 대안 활동들에 대해서 검토하도록 만들고, 행동하기에 앞서서 그러한 대안 활동들을 마음속으로 예상하도록 만들기도 한다. 이렇게 됨으로써 우리는 미래의 대안들과 앞으로 이 세계가 어떻게 될 것인지를 상상할 수 있게 되는 것이다. 기호들이 서로 결합 될 수 있고 이러한 풍부한 다양성을 지닌 채 조율될 수 있기 때문에 기호들은 진정한 언어적 의사소통에 본질적 중요성을 지닌다고 볼 수 있다.

데콘은 뇌병리학이 언어의 사용과 관련이 있다고 말한다. 그는 언어가 단지 뇌가 커지면서 여러 목적들을 향해서 진화해 나갈 때 나타나는 산물일 뿐이라는 논지를 거절한다. 인간의 뇌는 단지 커다랗다는 데에 그 의미가 있지 않다. 인간의 뇌는 새로운 방식으로 편성되는데, 예를 들면 인간의 뇌는 뇌의 전두엽 피질과 여타의 다른 부분들이 연결되면서 다양한 관련성을 지니게 된다. "인간 진화 시 나타나는 뇌의 주목할 만한 팽창과 이때 간접적으로 만들어지는 뇌의 전두엽의 팽창이 기호적 언어의 원인에 해당되는 않는다. 오히려 이것은 기호적 언어의 결과에 해당된다."[71] 나아가서 기호화는 의식의 영역을 풍부하도록 만들기도 했다. 즉 기호화가 우연적으로 형성된 것이 아닌 바, 기호화로 인해서 우리 인간이 지엽적 사건들에만 초점을 맞추는 것에서 벗어나게 되었다는 것이다. 기호화로 인해서 자기 결정이라는 새로운 차원이 가능하게 되었고, 미래의 여러 대안들이 비교 가능하게 되었으며, 더 풍부하고 명백한 자기표현이 가능하게 되었다는 것이다. 여기서 나아가서 데콘은 또한 기호적 언어가 본질적으로 사회적 성격을 지닌다고 주장한다. 기호적 언어는 사냥과 도구제작과 초기 인간의 정착과 같은 사회적 협력을 향상시키는 의사소통을 용이하게 해 주었다. 또한 기호적 언어는 유전적 형질에 더하여 세대 간에 정보를 전송함에 있어서 새로운 매개를 제공하기도 했다. 기호적 전송으로 인해서 적응을 돕는 변화라는 부담이 유전자에서 문화로 이동했는데, 그러한 과정 속에서 변화들이 훨씬 더 빨리 발생할 수 있었다. 나아가서 기호적 언어로 인해서 여러 의식들과 설화체의 이야기들 뿐 아니라 부모의 가르침이 세대를 이어서 문화적 유형들의 전달이 가능할 수 있었다.

도날드Merlin Donald는 인류 발생 이전에 두 가지 유형의 문화가 있었다고 가정한다. 원숭이들 사이에서 우연히 발생하는 문화episodic culture가 사건 지향적이고event-oriented 행동 기반적인action-based 특성을 지닌다면, 원숭이들 사이에서 우연적으로 발생하는 기억은 단기적이고 상황적이라는 특성을 지닌다. 특정한 사건들을 나타내는 기호들로 인해서 제한된 범주의 의사소통이 가능하게 되었고, 나아가서 협력적인 사회적 행동으로 인해서 당장 필요한 것들을 얻을 수 있게 되었다고 말한다. 한편 200만 년 전 직립 원인의 모방적 문화mimetic culture of Homo erectus는 더욱더 복잡한 형태의 비언어적 설명과 의사전달을 가지고 있었다. 여기서 도날드는 직립 원인의 자세와 흉내와 춤 등을 통해서 여러 관계성들이 다시금 재조정되었다고 말한다. 아마도 당시 직립 원인의 '역할 연기'role-playing와 사회적 지위에 속하는 형태들은 오늘날 언어 이전 시기의 아이들의 놀이들과 비슷했을지 모른다. 또한 그 당시의 여러 의식들은 공동체적 반응들이라는 공적 표현을 나타내면서 여러 그룹들을 하나로 묶기도 했을 것이다. 도날드는 3만 년 전 크로마뇽인들의 신화적 문화가 출현하면서 극적인 변화가 이루어졌다고 본다. 기호들의 발견으로 인해서 더 깊게 추상적으로 사고하는 것이 가능하게 되었고, 더 넓은 의미론적 지시사항을 지닌 정보망을 갖출 수 있게 되었다. 효율적인 발성 기관들과 더불어서 뇌 구조의 발달로 인해서 청각처리와 언어적 기억과 구두로 하는 운동제어가 가능하게 되면서, 구어spoken language도 함께 발달하게 되었다. 이야기와 구전 전승과 주제와 관련된 상호의존관계가 시간적이고 인과 관계적 양식들 속에서 여러 사건들을 하나로 묶어주었다. 신화들로 인해서, 특히 창조와 사회적 관계성들과 삶과 죽음을 다루는 신화들로 인해서 우주와 더 넓은 인간의 생활방식을 상상하는 것이 가능하게 되었다. 도날드는 자신의 연구를 다음과 같이 요약한다. "우리 인간의 유전자들이 주로 침팬지나 고릴라의 유전자로부터 비롯된 것인지 모르겠지만, 우리의 인지 구조는 그렇지 않다. 인간의 인지 발달의 임계점critical point에 도달하게 되면서, 우리 인간은 기호와 네트워크를 사용하게 된 것이다. 이것은 이전과 비교했을 때 상당히 달라진 점이다. ... 이로 인해 우리의 정신이 계통발생학적으로 몇 가지 새로운 표상적인 수준에 해당되는 여러 기능을 갖게 되었는데, 이런 것들은 동물들에게는 해당이 되지 않는 것이다."[72]

스티븐 미든Steven Mithen은 10만 년 전 우리의 선조들의 정신이 특정한 인지 영역에서, 예를 들면 자연 세계와 사회적 상호작용과 도구의 생산과 같은 인지 영역에서 특별한 여러 기능들을 감당했다고 주장한다. 6만년에서 3만년 사이에 '인지적 유동성'cognitive fluidity의 발전이라는 중대한 변화가 있었는데, 이로 인해서 이전에는 분리됐던 영역들 사이에 상호작용이 가능하게 됐다는 것이다. 미든은 여기서 처음에 예배당 내의 본당 회중석(이것은 일반적인 지능을 의미한다.)을 중심으로 만들어진 '중세의 성당Medieval cathedral 유비'를 가져오는데, 본당 회중석을 중심으로 해서 문들이 없는 각각의 소예배당들(이것은 특별화된 지능을 의미한다.)이 덧붙여진다. 그런 후에 본당 회중석과 소예배당들이 하나로 상호연결된 공간이 된다. 그는 새롭게 출현한 인지적 유동성이라는 하나의 형식은 상상력이 풍부한 능력으로서, 이 형식으로 인해서 인지가 교차하는 영역들에서 은유와 유비가 가능하게 되었다고 말한다. 미든은 이 시기에 언어의 발달과 문화적 팽창이 이런 영역들로부터 이끌려져 나왔다고 본다. 예컨대 코끼리의 상아를 가지고 사자의 머리를 가진 남자를 조각하기 위해서 기술적 능력과 더불어 자연적이고 사회적인 사고의 결합이 요구되는 것이 여기에 해당이 된다. 여러 매장지들 또한 그 시기의 유인원들이 종교의식을 거행함으로써 초기에 해당되는 종교양식을 가졌다는 증거와 사후세계에 대한 믿음을 가졌다는 증거를 제시해 준다.[73]

이안 테터솔Ian Tattersall도 진화 역사에 있어서 인간이 독특하다는 입장을 지지한다. 그는 원숭이들의 지능과 그것들이 사용하는 기호언어를 가지고 이것을 설명한다. 그는 직립 원인Homo erectus이 네안데르탈인으로 진화해 나가는 과정을 추적했지만, 네안데르탈인이 예술이나 기호적 언어를 사용했다는 증거는 제시되지 않고 있다. 프랑스 남부의 동굴에 있는 크로마뇽인의 예술이 커다란 도약이 있었음을 보여주지만, 이전에 유인원들이 갖고 있던 능력들만 가지고는 이렇게 된 것을 추정해 낼 수 없다는 것이다. 그 당시의 유인원들은 정밀한 동물 모양의 이미지들을 만들어 냈고, 나아가서 동물의 머리를 가진 인간과 같은 신화적인 형상을 만들어 내기도 했다. 그중에서 어떤 것들에는 조각된 장식물들이 딸려 있고, 또한 사회적으로 계층이 있었고 매장 의식이 있었으며 사후세계에 대한 믿음이 있었음을 보여주는 인공물들이 더해져있는 정교한 무덤들이 있다. 기호적인 추상 능력은 여러 기호들을 새로운 방식으로 결합함에 있어서 새로운 범주의 상상력을 가능하도록 만들었다. 테터솔은 당시의 유인원들이 내성적인 통찰력을 가짐으로써 더 폭넓게 선택하는 것과 개별적으로 더 자유롭게 행동하는 것과 더 빠른 비율로 문화적 변화가 이루어지는 것이 가능하게 됐다고 주장한다. 이성과 감성이 결합된 이러한 새로운 인지능력들은 3만 년 이전에 갑작스럽게 출현한 것이다. 물론 이러한 새로운 인지능력들은 수백만 년 전부터 진화해 온 '전-기호적pre-symbolic 능력들' 위에 더해져서 형성된 것이라 할 수 있다.[74]

그러나 우리는 네안데르탈인의 정신 능력과 관련해서 지속적인 논쟁이 있어왔음에 주목해야 한다. 제한된 생리학적 자료와 애매모호한 고고학적 증거에 대한 인류학자의 해석은 그것들에 대한 초기의 가정들과 학문적 신념들에, 즉 네안데르탈인과 현대인들이 가지고 있는 유사성 내지 차이점들에만 주목하는 학문적 신념들에 영향을 받은 것일 수 있다. 나는 침팬지들의 능력을 비교하면서 인간이 독특하다는 것이 설득력 있는 논지임을 알게 되었다. 그러나 동시에 인간과 여타의 다른 생명체들 사이의 간격이 전통적으로 생각해 온 것보다 훨씬 좁아 보인다는 것도 알게 되었다.

4. 종교의 진화

이제 종교적 삶의 기본적인 특징들 세 가지를 살펴보도록 하겠다.

① 종교 의식

쥴리안 헉슬리Julian Huxley와 콘라드 로렌즈Konrad Lorenz 그리고 몇몇 동물행동학자들은 동물의 종교 의식들에 대해서 설명해 왔다. 동물들은 여러 가지 형태의 정식화된 행동 양식들을 보여주는데, 예를 들면 동물들과 새들의 구애하는 행동과 세력을 나타내는 의식들이 여기에 속한다. 그리고 이것들은 유전적으로 새끼들에게까지 전해진다. 하나의 종에 속하는 일원은 두 번째 일원의 의식적 행동에 반응하도록 프로그래밍화 되어 있다. 따라서 그것들은 서로에게 자신들의 생각들을 신호로 보내면서 적절한 반응들을 이끌어 낼 수 있다. 이것을 보면서 몇몇 동물학자들은 특정한 의식들은 문화적으로 학습화된 고등 형태의 뇌 구조를 필요로 하는 반면에, 인간이 행하는 일반적인 의식들은 강력한 정서적 상관성을 지니는 유사한 형태의 유전적이고 열등한 뇌 구조들에 의존한다고 믿는다.[75] 하지만 이와 반대로 대부분의 인류학자들은 인간의 종교의식이 특정한 유전적 토대로부터 전해진 것이 아니라 전적으로 문화로부터 전해진 것이라는 입장을 취한다. 이들은 가장 중요한 인간의 의식들이 개인과 그룹이 삶의 중요한 위기들과 변화들에, 예를 들면 출생과 사춘기와 결혼과 사망에 대처하도록 도와준다고 말한다.[76]

한편으로 인간의 종교의식은 근본적인 종교적 현상들로서, 이것으로부터 여타의 다른 종교적 특징들이 출현한다고 주장하는 인류학자들도 있다. 초기의 근본적인 종교적 현상들이 종교적 신념이 되었다가 이후에 합리적 형태의 종교의식들이 된 것으로서, 이러한 합리적 형태의 종교의식들이 전적으로 중요한 사회적 기능을 감당하게 되었다는 것이다. 예를 들면 거의 모든 문화는 사춘기의 청소년이 성인세계로 들어가는 가입식 의례initiation ceremonies를 치르면서 사회적 질서의 연속성이 강화된다. 그러나 종교의식은 이보다 더 다양한 차원을 지니는 바, 그 모든 차원들이 중요하다고 주장하는 사람들도 있다. 종교의식은 사실상 공동체가 갖는 하나의 양식으로서, 종교의식은 종종 하나의 이야기(신화)를 기호적으로 재현하는symbolic reenactment 형식을 취한다. 제물 봉헌과 성례전과 같은 몇몇 종교 의식들은 신적 존재와 관련을 맺는 방식들이다. 이렇게 봤을 때 종교의식들은 신적 존재와 만나는 매개물로, 죄악을 속죄하는 매개물로, 경축하거나 감사하는 매개물로, 넓은 맥락에서 슬픔이나 상실을 표현하는 매개물로 이해될 수 있는 여지를 지닌다.[77]

② 신화

인간의 독특성은 인간이 의미 있는 삶을 살아감에 있어서 스스로 필요성을 느낀다는 데에 있다. 이 점에 있어서 여러 신화들과 신성한 이야기들은 우주적 질서가 갖는 명백한 특성들에 해당이 된다. 신화들은 인간들에게 인간 자신을 이해하는 방식들을 제공하며, 인간들의 경험을 정리 정돈하는 방식을 제공한다. 나아가서 신화들은 인간 행동들을 위한 규범들과 우주적 질서에 조화를 맞추는 삶을 살아냄에 있어서 필요한 안내서를 제공해 주기도 한다. 이러한 신성한 이야기들은 종종 성인들의 경험과 관련이 되기도 하는데, 즉 이 이야기들은 인간의 생명을 구해주는 초월적인 힘이 있음을 가리킨다.[78]

몇몇 신화들은 원시 시대를 언급하기도 하고, 세계와 인간의 기원을 언급하기도 하며, 인간이 소외되고 고난을 받으며 죽음에 이르게 된 원인들을 언급하기도 한다. 거의 모든 형태의 문화에서 발견되는 것이 창조 이야기이다. 또한 시간의 종말과 계절과 인간의 삶에 있어서 주기적 반복의 양태와 죽음과 부활에 대해서 다루는 다른 신화들도 있다. 나아가서 공동체의 기억 속에 있는 특정한 개인이나 사건들을 둘러싸고 만들어진 다른 신화들도 있다. 클라우드 레비-스트라우스Claude Levi-Strauss와 다른 구조주의 언어학자들은 여러 신화들이 가지고 있는 공통 패턴을 발견해 냈다. 예를 들면 여러 신화들이 인간 삶이 지니는 근본적인 모순들이나 대립 양태, 즉 출생과 사망, 선과 악, 남자와 여자, 문화와 자연 등이 갖는 대립 양태를 부분적으로 해결하려는 공통 패턴을 갖는다는 것이다. 이들은 그러한 대립을 해결하려는 기호적 중재가 인간으로 하여금 개별적이면서 사회적인 억압과 위기에 적절하게 반응하도록 도와주면서, 나아가서 사회에 안전하게 적응하도록 도와준다는 말한다.[79]

③ 종교적 경험

유진 다킬리Eugene d'Aquili와 앤드류 뉴버그Andrew Newberg는 진화 역사가 인간이 종교적 경험으로 나아가게끔 인간 뇌의 신경 회로들을 배열시켰다고 주장한다. 종교는 자기 자신에게로 향하고자 하는 기본적인 인간의 욕구를 더 넓은 의미구조를 향하게끔 만드는데, 이것은 모든 것들과 하나가 되는 경험에 의해서, 그리고 우주적 신화들에 의해서 인간에게 더 넓은 의미구조를 제공할 수 있다. 유진 다킬리와 앤드류 뉴버그는 깊이 명상을 하고 있는 불교 수도승들과 프란체스코 수녀들의 뇌 이미지brain-imaging를 연구했다. 그 연구들은 대뇌의 전두엽이 활발하게 활동하고 있음을 보여주었는데, 전두엽은 주의력의 중심지로서 감각이 입력되지 않았을 때도 그 기능을 감당한다. 이와 대조적으로 뇌의 좌우측 두정엽頭頂葉은 활동량이 감소가 되었다.(우측 두정엽은 인과적이고 시간적인 배열과 언어적이고 논리적인 능력과 관련이 되고, 좌측 두정엽은 통합적이고 전일적이며 공간적인 것들과 관련이 된다.) 여러 문화에 속하는 신비주의자들에게서 발견되는 바에 따르면, 시간적인 배열 활동이 감소가 되고 시간이 경과 됨에 따라서 우측 두정엽 부위에 의식의 상실이 동반됐음이 명확하게 드러났다. 반면에 역시 여러 문화에 속하는 신비주의자들에게서 발견되는 바를 봤을 때, 공간적인 배열 활동이 감소가 되면서 일체감이 생기고 개별적인 이기심이 상실됐으며 모든 경계를 허물고자 하는 경향성이 생겨났다. 훈련받은 명상가들은 무한성timelessness과 일체성oneness과 평온함과 기쁨의 경험을 자신들이 하고 있다고 이야기한다. 이들은 자신들이 실재의 궁극적 선성goodness을 경험하면서 불안감과 두려움이 없어졌다고 단정적으로 말한다.[80] 이러한 결과물들은 인간의 뇌 구조가 우리 인간으로 하여금 하나님 개념 또는 초월적 실재를 상상하도록 만든다는 증거가 될 수 있다.

한편으로 우리의 선조들이 초월적 실재에 반응하면서 우리의 뇌-망brain wiring이 발전되었다고 말하는 사람도 있다. 평면table에 관한 것이든지, 전자electron에 관한 것이든지, 또는 인격적인 사랑에 관한 것이든지, 실재에 관한 모든 주장은 뇌의 신경적 활동을 필요로 한다. 즉 우리가 가지고 있는 기호들이 관계항으로 실재한다는 것으로서, 이것은 뇌를 실험하는 행위와는 무관한 사실들이다. 다른 한편으로 신비주의자들은 불가피하게 경험을 넘어서며, 언어와 문화적 전제들과 개념들의 영향으로 말미암아 여러 해석들을 가져온다고 말한다. 더욱이 신화와 종교의식은 종교 역사에 있어서 종교경험만큼이나 중요한 역할을 감당해 왔다. 즉 신비한 경험이 종교적 경험의 유일한 형태가 아니었다는 것이다. 나아가서 성스러운 존재와의 일체감과 동일성 경험만큼이나 초자연적 경외의 경험과 거룩함의 경험과 성스러운 타자성otherness의 경험도 흔하게 나타났다. 종교의 윤리적 차원도 역시 중요하게 여겨져 왔다. 결론적으로 말하자면 가톨릭의 성인들과 불교의 보살들bodhisattvas은 그들이 충만한 사랑과 동정심을 지닌 것만큼, 강렬한 종교적 경험을 한다고 여겨진다.

종교의식과 신화와 종교적 경험과 같은 요인들은 초기 인간 역사에 뿐 아니라 문자 이전의 여러 문화들에도 있어 온 것처럼 보인다. 그러나 세기가 지나면서 중요한 발전들이 거듭 되었는데, 칼 야스퍼스Karl Jaspers는 축의 시대axial period에 해당이 되는 기원전 8백 년에서 기원전 2백 년까지 다섯 개의 문명의 중심지인 중국과 인도와 페르시아와 그리스와 이스라엘에서 이러한 발전들이 일어났다고 주장한다. 이 시기 동안에 유사한 움직임들이 생겼는데, 그로 인해서 주된 종교 분야들이 등장하게 되었다. 이 시기 동안에 다음의 사람들이 중요한 종교적 지도자들로 부각된다. 공자와 석가와 조르아스터와 플라톤과 아리스토텔레스와 히브리 예언자들이 그 사람들이다. 또한 이 시기에 영향력 있는 중요한 문서들도 기록이 되었다. 노자의 『도덕경』Tao Te Ching과 인도의 『바가바드 기타』Bhagavad Gita와 히브리 성서 등이 여기에 속한다. (물론 중요한 종교 지도자들로서, 모세와 모세 이후에 여러 종교 지도자들이 있었고, 예수 그리스도와 마호메트도 있었다. 유대교와 기독교와 이슬람교는 모두 히브리 유대교 사상으로부터 파생된 것으로서, 이 종교들이 축의 시대에 독특한 종교 양식에 속한다.)[81]

이 시기에 기원을 두는 세계의 종교들world religions은 수많은 특징들을 공유하고 있다. 각각의 종교들은 초기의 계시적 경험을 가지고 있는데, 이러한 계시적 경험들이 특정한 역사적 상황들과 문화적 전제들 내에서 해석되고 재해석되었다. 또한 모든 종교들은 경전들sacred scriptures을 가지고 있는데, 경전들은 각각의 종교들에서 예배와 예배의식과 교육지침서로 포괄적으로 사용이 된다. 나아가서 모든 종교들은 특정한 도덕적 가르침들과 일반적인 윤리적 원칙들을 가지고 있다. 하지만 이 종교들은 유사한 문제들에 직면했을 시, 이따금 그 문제들에 대해서 각각 다른 방식으로 대응하는 모습을 보여주기도 한다. 예를 들면 초기 부족 시대에 종교는 지역 공동체와 강하게 동일시되었다. 새로운 종교 전통들이 더 폭넓은 보편성과 합리적으로 표현된 일반적 원리들을 추구함과 동시에, 또한 더 넓은 개체성individuation을 허용하기도 했다. 종교에 있어서 자아가 새로운 방식으로 문제가 되었던 것이다. 동방의 종교들이 빈번하게 명상과 금욕주의를 통해서 고난과 불안이라는 자아에 대한 속박에서 해방되는 것을 추구했던 반면에, 서방의 종교들은 대개 신에 대한 순종을 통해서 이뤄지는 자아의 방향전환reorientation을 추구하게 되었다.

신학이 말하는 인간

전통적 기독교는 인간이 하나님의 형상으로 창조되었고, 원죄로 인해서 타락했으며, 그리스도로 말미암아 구속받아 이웃과 원수를 사랑하도록 부름을 받았다고 주장해 왔다. 이제 이러한 각각의 신학적 언설들을 진화 역사의 관점에서 검토하도록 하겠다.

1. 하나님의 형상으로 창조된 인간

신학자들은 인간이 '하나님의 형상으로'(창세기 1:27) 창조되었다는 성서적 진술을 가지고, 합리성과 도덕적 주체성moral agency과 사랑할 수 있는 능력 등과 같은 인간 특유의 특성들을 논해 왔다. 또한 이 구절에 대한 또 다른 입장으로서 하나님의 형상이 인간이 하나님과 맺는 관계성을 나타내며, 나아가서 인간이 하나님의 목적들을 반영할 수 있는 능력을 지님을 가리킨다고 보는 신학자들도 있다. 즉 인간의 창조 활동을 신적인 창조 활동의 표시로 볼 수 있다는 것이다. 이 모든 해석들에 있어서 하나님의 형상imago Dei은 인간 존재가 갖는 본질적 특성을 긍정적으로 해석하는 입장에 속한다.[82]

하나님의 형상이 타락으로 인해서 어느 정도까지 상실이 됐는지와 관련해서 광범위한 논쟁들이 있어 왔다. 신학자 마태 폭스Matthew Fox는 창세기에서 인간은 '본래적인 신의 은총'original blessing으로 지칭이 되다가 나중에 '원죄'가 중심에 자리하게 됐는데, 이렇게 된 이유가 바울과 어거스틴과 그 추종자들이 인간 본성을 비관적으로 봤기 때문이라고 말한다. 이로 인해 죄악이라는 강력한 유산을 후대 기독교인들에게 물려줬다는 것이다.[83] 폭스의 입장에 과도한 면이 있긴 하지만, 성서가 인간을 선과 악 모두를 행할 수 있는 양면성을 지닌 존재로 보는 것은 명백한 사실이다. 즉 성서가 인간을 근본적으로 악하다고 여기지 않는다는 것이다. "그를 하나님보다 조금 못하게 하시고 영화와 존귀로 관을 씌우셨나이다."(시편 8:5) 인간은 놀라운 능력을 지니고 있는 바, 인간은 자신의 능력을 창조적이면서도 타인을 향해서 공감하는 방식으로 사용할 수 있다. 수 세기에 걸쳐서 인간에 대해서 이렇게 긍정적으로 평가하는 것이 유대교의 특성에 해당이 된다.

하나님의 형상이라는 용어는 오직 인간과 관련해서만 사용되는 바, 이 용어는 인간과 다른 피조물들이 명확하게 구분됨을 의미한다. 인간이 독특한 지위를 갖는다는 성서의 주장은 다음의 구절에 의해서 보강이 된다. "바다의 고기와 공중의 새와 땅에 움직이는 모든 것을 다스리라."(창 1:28) 이 구절에 통치권 개념이 담겨져 있다. 6장에서 다루게 될 것인 바, 통치권이라는 개념은 환경을 착취하는 여러 관행들을 정당화하기 위해서 사용되어져 왔다. 특히 자연에 대한 청지기 의식이나 자연에 대한 의식과 같은 성서적 주제들이 태만히 여겨졌을 때, 이러한 왜곡이 빈번하게 나타났다. 그러나 이쯤에서 우리는 성서 자체가 인간이 독특하다는 언설을 인간이 더 넓은 생명공동체의 한 부분이라는 확신과 결합시키고 있음을 주목해야 한다. 즉 성서가 모든 인간이 창조주 하나님의 유한한 피조물에 해당됨을 피력하고 있다는 것이다. 이 점에 있어서 성서는 인간 중심적 전망이 아니라 신 중심적 전망을 지닌다고 할 수 있다. 오늘날 진화 역사에 대한 우리의 지식은 인간이 독특하다는 신념과 일맥상통한다. 그러나 여기서 나아가서 진화론에 대한 지식은 우리로 하여금 인간과 인간이 아닌 생명체 사이에 연속성과 더불어서 유사성이 있음을 강조하도록 만드는데, 이것은 고전적 기독교의 사유와 맥을 달리하는 것이다.

전통적 기독교에서 창조와 타락과 구속은 분리되면서도 연속적인 사건들로서, 즉 이것들은 우주 역사의 이야기 틀을 제공한 사건들로 이해되었다. 오늘날 우리는 이러한 신학적 주제들을 단일한 과정이 갖는 계속되는 세 가지 특징으로, 즉 계속되는 창조와 계속되는 타락과 계속되는 구속으로 간주한다.

2. 원죄

창세기 2장의 문자적 해석에 따르면 아담과 하와는 에덴동산에서 창조되었다. 에덴동산은 목가적인 낙원으로, 거기서 모든 피조물들은 조화롭게 산 것으로 묘사된다. 그런데 아담이 지식의 나무에서 열매를 취하면서 하나님 말씀에 불순종했다. 아담의 불순종에 대한 형벌로 죽음과 고난이 세상에 들어왔다. 그러나 진화적 설명은 애초에 원시적 낙원은 없었다고 얘기한다. 진화적 설명에 따르면 인간은 단일한 조상의 후손이 아니었을 것이다.(우리 인간은 비교적 작은 그룹의 후손들이었을 것이다. 진화 역사에서 볼 때 새로운 종의 형성은 대개 작은 개체가 한때 한 부분에 속했던 큰 집단으로부터 격리됐을 때 발생한다.) 고난과 투쟁과 죽음은 인간의 도래 이전에도 오래토록 있어 왔다. 투쟁은 진화가 갖는 본질적 특징으로서, 피조물들은 투쟁을 통해서 서로 경쟁한다. 즉 사망 역시 새로운 종의 출현에 필수적 조건이라는 것이다.

오늘날 우리는 창세기의 메시지를 진지하게 받아들이되, 문자적으로 받아들여서는 안 된다. 우리는 아담의 이야기를 상징적인 해석으로, 즉 무지innocence에서 책임성 내지 죄로 나아가는 모든 인간의 여행으로 간주해야 한다. 창세기 이야기는 불안과 회피와 죄책감이라는 경험을 묘사하고 있다. 다른 성서 구절과 비교했을 때, 우리는 죄를 본래 불순종이 아니라 자기중심성과 하나님과 이웃으로부터 돌아서는 것으로 볼 수 있다. 즉 죄는 관계성에 대한 위반으로서, 죄로 인해서 개인과 사회 모두에 파괴적인 결과가 초래되었다고 보아야 한다.

폴 틸리히Paul Tillich는 죄를 소외됨estrangement의 세 차원과 동일시한다. 먼저 죄는 자기중심성과 사랑없음으로 인해서 다른 이들로부터 소외되는 것을 의미한다. 또한 죄는 분열되고 진실 되지 못한 목표를 추구함으로써, 진정한 자기 자신으로부터 소외되는 것을 의미한다. 마지막으로 죄는 자기 능력self-sufficiency을 추구함으로써, 우리 존재의 근거이신 하나님으로부터 소외되는 것이다. 틸리히에게 있어서 소외됨과 파괴와 분열은 오직 화해와 치유와 전체성wholeness 속에서만 극복될 수 있다.[84] 틸리히가 말하는 죄의 세 가지 형태에 덧붙여서, 나는 한 가지를 더 말하고자 한다. 죄는 인간 이외의 다른 생명체로부터의 소외됨을 가리킨다. 이것은 인간이 다른 생명체들의 본유적 가치를 무시하고 그것들과의 상호의존성을 위반함으로써 야기된다.

구약성서와 유대교에서 발견되지 않음에도 불구하고, 원죄 교리는 기독교 역사에서 주요한 위상을 가졌다. 바울은 "한 사람으로 인해서 죄가 세상에 들어오고, 죄로 인해 사망이 들어왔다"고 말한다.(롬 5:12) 그러나 그가 본래 몸 또는 성욕sexuality을 죄악이라고 말하는 것은 아니다. 그러면서도 한편으로는 마음으로 짓는 죄를 몸으로 짓는 죄와 동등시 한다.(갈 5:20) 그러나 어거스틴은 아담의 죄가 출산이라는 욕정에 가득 찬 행위를 통해서 그의 후손들에게 전이된 것이라고 주장했다. 이에 대해 1950년 교황 비오 7세가 명시한 공식적인 로마 가톨릭의 입장은 다음과 같다. "인간의 몸은 인류 이전의 조상들로부터 물려받은 진화의 산물일 수 있지만, 영혼은 하나님이 첫 번째 인간인 아담과 하와에게 주신 직접적인 선물이다. 아담과 하와로부터 죄가 모든 인류에게 퍼지게 된 것이다."[85] 이러한 가톨릭의 입장은 죄가 보편적으로 계승되는 바, 이로 인해 그리스도로 말미암는 구속이 필수적으로 요청된다. 그러나 진화생물학자가 볼 때 몸과 영혼의 이분법이라는 전제와 아담으로부터 물려받은 특성이 후천적으로 계승된다는 입장은 문제가 있다고 보여진다.(4장을 보라.)

오늘날의 여러 신학자들은 원죄를 아담으로부터 물려받은 생물학적 유산으로 여기지 않고 우리가 우리의 삶 이전에 선행해서 존재했었던 죄 많은 사회적 양식들을 물려받은 것으로 여긴다. 물론 히브리 예언자들은 개개인들의 죄를 말했을 뿐 아니라 사회적 불의를 공적으로 선포하기도 했다.(예를 들면 아모스 1-4장을 보라.) 라인홀드 니버Reinhold Niebuhr는 우리가 폭력과 인종차별주의와 억압을 영속화하는 죄 많은 사회 구조 속에서 태어난 것이라고 말한다. 모든 사회적 그룹은 그 그룹 자체를 절대화하는 경향이 있다. 나아가서 그 그룹의 사리사욕까지도 합리화하는 경향을 갖는다. 즉 니버는 고질적인 양면성이 내재해 있음을 발견해냈는데, 그룹들과 개개인들 모두가 선과 악을 행할 수 있는 능력을 동시에 지님을 발견해냈다.[86] 그는 인간이 가진 창조적 가능성들 때문에 사회적 평등이 가능한 것이 사실이지만, 한편으로 볼 때 힘을 남용하려는 인간의 경향성 때문에 사회적 평등이 필수적으로 요청된다고 말한다.[87]

한편 필립 해프너Philip Hefner는 죄라는 개념을 진화론적으로 해석할 것을 제안한다. 그는 죄를 유전자들이 가지고 있는 정보와 문화가 가지고 있는 정보들 사이의 투쟁과 동일시한다. 유전적으로 볼 때 이기심은 협력과 이타주의라는 문화적 근본 원인들과 투쟁하는 상태에 있다. 원죄는 유전적으로 볼 때 과거로부터 전해 내려온 것으로서, 현대 세계에 적응하지 못하는 기질들로 구성되어 있다고 여겨진다.[88] 그러나 이러한 해석은 유전자를 악의 근원으로 만드는 문제점을 지님과 동시에 문화를 선의 근원으로 만드는 문제점을 지닌다. 이 사안과 관련해서 나는 사회적 불의와 폭력과 인종주의와 군사확장주의가 문화와 사회제도와 개인의 결정의 산물이라고 주장하는 바이다. 즉 문화가 담고 있는 여러 해악들이 유전자들로 인한 해악만큼이나 문제가 된다는 것이다.

패트리샤 윌리암스Patricia Williams는 사회생물학과 원죄 교리를 비교하면서 흥미로운 글을 썼다. 사회생물학과 원죄 교리 모두 행위를 이끄는 기질들이 성적으로 (또는 유전적으로) 전송될 수 있다는 데에 의견을 같이한다. 물론 사회생물학은 이러한 전송을 선행 인류의 조상들에게까지 소급하는 것이 가능하다고 여긴다. 또한 사회생물학과 원죄 교리는 인간이 투쟁하는 경향성을 물려받았다는 데에 의견을 같이 한다. 즉 투쟁하는 경향성으로 인해서 우리 인간이 선택하는 데에 제한된 자유를 지니게 됐다는 것이다. 그러나 윌리암스는 인간이 도덕적 판단을 할 수 있고 사회적 규칙들을 설립할 수 있는데, 이로 인해 우리의 선천적인 기질들이 파괴적인 방향이 아니라 건설적인 방향으로 길을 트게 되었다고 말한다. 그녀는 상징적인 피조물로서 우리 인간은 우리 자신을 더 넓은 범주와 동일시함으로써 이타주의를 확장시킬 수 있고, 아버지 되시는 하나님으로 말미암아 모든 사람들을 형제와 자매로 볼 수 있다고 주장한다. 그녀는 종교전통이 가지고 있는 여러 근원자료들만이 개개인을 변화시킬 수 있다고 하면서, 이 변화야말로 우리의 유전적 소질에 기반을 둔 것인 동시에 유전적 소질을 뛰어넘는 것이라고 말한다.[89]

18세기와 19세기의 여러 학자들은 이성의 시대에 인간의 완전성과 진보의 불가피성을 동시에 신뢰했다. 나아가서 20세기에 이룩된 여러 성과들은 인간 본성에 관한 평가가 온전하다는 사실을 뒷받침해 주었다. 그러나 홀로코스트에서 유대인 600만 명을 학살한 악의 사건은 인간에 관한 이러한 낙관주의를 되돌아보게 만들었다. 즉 사람들이 비참한 대학살의 사건이 원시 사회에서가 아니라 뛰어난 과학적이고 문화적인 성취물을 가진 국가에서 일어난 사실에 주목했다는 것이다. 인간과 달리 동물들은 같은 동족 구성원들을 거의 죽이지 않는다. 동물들의 싸움에서조차도 죽은 동물을 대상으로 의식화가 이뤄지기도 하고, 심각한 부상을 입히는 것을 멈추기도 한다. 그러나 인간종들에게서 우리는 전례 없는 폭력을 목격해 왔고, 세계의 과학적-기술적 자원들이 대량파괴 무기 같은 군사무기들을 향상시키는 데 쓰여져 왔음을 목격해 왔다. 이로 봤을 때 죄라는 개념이 그렇게 쇠약해진 과거의 개념이 아님을 보게 된다.

한편으로 심리요법은 인간 본성을 지나치게 부정적으로 바라보면서 지나치게 낮게 평가하는 것이 해로울 수 있는 증거를 제시한다. 누군가를 용서하지 않고 죄책감에 사로잡히는 것과 자신을 수락하지 않은 채 자기 증오에 빠지는 것이 다른 사람을 사랑하지 못하게 만든다는 것이다. 몇몇 신학자들은 심리학자들처럼 자기 존중을 요구하기도 하는데, 이것은 지나친 자기 몰두와는 다른 것이다. 이로 보건대 자기를 존중하는 목적은 자기를 이해하고, 나아가서 우리가 창조적인 잠재성과 파괴적인 잠재성 모두를 지녔음을 자각하는 데에 있다고 말할 수 있다.[90]

3. 그리스도의 역할

초기 기독교인들은 하나님께서 그리스도 안에서 모범을 보이셨다고 생각했다. 유대교인들에게 선포하면서 그들은 예수를 이스라엘이 기다려 온 구원자라고, 즉 메시아라고 역설했다. 이것을 바울은 헬라인 독자들에게 편지를 쓰면서 이렇게 말했다. "그리스도 안에서 하나님께서 세상을 자기 자신과 화해시키셨다."(고후 5:19) 요한은 그리스도를 말씀Word과 동일시했는데, 말씀은 헬레니즘 사유의 로고스logos에 해당되는 개념으로서 신적 지혜의 원리로 여겨졌다. 요한은 "말씀이 육신이 되셨다"고 기록한다.(요 1:14)

수 세기에 걸쳐서 교회는 그리스도 안에 있는 인성human과 신성divine과 관련된 자신들의 신념을 어떻게 표현할까 하는 문제를 놓고 고심했다. 이 과정에서 에비온파Ebionites의 견해, 즉 그리스도는 특별한 임무를 위해서 하나님에 의해 입양된 위대한 교사라는 견해는 거부가 되었다. 마찬가지로 정반대에 해당되는 극단적인 입장도 거부되었다. 즉 가현설자들Docetist은 그리스도를 익명의 하나님God incognito으로, 단지 인간과 비슷할 뿐 실제로는 인간으로 위장한 하나님으로, 따라서 사실상 십자가에서 죽임당한 것이 아니라고 주장했다. 당연히 이 입장도 거부되었다. 이와 달리 니케아 공의회는 그리스도는 "성부 하나님과 함께 하나의 본질substance을 지닌 분"이라고 공표했다. 니케아 공의회의 마지막 문구는 451년의 칼케돈 회의Chalcedon의 "완전한 신성과 완전한 인성, 그리고 한 인격 안에서 나뉘지 않고 혼동되지 않으며 분리되지 않는 두 개의 본성을 지닌 분"이라는 문구와 일치한다.

하지만 이러한 신조의 공식들creedal formulas은 여타의 다른 견해들을 수락할 수 없도록 만들었다. 즉 두 개의 신조 모두 어떻게 두 개의 본성이 서로 관련되는지에 대해서 아무런 언급도 하지 않았다는 것이다. 더욱이 니케아 신조와 칼케돈 신조 모두 그리스도의 인성이 신성과 타협해서 절충을 이뤄내는 것이라고 해석했다. 예컨대 그리스도를 인간의 인격을 지니지 않은 채 불완전한 인간 본성을 지닌 분으로, 또는 인간의 의식을 지니지 않은 채 인간의 몸을 지닌 분이라고 해석했다. 말하자면 이 교리들이 담고 있는 정적인 헬라적 범주들, 예를 들면 본성

이나 본질 등의 개념들이 초기 교회 사람들이나 중세 세계 사람들에게
는 익숙한 개념들이지만, 오늘날에는 낯설은 개념이라는 것이다.[91]

나는 오늘날 그리스도에 관한 여러 개념들을 재정식화함에 있어서
고전적 교리들의 의도를 명심함과 동시에 본질과 관련된 범주들을 사
용하는 것이 아니라 '관계성'과 '역사성'이라는 범주들을 사용할 것을
권하는 바이다. 관계성이라는 인간적인 측면에서 볼 때, 우리는 그리
스도를 자신의 자유 가운데서 완전히 하나님께 순종하신 분으로 볼 수
있다. 자신의 삶을 하나님께로 열어놓으심으로써, 그리스도는 우리에
게 향한 하나님의 목적들을 계시하셨다. 또한 그리스도는 자신을 하나
님과 동일시하셨을 뿐, 하나님의 뜻이 이뤄지는 것을 막으시거나 왜곡
하지 않으셨다. 그리스도는 하나님에 의해서 영감 받으셨고 권능을 받
으셨다. 신적인 측면에서 볼 때 우리는 하나님을 그리스도의 인격 '안
에서' 또한 그 인격을 '통해서' 활동하시는 분이라고 말할 수 있다. 따
라서 그리스도는 우리에게 주어진 하나님의 계시이다. 다시 말해서 그
리스도의 독특성이 하나님에 대한 그의 관계성에 있는 것이지, 형이상
학적 '본질'에 있지 않다는 것이다. 이로 인해 우리는 그리스도와 하
나님 사이의 일치성을 말함과 동시에 두 의지의 현존까지도 옹호할 수
있게 되었다. 나아가서 우리는 하나님께서 행하신 것과 자유로운 인간
이신 그리스도께서 행하신 것에 대해서도 생각해야 한다. 자유와 인격
적 책임성이 없다면, 진정한 인성이라는 개념이 성립될 수 없기 때문
이다.[92]

따라서 나는 그리스도 안에 있는 인간적 활동과 신적 활동이 진화론
적 관점에 따라서 이전에 발생했었던 것과 연속성을 지님과 동시에 더
욱더 강화된 것으로 보아야 한다고 제안하는 바이다. 우리는 그리스도

를 진화에 있어서 새로운 단계를 나타내신 분으로, 또한 하나님의 활동에 있어서 새로운 단계를 나타내신 분으로 생각할 수 있어야 한다. 단지 몸으로가 아니라 인격으로서도 그리스도는 오스트랄로피테쿠스 Australopithecus에서 초기 생명 형태에 이르기까지, 전체 진화를 관통하는 연속적인 과정 중 어느 한 부분이었다. 우리는 또한 문화적-종교적 진화의 측면에서도 그리스도를 고찰할 수 있다. 즉 이스라엘의 윤리적 일신론에 의해서 영향을 받아서 그리스도라는 개념이 만들어졌다고 볼 수 있다는 것이다. 그의 인격과 삶과 사고들 속에서, 또한 그리스도에 대한 공동체의 반응 속에서, 그는 진정으로 새로운 것을 나타내 보이셨다. 앞에서 나는 문화의 영역에서 새로움이 무작위성의 변이의 결과가 아님을 언급했다. 또한 선택이 물리적 생존의 문제가 아님을 언급했다. 새로움과 선택 모두가 인간의 자유와 결정의 결과물들이라는 것이다.

그러나 우리는 또한 그리스도를 오랜 역사를 가진 신적 활동의 산물로 볼 수도 있다. 수백 만 년 동안 인간 밖의 세계에 지속적인 창조가 있어 왔는데, 그러면서 인간과 문화가 놀라운 속도로 진화하게 되었다는 것이다. 세계의 위대한 종교전통을 들여다 볼 때, 특히 이스라엘의 역사를 들여다 볼 때 하나님의 내재적 창조성이 점점 더 강화된 집중력을 갖게 되었고, 거기에 상응해서 개개의 인간들 역시 점점 더 타당하게 반응하게 되었다. 그리스도 안에 계시된 신적 의도와 인간의 반응으로 인해서 그 이전의 어느 순간보다도 하나님의 본성이 더욱더 강력하게 계시되었다는 것이다.

기독교 공동체는 그리스도를 통해서 우리의 삶에 화해가 일어났다고 믿는다. 만일 죄가 하나님으로부터의 소외됨과 우리 자신으로부터의 소외됨과 다른 사람으로부터의 소외됨과 자연으로부터의 소외됨을 의미한다면, 화해 역시 4중적 의미를 지닌다고 볼 수 있다. 먼저 하나님과의 화해는 참회와 용서가 죄를 극복했을 때, 또한 우리가 우리 자신의 부절적성inadequacies에도 불구하고 하나님께서 나를 받아주셨음을 우리가 알 때 일어난다. 그리고 우리 자신과의 화해는 치유와 온전함이 단절과 분열을 대체할 때, 또한 자아수용이 권한과 회복을 동반할 때 일어난다. 다른 사람과의 화해는 우리가 자기 중심성에서 벗어나서 이웃을 사랑하도록 해방되면서 사회정의를 위해서 조치를 취할 수 있을 때 일어난다.[93] 자연과의 화해는 우리와 자연이 공동으로 하나님을 의존해야 한다는 것common dependence을 인정하고 동시에 우리와 자연이 지속적으로 상호 의존해야 한다는 것을 인정할 때 일어난다. 만일 죄가 사실상 이러한 여러 관계들을 위반하는 것이라면, 구속은 이러한 관계성들을 다시금 회복하는 것이다. 이것이 기독교 공동체에게 화해와 회복의 권능이 그리스도의 인격 속에서 완전히 계시된 것이라고 말할 수 있다.

그리스도의 죽음과 관련해서 주된 두 가지 신학적인 해석이 있어왔다. 안셀름Anselm과 지배적인 가톨릭적 입장과 복음주의적인 개신교에 의해서 제시된 객관적인 해석에 따르면, 십자가는 인간의 죄와 관련해서 볼 때 하나님께서 당신의 정의를 표현하시는 방식으로 여겨진다. 대리적인 해석에 따르면 "그리스도는 우리가 받아야 하는 몫을 받으시고 심판을 겪으심으로써, 우리의 죄를 위해서 죽으셨다." 아벨라르드Abelard와 자유주의 신학의 주관적인 해석에 따르면, 그리스도의 희생은 우리의 삶을 검토하도록 우리에게 영감을 주는 것으로 이해된다. 그리스도의 가르침과 삶과 죽음은 하나님의 사랑의 계시로서, 이것들은 정의 그 이상으로 우리를 참회로 이끌어 준다. 우리 안에서 이러한 변화는 우리 자신이 하나님의 용서와 사랑을 수락할 때 일어난다. 주관주의적 견해가 위에서 제시된 그리스도에 대한 이해와 상응하는 점이 더 많지만, 그러나 적어도 객관주의적 해석이 지닌 몇몇 통찰들이 주관주의적 견해와 연결되어 있음을 알 수 있다.[94]

지오프리 람페Geoffrey Lampe는 영이신 하나님께서 그리스도의 삶 속에 현존하셨다고 주장한다. 구약성서에서 성령은 피조물과 인간의 삶 특히 선지자들의 영감 안에서 활동하시는 하나님이셨다. 복음서에 따르면 그리스도는 세례 시에 성령을 받으셨다. 초기 교회는 오순절에 용솟음치는 기쁨과 사랑을 경험했는데, 이것은 초기 교회 사람들이 성령의 선물을 받아들였음을 의미한다. 초기 교회 사람들에게서 성령은 그리스도와 밀접하게 관련되어 있었던 바, 성령을 통해서 하나님을 새롭게 경험할 수 있었던 것이다. 그러나 람페는 초기 교부 시대에 삼위일체론적 사유가 발전하면서, 성령은 더 이상 하나님의 임재로 이해되지 않고 하나님과 세계를 화해시키는 개별적 존재로 이해되었다고 말한다. 따라서 성령이 영원한 하나님의 아들에 종속되었고, 하나님의 아들이 창조의 대리자agent인 '로고스'와 동일시되었다. 영원한 하나님의 아들이 인간 본성의 일반적인 형태를 취하셨다고 일컬어졌는데, 이러한 입장은 그리스도가 지니신 역사적 인성과 진정한 인간성을 상호보충하는 것처럼 보였다. 람페에 따르면 거주하시는 성령이신 한 분 하나님은 자연과 선지자들의 삶과 그리스도와 초대교회에 임재하셨던 분으로서, 오늘날에도 우리의 삶 가운데 임재하실 수 있다.[95] 람페는 이렇게 이해함으로써 창조와 구속을 하나님의 단일하면서도 연속적인 활동으로 묶을 수 있다고 주장한다. 오랜 진화 과정을 통해서 하나님께서 반응하는 피조물들을 만들어 낸 것으로서, 그리스도는 하나님의 활동과 자기 계시의 중심점에 위치가 된다. 또한 그리스도는 전체 창조 활동과 구속 사역을 이해함에 있어서 우리에게 핵심이 되는 분이기도 하다.

로저 하이트Roger Haight는 영이신 하나님께서 제압하거나 억제하지 않으신 채로 그리스도에게 인간의 자유를 부여하셨다고 주장한다. 내주하시는 성령은 인격적 현존으로서, 역동성과 상호성의 양태를 지니신다. 즉 성령께서 내주하실 때 우리의 자유를 다른 것으로 대체하지 않고 자유를 향상시키신다는 것이다. 유사하게 영이신 하나님 경험은 우리 인간의 삶에 권능을 준다. 그리스도가 기독교 공동체에게 규범적인 분이라면, 성령은 하나님과의 새로운 관계에 있어서 중재자이시다. 하지만 하이트가 말하는 바, 그리스도 안에 계시된 하나님의 사랑은 보편적인 양상을 지닌다. 따라서 우리는 성령이 다른 종교전통이 가지고 있는 독특한 문화 상황에서도 활동하신다고 믿어야 한다. "영-기독록Spirit-Christology은 성령이 기독교 영역 밖에서도 활동하시는 바, 하나님께 속하는 여타의 다른 중재안들mediations에 대해서도 열려있다고 여긴다. 성령은 사방팔방 어디에나 존재하시는 분이다. 따라서 영이신 하나님께서 단지 한순간의 역사 속에서만 성육신하셨다고 생각하는 것은 본질적으로 중요한 사안에 속하지 않는다."[96]

이러한 해석과 더불어서 나는 '계시'와 '회복'이 이미 우리에게 일어났음을 주장하는 전통적 입장을 충실히 따를 수 있다고 본다. 계시와 회복이 여타의 다른 곳에서도 일어났음과 동시에 우리 인간에게도 일어났다는 것이다. 우리는 신적 주도권을 인정해야 하고, 나아가서 이 주도권에 대해서 다른 종교 전통들이 다양하게 반응했음도 역시 인정해야 한다. 따라서 우리는 화해가 일어나는 곳이라면, 어디서라도 화해의 권능을 존중해야 한다. 이렇게 함으로써 한편으로 우리가 '절대주의'absolutism와 '배타주의'exclusivism 사이에서 길을 찾을 수 있고, 다른 한편으로 '상대주의'와 '회의주의' 사이에서도 길을 찾을 수 있게 된다. 종교다원주의 세계를 살아가는 우리에게서, 이러한 입장이 진정한 대화를 하도록 우리를 고무시킬 것이다. 우리는 대화를 통해서 우리 자신의 여러 전통들이 지닌 혜안들을 부인하지 않으면서, 서로에 대해서 알게 될 것이다.

다른 행성에서도 성령이 활동하신다고 생각할 수 있을까? 다른 별들의 궤도를 도는 50개의 행성들이 존재한다고 보고되어 왔고, 그 숫자가 관측기술이 향상되는 만큼 증가될 것이라고 여겨져 왔다.[97] 수십억 개의 은하수 내에 수십억 개의 별들이 존재한다. 이전 장에서 지구의 진화 역사가 법칙적이고 규칙적인 패턴과 우연적인 사건들 모두를 포괄한다고 주장한 바 있다. 전체 설계가 정확하게 예정된 계획과 동일시되는 것이 아니라 새로운 질서 형태의 창발과 복잡성과 생명체와 의식에로의 경향성과 동일시되어야 함을 언급한 바 있다. 만일 우리 은하계의 극히 일부에 해당되는 행성들 내지 다른 은하계가 생명체의 출현에 적합한 조건을 가진다면, 우리는 다섯 개의 손가락과 다섯 개의 발가락을 가진 우리와 유사해 보이는 외계 생명체가 존재한다고 생각하지 않아야 한다. 오히려 우리는 그 생명체들 가운데 일부가 의식적이고 지적이며 인격적 관계성을 맺을 수 있을 정도의 능력을 지닐 수 있다고 생각할 수 있어야 한다. 외계 생명체들이 지닌 능력들은 우리가 생각하기에 시공간적으로 훨씬 더 방대한 우주를 향한 하나님의 여러 목적들 가운데 일부에 해당된다. 그 행성들에 거주하는 생명체들은 우리가 이전에 예상했던 것 이상으로 훨씬 더 다양하다고 생각해야한다.

다른 행성에 지적인 생명체가 존재할 수 있다는 입장은 그리스도의 구속 사역이 우리 인간에게만 배타적으로 적용된다고 주장하는 사람들에게 문제가 될 수 있다. 멀리 떨어져 있는 행성들에 거주하는 생명체들은 수천 년 전에 있었던 그리스도의 활동도 듣지 못했을 것이고, 또한 그들의 수명 역시 인간의 수명과 매우 다를 수 있다. 소설 『페럴란드라』Perelandra에서 씨 에스 루이스C. S. Lewis는 그리스도의 구속을 필요로 하지 않는 생명체가 있는 행성이 있음을 상상하는데, 이유는 그 생명체들이 죄로 인해서 타락하지 않은 존재이기 때문이다. 하지만 위에서 언급한 것처럼 사회생물학자들과 신학자들은 지적 생명체들이 진화하는 모든 곳에 모순적인 감정들과 상반된 동기들이 나타날 수 있다고 가정한다. 그리스도의 삶 속에서 활동하셨고 지구상의 여타의 다른 종교전통 속에서 활동하셨던 동일하신 그 성령은 분명히 하나님의 사랑과 화해를 다른 행성에 있는 생명체들에게 적절한 방식으로 중재할 수 있다고 말해야 한다.

4. 사랑에로의 부르심

그리스도의 윤리적 가르침들은 "너의 이웃을 너 자신처럼 사랑하고, 심지어 너의 원수까지도 사랑하라"(마태복음 22:39; 5:44)는 명령을 포괄한다. 만일 우리 인간이 우리의 유전자들로 말미암아 우리와 유전적으로 동질적인 것을 선호하고, 나아가서 자신이 속한 그룹을 향하여는 상호 협력하는 반면에 자신 밖의 그룹을 향하여는 공격적이라고 생각한 사회생물학자들이 옳다면, 이러한 그리스도의 가르침은 실현 불가능한 이상처럼 보인다. 물론 기독교 전통은 서로 사랑하라는 그리스도의 이상적인 명령이 쉽사리 성취될 수 없다고 생각해 왔다. 앞에서 우리는 죄라는 개념이 자기 중심성을 의미함과 동시에 개인적으로도 공동체적으로도 다른 이로부터의 소외됨을 의미한다는 것을 살펴봤다. 근본적인 사랑은 근본적인 방향성이 재정위 될 것을 요구한다. 즉 근본적인 사랑이 각 개인의 결정과 하나님의 사랑에 대한 적절한 반응을 요구한다는 것이다. "우리가 사랑함은 하나님이 먼저 우리를 사랑하셨음이라."(요한 1서 4:19) 우리가 용서받았음을 아는 지식으로 인해서, 우리는 내가 다른 사람을 용서할 수 있게 되었음을 알게 된다.

스데반 포스트Stephen Post는 다양한 성서 구절들이 담고 있는 사랑의 형태들을 몇 가지로 나누었다. 먼저 사랑은 궁핍한 자들을 향한 관심으로, 고난 중에 있는 사람을 향한 연민으로, 나에게 해를 입힌 누군가를 향한 용서로, 친구를 향한 우정으로, 친밀한 관계를 나누는 누군가를 향한 기쁨 넘치는 애정으로 드러날 수 있다. 사랑은 누군가를 향해서 (진정 이타적으로 나 자신을 희생하면서) 위험조차도 감수하는 것을 포괄하기도 하고, 상호의존성을 포괄하기도 한다. 이러한 것들은 사랑이 가진 특성들을 규정한다기보다는, 특정한 환경에 대한 반응들이라 할 수 있다.[98]

포스트는 인간의 사랑을 선행 인류의 조상들이 갖고 있었던 여러 능력들을 부인하는 것이 아니라 그 능력들의 확장이라고 여긴다. 동물들도 공감(다른 동물들의 감정에 반응하는 것)의 능력을 보여주는데, 인간에게 있어서도 이러한 공감의 능력은 다른 이들의 필요성을 타당하게 이해하는 것과 상관이 있다. 암컷이든 수컷이든 동물들이 자기 새끼들을 보호하면서 돌봐주는 것처럼, 인간도 자기 후손을 위해서 똑같은 일을 한다. 포스트는 기독교 그룹에 속한 사람들이 가족의 중요성과 가까운 친척에 대한 책임을 다하면서, 이에서 나아가서 관심의 영역을 확장시켜야 한다고 말한다. 오늘날 가족은 매우 내향적인 특성을 지니는 바, 다른 이들을 향해서 거의 관심을 갖지 않는 추세이다. 기독교와 세계의 주요한 모든 종교들에서 발견되는 사랑에로의 부르심은 선조들로부터 물려받은 긍정적인 경향성들 위에 기반을 둔 것이다. 따라서 우리는 현재 인간의 삶에 있는 파괴적인 경향성들을 올바른 방향으로 바꿔내야 한다.

교황 스데반은 인간이 가족과 가까운 친척을 돌보려고 하는 성향을 지녔다는 증거가 있다고 하면서, 이 증거가 부인되지 않아야 한다고 주장한다. 그는 토마스 아퀴나스의 책 『사랑의 질서』the orders of love를 인용하는데, 이 책은 부모에 대한 존경과 강한 가족 유대감과 상호간의 우정과 공동체를 향한 성실성을 다루고 있다. 그러나 기독교 복음은 우리가 가진 이러한 자연스러운 경향성들을 가까운 친족 공동체 이상으로 확장시킬 것을 요청한다. 어떤 상황에서는 사랑의 표현이 근본적인 자기희생과 자기부인을 요구할 수도 있다. 우리는 가장 가까운 사람들에 대한 우리의 책임에 더하여서 나의 도움을 필요로 하는 사람들에게 올바르게 반응하면서 그들을 돕는 것을 덧붙일 수 있어야 한다. 어떻게 현대인들이 개인주의를 극복할 수 있을까? 그것은 공공선 public good을 구현함으로써 가능하다. 근본적인 자기희생까지 가지 않아도 된다. 또한 가족과 친구에 대한 상호의존성과 사랑을 배제시키지 않아도 된다. 현대인들의 개인주의를 극복하기 위해서 우리에게 필요한 것은 바로 공공선을 구현하는 것, 이것이면 충분하다.[99]

실제로 이타주의적 동기를 가지고 무언가를 행하는 사람들이 있는데, 그들은 자기와 관련이 없는 사람들을 위해서 놀라운 희생을 감행해 온 사람들이다. 프랑스 르샹봉 마을에 사는 수많은 가족들은 수개월동안 위험을 무릅쓰고 2차 세계대전 동안에 나치로부터 유대인 아이들을 숨겨주었다. 그들은 유대인 아이들이 스위스로 안전하게 돌아갈 때까지 이러한 위험을 감수했던 것이다.[100] 이것 외에도 이타주의적 행동 사례들은 우리 주변에서 널리 보고가 되고 있다. 그러나 우리는 자기희생이 그 자체로 미덕으로 여겨지지 않아야 함을 유념해야 한다. 특히 자기희생이 누군가에 대한 복종인 경우에는 더욱더 그래야 한다. 예를 들면 아내들이 그들의 남편들에게 지나칠 정도로 자기희생적으로 복종하는 것이 미덕인 것인 양 생각되어져 온 것을 들 수 있다. 이 문제에 있어서 여성 신학자들은 가부장적인 문화에 사는 여성들이 지나칠 정도로 자기존중심이 적다는 것을 지적했다.[101] 다른 이들을 향한 사랑은 자기존중과 양립 되어야 한다. 또한 가족과 더 커다란 공동체를 향해서 해악을 끼치는 다른 이들의 행위들에 직면함에 있어서, 사랑과 용서에로의 부르심은 정의에로의 부르심과 병행되어야 한다. 이웃사랑은 개별적인 행동으로 드러나기도 해야 하지만, 또한 정당한 사회정책과 사회기관들을 위해서 봉사하는 행동으로도 드러나야 한다.

유전적 결정주의와 인간의 자유

지금까지 우리는 진화역사에서 유전자들이 감당한 역할 그리고 인간 본성에 대한 신학적 이해와 관련해서 몇 가지 함의들을 살펴봤다. 이제 우리는 오늘날 인간 행동에 영향을 끼치는 유전자들에 대해서 검토하고자 한다. 먼저 인간 게놈에 관한 지식에 기반해서 유전적 결정주의가 주장하는 것들을 다룬 후에 유전자와 관련된 개개인들에 관한 연구들을 다루고자 한다. 그리고 나서 복제와 줄기세포연구와 유전자조작에 관한 최근의 논쟁 사안들에 대해서 검토할 것이다. 이제부터 다룰 내용들은 유전적 지식이 함의하는 새로운 응용기술들에 대해서 신학이 어떻게 반응해야 하는가 하는 사안들이다.

1. 인간 게놈

2,000년 6월 26일에 미국의 빌 클린턴 대통령은 두 연구팀이 감행한 대부분의 인간 게놈의 매핑mapping이 완성이 됐다고 발표했다. 이때 한 연구팀은 미연방이 지원한 자금으로 연구했고, 다른 한 팀은 산업용 실험실에서 개인적으로 연구를 했다.(특정한 단백질로 이루어진 디엔에이 염기서열이 유전자이고, 디엔에이 조각들과 더불어 모든 유전자들을 포괄한 것이 게놈이다. 유전자들은 몇 개의 디엔에이 조각들 위에서 유전자 발현DNA expression을 조율하는데, 그 기능이 무엇인지는 정확히 알려지지 않았다.) 인간 게놈을 발견한 것은 놀라운 성취물이다. 이유는 인간 게놈이 30억 개의 디엔에이 염기들을 포함하고 있기 때문으로서, 그 숫자는 수천 페이지 분량의 전화번호부 책에 담겨진 문자들의 숫자에 버금간다. 인간 게놈을 발견했을 때 언론 매체는 과학자들이 인간 존재 파악에 있어서 청사진을 발견했다고 발표를 하였다. 디엔에이의 공동 발견자이자 첫 번째 게놈 프로젝트 책임자인 제임스 왓슨James Watson은 그 프로젝트가 인간이 무엇인지를 말해줄 것이라고 말했다. "우리는 우리의 운명이 지구에 속한다고 생각해 왔다. 그러나 이제 우리는 우리 운명의 상당 부분이 게놈에 속했음을 알게 될 것이다."[102] 분자생물학 분야의 노벨상 수상자인 발터 길버트Walter Gilbert도 게놈으로 인해서 인간은 곧 씨디CD로도 복제가 될 수 있는데, 씨디를 보면서 "이게 나야"라고 말하게 될 것이라고 말했다.[103]

하지만 이러한 주장들은 곧 시기상조인 것이 드러났다. 우리는 대부분의 디엔에이 조각들이 무엇으로 구성되어 있는지를 모른다. 하나의 유전자 속에 있는 결함을 연구함으로써 어느 정도의 질병들을 추적할 수는 있지만, 방대할 정도로 다양한 인간의 특성들이 유전자에 기인하기 때문에 많은 유전자들의 상호작용이 어떻게 이루어지는지를 검토해야 한다. 각각의 인간은 34,000개의 유전자들을 가지고 있다.(이것은 19,000개의 유전자들을 갖는 회충과 비교해 볼 때 훨씬 더 많은 수치이다.) 그러나 각각의 인간은 백만 개 정도의 다양한 단백질도 또한 가지고 있는데,(이것도 회충보다 훨씬 더 많은 수치이다.) 인간 유전자들에 명기되어 있는 단백질들은 복잡한 방식으로 서로 결합되어 있다. 모든 단백질들의 기능을 탐구하는 과제는 사실상 거의 불가능하다. 더욱이 "청사진"으로서의 게놈의 이미지는 다분한 오해의 여지를 갖게 만드는데, 이유는 그 이미지가 미리 결정되어 있는 결과를 수반하기 때문이다. 게놈의 이미지는 유전자발현 속에서 보다 넓은 환경이 감당하는 역할을 경시하도록 만든다. 한편으로 쥐의 실험을 통해서 쥐들의 뇌의 신경 회로들이 완전히 프로그램된 것이 아니라 환경 내의 풍부한 자극에 의해서 영향 받았다는 사실이 드러났다. 즉 세포의 행동이 수많은 화학적 지시를 통해서 멀리 떨어져 있는 여러 작용들에 의해서도 영향을 받는다는 것이다. 예를 들면 인간이 심리적 스트레스를 받고 있을 때 방출되는 호르몬은 면역체계를 무기력하게 만들면서 감기에 취약하도록 만들 수 있다. 즉 인간의 정체성과 행동이 경험의 산물인 동시에 유전자들의 산물이기도 하다는 것이다.[104]

우리가 유전자들에 의해서 결정되어 있다는 주장은 환원주의적 주장으로서, 이 주장은 커다란 전체의 행동이 그 구성요소들의 행동에 의해서 결정된다는 입장이다. 2장에서 나는 복잡한 생명체들에는 상향식 인과율 뿐 아니라 하향식 인과율도 있음을 주장했다. 즉 전체가 부분들을 지배하는 법칙들을 위반하지 않으면서, 그리고 전체가 작동하는데 있어서 필요한 경계 조건들을 설정하면서, 부분들에 영향을 끼치기도 한다는 것이다. 또한 나는 하위 차원에서는 예측하기 불가능한 구조, 즉 높은 차원에 속하는 구조가 만들어내는 행위의 창발emergence에 대해서도 언급했다. 인간의 자아는 생물학적 과정 중에 창발하는 것이다. 이때 인간의 자아는 유전자들뿐만이 아니라 높은 차원에서의 수많은 여러 요인들에 의해서도 영향을 받는다. 진화 역사에서 인간의 발전을 살펴봄에 있어서 인간의 자아selfhood는 사회적 특성을 지닌다. 즉 자아가 언어와 문화와 대인 관계적 상호작용의 산물인 동시에 유전자 발현의 산물이기도 하다는 것이다.

그러나 몇몇 경우에 있어서 하나의 단일한 유전자가 가지고 있는 결함은 생명을 위협하는 질병의 원인이 되기도 한다. 선천성 낭포성 섬유증cystic fibrosis은 하나의 특정한 유전자 내의 여러 변이들에 의해서 야기가 되는데, 이것은 발전된 실험실의 실험을 통해서 알게 된 사실이다. 만일 두 명의 부모 모두가 유전자 결함의 보균자라면, 그들 자신은 그 질병에 걸리지 않았음에도 불구하고 그들의 아이들 가운데 한 명이 그 병에 걸리게 될 가능성이 사 분의 일이 된다. 만일 젊은 부부가 가족력에 해당되는 질병을 가지고 있다면, 그 부부는 유전학 상담전문가의 도움을 받아서 검진을 받은 후에 아이를 임신할 것인지, 양자를 들일 것인지, 익명의 누군가로부터 기부를 받아서 인공수정을 할 것인지를 결정할 수 있다. 이와 다른 방식의 검진으로서, 태아를 둘러싸고 있는 양수amniotic fluid에서 취해진 세포들에 난소를 수정함으로써 검진을 받을 수도 있다. 검진을 받은 후에 부모들은 임신을 할 것인지를 놓고 결정할 수 있다. 또한 새로 태어난 아기에게 명확한 질병 증상들이 나타나기 전에 또다른 검진이 행해질 수도 있는데, 이러한 조기 치료는 질병의 해악을 상당히 경감시킬 수 있다. 하지만 다른 유전적 질병들에 원인이 되는 유전자들이 확인된 것이 사실이지만, 적절한 치료법이 개발되지 못한 실정이다. 나아가서 이러한 실험들을 통해서 건강한 청소년들은 앞으로 발병하게 될 수 있는, 고통스러우면서도 치료 불가능한 질병이 몸속에 잠재하는지를 파악해 낼 수도 있다. 유전성 중추 신경 질환에 속하는 헌팅턴 무도병Huntington's disease을 가족력으로 가지고 있는 어떤 사람들이 앞으로의 삶을 계획함에 있어서 이러한 실험들에 참여했던 반면에, 그러한 실험들에 관심을 기울이지 않는 사람들도 있었다.[105]

의사들과 환자들 사이에 유전자 검사가 제시하는 정보에 기반해서 상담이 이루어져야 하지만, 그러나 또 다른 남용을 막기 위해서는 환자의 사생활이 보호되어야 한다. 보험회사들과 의료인들은 환자들이 유전적 결함을 가진 사실을 발견했을 시 질병의 증상들이 뚜렷하게 나타나지 않는 상태에서도 환자들이 '발병하게 될 질병'preexisting condition을 가질 수 있음을 주장한다. 당연히 보험회사는 발병하게 될 질병을 배척하는 입장이다. 그러면서 보험회사는 환자들의 보험 혜택 범위를 빈번하게 자주 축소를 시킨다. 이 외에도 환자들은 유전적 실험 정보를 입수한 고용주들로부터 차별을 당하게 될 수도 있다. 의학적 데이터들이 컴퓨터 파일 상에 있을 시 이러한 문제점들을 막는 것이 쉽지 않기 때문에, 현재 미국 국회가 환자의 사생활을 보호하기 위해서 몇 개의 법률안들을 내놓고 있는 실정이다. 그리고 다행스럽게도 보험회사의 반대에도 불구하고 그러한 법률안들이 가까운 미래에 통과될 예정이다.

또 다른 유전적 결정주의는 행동 유전학behavioral genetics으로부터 온다. 행동 유전학은 유전적으로 상관있는 사람들이 보이는 유사한 행동들을 연구하는 분야이다. 한 방송사는 알코올 중독과 비만과 동성애와 조현병schizophrenia과 관련해서 '유전자의 발견'이라는 제목의 방송기사를 내보냈다. 쌍둥이에 대한 연구는 수많은 행동 기질에 있어서 유전적 요인들이 변이의 대략 50%를 차지했음을 보여주고 있다. 161명의 남성 동성애자 형제를 비교한 연구에서는 모든 유전자들을 공유한 일란성 쌍둥이의 경우에 그들의 52%가 남성 동성애자였던 반면에, 이란성 쌍둥이 가운데서 22%와 입양된 형제들 가운데서 11%도 역시 남성 동성애자였다.[106] 또 다른 연구는 감옥에 있는 미국 흑인의 퍼센티지가 백인의 아홉 배에 해당됨을 보여주었다. 이것을 보면서 몇몇 해설자들은 유전적 차이가 범죄행위와 관련이 있다고 결론지었다. 그러나 이러한 설명은 상당히 큰 문제점을 갖는다. 전적으로는 아니지만 대부분의 경우에 있어서 감옥에 있는 사람들의 인종적 차이들은 유전적 요인에 기인하는 것이 아니라 사회적 요인에, 예를 들면 흑인들에게 지워진 더 높은 실업률 또는 체포 시 당하는 차별과 유죄판결의 비율 등에 기인한다.(이것은 유사한 범죄에 비해서 여섯 배가 높은 수치이다.)[107]

한편으로 언론에 의해서 논쟁의 여지를 갖는 유전자 연구가 빈번히 공개되고 있다. 즉 원문 기사에 기록된 사안들에서 벗어난 유전자 연구 내용들이 대중들에게 공개되고 있는 실정이다. 따라서 최초 보도인지를 확인하는 데에 실패한 연구 보고들은 대중들에게 공개되지 않아야 한다. 알코올 중독에 관한 연구들은 특히 더욱 큰 문제의 여지가 있는데, 이유는 알코올 중독이 몇몇 형태의 원인들을 갖기 때문이다. 즉 알코올 중독이 유전자들뿐 아니라 개인적 역사나 문화적 환경에 의해서도 영향을 받는다는 것이다. 유전적 요인들과 문화적 요인들을 단순하게 구분할 수는 없다. 쌍둥이들조차도 각각 그들의 삶에 영향을 끼치는 다양한 환경과 하위문화와 경험들을 접할 수 있다. '본성'nature과

'양육'nurture은 항상 함께 가는 것이다. 따라서 이것들은 각각 동떨어진 채로 개별적으로 다루어질 수 없다. 따라서 인간 행동이 유전자들에 의해서 결정되어 있다는 생각은 빈곤과 범죄를 다루는 사회 제도들을 보다 낫게 개정하려는 동기를 약화시킬 수밖에 없다. 만일 우리의 운명이 유전자들에 의해서 결정되어 있다면 왜 사회 프로그램들을 개발하는 데에 돈을 낭비하겠는가?

하지만 환경의 영향과 유전자들의 영향을 수용한다 하더라도, 우리는 인간의 자유의 문제를 포괄적으로 다루는데 있어서는 어려움에 직면할 수 밖에 없다. 실제로 본성과 양육이라는 사안에 몇몇 제약들이 부과되었다. 유전자는 우리 사회에 '잠재성'과 '성향들'이라는 범주가 뿌리내리도록 만들었다. 또한 부모들과 사회 제도들 모두가 우리에게 수락할만한 행동 패턴들을 마련해 주기도 하였다. 자유는 우리의 행동들이 원인이 없거나, 불확정적이라는 것을 의미하지 않는다. 즉 우리 자신이 품은 동기와 의도와 선택의 결과로서 우리가 행동하게 되는 바, 자유가 강압적인 특성을 지니지 않는다는 것이다. 인격적 차원에서 자유는 자기 결정성이라는 특성을 지닌다. 우리 인간은 자극에 수동적으로 반응하는 기계가 아니라 새로운 가능성들을 계획하고 선택할 수 있는 여러 대안들 가운데서 의도를 가지고 책임감 있게 무언가를 결정하는 자아이다. 나아가서 우리 인간에게서 나타나는 확고부동한 습관들을 놓고 볼 때 변화가 쉽게 이루어지지 않음을 보게 된다. 알코올 중독 치료를 위한 12단계에서도 볼 수 있는 바와 같이, 사람이 누군가의 도움을 찾아나선 후에야 변화가 일어난다는 것이다. 우리는 처리해 온 카드를 선택할 수 있는 것이 아니라, 정도에 있어서 그 카드들 중에서 우리가 다룰 수 있는 것들을 선택할 수 있을 뿐이다.

2. 복제와 줄기세포

1997년 복제 양 돌리가 스코틀랜드에서 태어났다. 돌리의 세포들 가운데 하나를 검사했을 때, 돌리의 유전자들은 다 자란 양들의 유전자들과 동일했다. 세포핵이 분화되지 않은 상태에 있다가 완전히 새로운 배아로 성장할 때까지, 돌리의 세포핵이 취해져서 다른 양의 난자로 주입이 되면서 전기 충격이 가해졌다. 이 실험의 목적은 의학을 목적으로 새로운 약을 생산하는 데 쓰여지는 양을 만드는 데 있었다.[108] 그때 이후로 이와 관련해서 여러 기술들이 계발되었고, 농부들이 선호하는 우수한 특성들을 가진 소와 돼지를 포함해서 수백 마리의 동물들이 복제되었다. 조기 노화와 질병에 대한 취약성에 관해서 몇몇 보고들이 전해진 것 외에, 복제된 동물들과 그 새끼들 모두가 정상인 것처럼 보였다. 나는 동물 복제의 목적과 예정된 결과들에 대해서 긍정적으로 말하고 싶기 때문에 동물들이 당하는 괴로움과 기형상태의 출현이라는 위험성을 크게 취급하지는 않을 것이다. 이와 관련된 윤리적인 사안들에 대해서는 사회기관이 다룰 것으로서, 주로 다음의 질문들이 제기될 수 있다. 누가 복제된 동물들을 기를 것인가? 복제된 동물들을 만든 회사들이 특허권을 가지고 그것들의 가용성availability을 통제할 수 있는가? 복제된 동물들이 농부들의 삶과 구매자들의 삶에 어떤 영향을 끼칠 것인가? 이와 달리 나의 관심사는 동물 복제가 가진 이러한 목적들과 개연성 있는 결과들이 인간 복제와 관련이 되면, 훨씬 더 불안한 면을 지니게 된다는 것이다. 물론 이러한 일이 아직 일어난 것은 아니지만, 농부가 자기 자신과 정확하게 일치하는 복제 인간을 만들고 싶어할 수 있다는 것이다. 복제 인간들은 다양한 환경 속에서 한 세대가 지나가기까지 성장하게 될 것이다. 치명적인 질병을 가진 딸을 둔 엄마는 정상적인 세포조직과 장기들을 가진 다른 딸로부터 복제하기를 원할 수도 있다. 이렇게 되면 아무런 위험 없이 이식 가능한 장기들을 복제할 수 있게 되고, 그 사람이 죽었을 시 그 사람을 대체할 수도 있다. 그렇게 복제된 아이들은 그들 자신을 위해서가 아니라, 누군가 다른 사람의 목적을 이루기 위해서 만들어진 셈이다. 즉 그렇게 복제된 아이들에게 무거운 짐이 부여된다는 것이다. 복제된 아이들이 다양한 환경 속에서 살고 그 아이들에게 개인적 선택이 남아 있다는 것을 인정한다고 해도, 자신과 정확하게 일치하는 유전자를 가진 다른 사람의 삶의 패턴을 아는 것은 견디기 힘든 일이 될 것이다. 지금까지 쌍둥이거나 여러 명의 형제 중 한 명이거나 하는 것에 상관없이, 역사상 모든 인간은 두 명의 부모에게서 태어났다. 즉 모든 인간의 유전자 조합이 각각 고유성을 가졌다는 것으로서, 각 사람의 유전적 형질이 양쪽 부모의 유전적 형질과 달랐다는 것이다. 이런 점에서 볼 때 복제로 태어난 아이들은 자신의 개인적 특성individuality이 상실되면서, 유전자들과 가정환경을 통제하는 부모들에게 전례없는 권한이 주어지는 문제가 생겨나게 된다.[109] 복제된 아이들의 관계적 정체성 또한 애매해 질 수 있고, 가족 구조 또한 혼란스러워질 수 있다. 여자로부터 복제된 아이를 그녀의 딸로 봐야 하는지, 그 여자의 쌍둥이 자매로 봐야 하는지의 문제가 제기될 수도 있다. 사실을 말하자면 다양한 새로운 복제 기술들이 최근에 계속해서 개발되어 왔고, 남성 동성애자 커플들과 여성 동성애자 커플들도 안정적인 가족 패턴들을 마련하고자 다양하게 노력해 왔다. 그러나 복제는 개인적 성취의 문제와 지속적인 가족 구성원들의 관계성의 문제에 있어서, 이러한 사안들보다 훨씬 더 지대한 영향을 미칠 난제에 해당이 된다. 국제생명윤리자문위원회National Bioethics Advisory Committee의 청문회는 이 문제와 관련해서 여러 윤리적 사안들을 다루어 왔다. 이와 더불어서 현재의 복제 기술들이 기형 배아deformed embryos의 문제와 심각한 수준의 장애아 문제, 나아가서 몇 세대가 지나서야 나타날 수 있는 문제들 등, 수락할 수 없는 수많은 위험성을 지닌다는 증언들이 계속해서 있어 왔다.[110] 과학위원회는 사실상 동물 복제에 관해서 훨씬 더 포괄적인 연구가 이루어질 때까지 생식을 목적으로 하는reproductive purposes 인간 복제가 시도되지 않아야 한다는 데에 만장일치로 동의한다.

2001년 후반 어드밴스트 셀 테크놀로지사Advanced Cell Technology는 배아가 되기 전의 줄기세포stem cells를 처음으로 복제했다고 발표했다.[111] 그때까지 줄기세포연구가 아직 전문적으로 다루어지지 않았는데도, 과학자들은 미래의 언젠가에는 중추 신경들과 심장과 콩팥 등의 세포조직들을 독특하게 만들 정도의 전문적 기술들이 구비가 될 것이라고 기대했다. 또한 영국에서 있었던 몇몇 실험들은 쥐의 척수spinal cord에 있는 손상된 신경세포들의 재건에 쥐의 줄기세포가 도움이 될 수 있음을 보여주었다. 만일 줄기세포가 복제된 인간 환자로부터 취해진다면, 그런 후에 환자에게 필요한 세포조직을 위해서 프로그램 된다면, 그 줄기세포들은 면역체계에 거부 반응을 일으키지 않으면서 환자에게 다시 주입될 수 있다. 과거에 척수가 절단된 사람은 마비된 채로 살아가게 된다고 여겨졌지만, 그러나 미래에는 줄기세포로 인해서 상처를 회복시키는 새로운 신경세포를 생산할 수 있게 될 것이다.

어드밴스트 셀 테크놀로지사의 연구원들은 이러한 치료적인 목적을 위해서는 인간의 줄기세포를 복제하는 것을 선호하는 반면에, 생식적인 목적을 위해서 줄기세포를 사용하는 것에는 강하게 반대한다. 그 사람들은 복제된 세포가 미분화 세포undifferentiated cells라는 작은 덩어리로 성장하는 것이 가능하다고 말한다. 미분화 세포는 실험실 밖에서 생존하지 못하기 때문에 완전한 배아를 만들 수 없다. 줄기세포는 임신 후 2주가 지나서 태아가 만들어지기 전에 '배아가 되기 전의 배반포'pre-embryonic blastocyst에서 떼어질 수 있다.(임신 후 10주가 지났을 때는 태아라고 칭하는데, 그때는 대부분의 초보 형태의 장기들이 형성된 상태이다.) 이러한 연구들에 반대하는 사람들은 줄기세포연구를 일단 시작하면 중단하기 어려워서 파국으로 치달을 수밖에 없다고 말한다. 치료를 목적으로 줄기세포를 사용하도록 허용하게 되면, 생식을 목적으로 줄기세포를 사용하는 데까지 갈 수 있다는 것이다. 그러나 영국 입법부는 치료를 목적으로 하는 줄기세포연구를 허용했지만, 줄기세포이식과 생식은 금지를 했다. 이와 달리 미국의 조지 부시George W. Bush 대통령은 2001년에 줄기세포 연구에만 연방기금이 사용되도록 허용하는 행정 법안을 발행함과 동시에 사설 기금으로 운영되는 줄기세포연구에도 제재를 가하지 않았다.[112] 내가 보기에는 이 문제에 있어서 영국의 접근방식이 더 타당해 보인다. 영국은 공적이거나 사적이거나 치료를 목적으로 하는 줄기세포연구만을 허용한 반면에 생식을 목적으로 하는 줄기세포연구를 허용하지 않았다. 이에서 나아가서 이러한 접근방식은 특허권과 점검 시스템과 더불어서 범죄를 목적으로 인간 복제를 시도하는 것을 규제하는 시스템을 필요로 한다. 어느 쪽으로 한계선을 정하는가의 결정은 재정적인 관심을 가지고 줄기세포를 연구하는 사람들에 의해서가 아니라, 공공정책과 관련해서 중요한 문제들을 검토하는 입법부에 의해서 이루어져야 한다.[113]

몇몇 사람들은 고의적으로 낙태를 함으로써 줄기세포를 얻게 되는 것을 두려워하면서, 줄기세포연구를 반대해 왔다. 그러나 현존하는 세포계cell lines와 고의적인 낙태와 생체외in vitro, 生體外 수정 외에는 소멸될 여지가 없는 전-배아pre-embryos 등, 줄기세포를 얻을 수 있는 다양한 경로들이 있다.(페트리 접시Petri dish에서의 남성의 정자로 인한 여성의 난자의 수정, 이것은 보통 착상으로 인해서 만들어진 배아보다 더 많은 배아를 만들어 낸다.) 나는 **입법부가 배아가 되**기 전의 배반포胚盤胞가 14일까지만 자라도록 허용하는 것을 권하고 싶다. 14일 이전에는 쌍둥이를 임신할 가능성이 있기 때문에 각 배아의 견고한 개체성 확립이 문제가 될 수 있기 때문이다. 이 시기에는 배아 또는 태아가 만들어지기 전에 줄기세포가 분화되도록 유도하는 것이 가능하다. 그러나 수많은 기독교인들(특히 로마 가톨릭 기독교인들과 복음주의 기독교인들이 여기에 해당이 된다.)은 이러한 절차를 강하게 반대한다. 이유는 그들이 인간의 생명이 임신에서 시작되는 바, 인간 생명이 그때부터 지속적으로 완전한 인간의 권리와 보호 하에 있어야 한다고 믿기 때문이다. 나는 인간 생명의 고결함을 주장하는 그 사람들의 헌신적인 노력과 힘이 없는 자들에 관한 그 사람들의 관심을 존경한다. 그러나 임신이 이루어진 때부터 영혼이 존재하게 된다는 믿음은 고전적인 기독교 사유에서도 지배적인 견해는 아니었다. 초대교회는 대략 16주가 지나서 활발하게 움직일 때까지 영혼이 존재하지 않는다는 어거스틴의 견해를 널리 받아들였다. 이것이 임신에 이르기에 실패한 태아들에게 세례를 베풀지 않은 이유이다. 토마스 아퀴나스도 영혼을 위해서 육체가 준비되었을 때만 영혼이 육체 안으로 주입될 수 있다고 주장했다. 아퀴나스는 남자 아기는 40일이 지나고 여자 아기는 80일이 지나서야 영혼이 주입될 수 있다고 봤다.[114]

일반적으로 모든 수정란fertilized egg은 잠재적인 인간 존재로서의 권리를 지닌다고 일컬어져 왔다. 그러나 정상적인 성행위를 통해서 수정란들이 만들어지는 바, 그것들 중에서 하나만이 자궁벽에 착상이 된다. 자궁벽에 착상되지 않고 방출된 난자들도 영혼을 지니기 때문에 영원히 상실되지 않는다고 생각해야 하는가? 성인 몸에 있는 모든 세포들은 비록 그것들 가운데 대부분이 움직이지 않는데도 완전한 인간 게놈을 가지고 있다. 만일 미래의 기술들이 성인 세포들이 새로운 생명 주기를 시작하는 것을 가능하게 만든다면, 모든 세포들은 "잠재적인 인간 존재"일 수 있다. 하지만 그렇다 하더라도 그 세포들에 완전한 인간 권리를 부여하는 데 동의할 수가 없다.

몸과 영혼을 이원론적으로 이해하는 것 대신에 나는 발전적인 관점 developmental view을 지지하고 싶다. 이 관점은 몸과 마찬가지로 개인적 특성이 점진적으로 발전된다고 이해한다. 이러한 발달은 계속되는 과정으로서, 배반포도 역시 잠재적으로 지속적인 과정 중에 있으면서 개인적 특성을 낳는 하나의 단계로 신중히 다루어져야 한다. 즉 배반포가 '마음대로 처분할 수 있는 세포조직'disposable tissue이 아니라는 것이다. 하지만 그러면서도 배반포는 다 자란 성인이 지니는 권리들과 복지 후생 정도의 권리들을 갖지 못한다. 나는 앞에서 인간이 자기충족적 개체가 아니라 본래적으로 관계적-사회적 존재임을 언급했다. 단언하건대 이식하기 이전이 아니라 이식한 이후에야 유사한 상호의존성을 갖게 된다. 즉 태아의 성장이 엄마의 미토콘드리아mitochondria에서 나오는 유전적 정보인 태반胎盤의 성장과 넓은 범주의 본질적인 호르몬과 영양소들의 성장을 필요로 한다는 것이다.[115] 4장에서 나는 '몸-영혼의 이원론'이 아니라 '다층적 통일체many-leveled unity로서의 인격 개념'을 상세히 설명할 것이다. 그런 입장은 인간의 고통을 경감시키는 여러 방안들의 일환으로 배아가 되기 전의 줄기세포를 치료를 목적으로 사용하는 것을 허용한다. 그러나 반대로 그 입장은 줄기세포를 생식을 목적으로 사용하는 것을 막기 위해서 조치를 취해야 한다고 주장한다. 이유는 줄기세포를 그런 용도로 사용하게 되면, 개인적으로도 사회적으로도 해로운 결과를 가져올 수 있기 때문이다.

하지만 그럼에도 불구하고 발전적 관점의 인간의 개인적 특성이 명확한 구분점을 가지고 있지 않기 때문에, 이러한 입장은 특별히 '일단 시작하면 중단하기 어려워서 파국으로 치달을 수밖에 없는 행동 논쟁'에 빠지게 된다. 배아가 되기 이전의 줄기세포를 사용할 수 있도록 허용하게 되면, 나중에 줄기세포의 발달 순서developmental sequence에 사용되는 것을 통제할 수 없게 된다. 그렇게 되면 완전히 성장한 인간의 생명을 희생시킬 수도 있기 때문에 더 커다란 문제를 낳게 될 수도 있다. 또한 그렇게 되면 생명공학 회사들의 힘이 더욱 강화될 수도 있다. 즉 생명공학 회사들이 줄기세포를 생식적으로 사용하는 사안 뿐 아니라 치료적으로 사용하는 사안 모두에 있어서 기득권을 갖게 될 수 있다는 것이다. 이런 점에서 보면 새로운 기술과 함께 줄기세포를 잠재적으로 사용하는 사안을 세심하게 판단하거나 보강하기보다는, 모든 것을 금지하거나 반대로 아무 것도 금지하지 않는 것이 더 나을 수 있다. 무슨 말인가? 이러한 논의를 진지하게 다루면서, 잠재적인 의학적 발전이 가져다주는 커다란 혜택과 관련해서 중심을 잡는 것이 필요하다는 것이다. 나는 줄기세포와 관련해서 제한된 사용을 허용하기 전에 적어도 상세한 규정 절차가 필요함을 제안하는 바이다.

3. 유전자조작

복제는 현존하는 게놈 안에 있는 모든 유전자들을 복제하는 것이다. 이와 대조적으로 유전자조작은 현존하는 유전자들을 변경시키거나 새로운 유전자들을 삽입시키는 것이다. 유전자조작은 체세포들이 갖는 유전자 결함과 생식계열 세포들이 갖는 유전자 결함을 바로 잡는 것을 목적으로 한다. 유전자조작은 큰 결함을 바로잡도록 고안된 유전자조작과 바람직한 특성을 향상시키도록 고안된 유전자조작으로 나뉘는

데, 양자 사이에는 중요한 특징이 있다.

1) 유전자 결함에 사용되는 체세포치료

체세포치료는 미래의 후손에 적용되지 않고 생식계열치료처럼 개인에게만 적용이 된다. 최근의 연구는 단일 유전자single gene와 관련된 질병들을, 특히 치명적일 수 있는 질병들을 겨냥한다. 어떤 치료법으로도 호전되지 않는 암 같은 불치병을 가진 환자가 이 실험요법에 참여할 수 있다. 예를 들면 선천성 낭포성 섬유증을 유발하는 결함이 발견되었는데, 이 결함은 1,480개의 디엔에이 삼중선 중에서 중요한 단백질을 생산하는 단일 디엔에이 삼중선이 잘못됨으로 인해서 야기된 것이다. 테이새크스Tay-Sachs병病과 겸상鎌狀 적혈구 빈혈증sickle-cell anemia 또한 미래의 유전자 치료에 있어서 유력한 후보자에 해당이 된다. 희망적인 것은 유전자 지식과 기술들이 향상됨에 따라서 행방불명이 돼서 없어진 유전자를 복구시키거나 결함이 있는 유전자를 다른 유전자로 대체시키는 것이 가능하다는 것이다. 미국 체세포치료 임상 실험 계획들은 지역윤리위원회local ethics committees에서 감행하는 점검에서부터 국립보건원에 속한 위원회committees at National Institutes of Health가 감행하는 점검까지, 여러 점검들을 통과해야 한다. 이러한 점검들은 동물실험이나 기밀식량공급을 목적으로 하는 실험, 또는 환자들이나 그들의 부모들의 자발적인 동의나 대체치료와의 비교 등을 통해서 이루어진다.

2) 유전자 결함에 사용되는 배아단계의 유전자 치료

체세포치료가 치료받은 이의 후손에 속하는 각 개개인들에게로까지 반복적으로 이루어져야하고, 배아단계의 유전자 변화도 미래의 후손들에게로 이어지는바, 배아단계의 유전자 치료가 의료자원에 있어서 더 유용할 수 있다. 또한 해로운 유전자들의 보급이 영구적으로 축소될 수도 있다. 이 점과 관련해서 나는 인간의 배아단계의 유전자 치료가 다음의 조건들에서만 이루어져야 한다고 주장하는 바이다. 첫째로 추진되고 있는 체세포치료와 유사한 인간 체세포치료법에 관한 포괄적인 연구가 수행되어야 한다. 가능하면 이러한 연구로부터 유전자 변화가 끼치는 간접적인 효과를 데이터화할 수 있어야 한다. 둘째로 사용된 치료기술들의 신뢰성과 장기간의 안전성을 보장하기 위해서 동물과 유사한 배아단계의 유전자 치료 효과가 몇 세대로까지로 이어져야 한다. 셋째로 일반적인 대중의 승인이 확보되어야 한다. 이유는 배아단계의 유전자 치료가 아직 태어나지 않은 후손들에게까지 영향을 끼치기 때문으로써, 그 후손들이 그 치료법에 자발적인 동의를 하지 않을 수도 있기 때문이다. 하지만 아직까지는 이러한 조건들 가운데 어느 것도 충족되지 않고 있기 때문에, 내가 보기에 현재는 체세포치료만이 정당한 것처럼 보인다.

3) 건강한 유전자 선택

지금까지 살펴본 이 모든 사안들은 해로운 유전자들의 영향을 줄이기 위한 시도였다. 건강한 유전자를 선택하거나 도입할 수 있는 다양한 방법들이 있다. 양수의 견본을 가지고도 태아의 성별을 알 수 있기 때문에 부모들은 낙태를 해 가면서 앞으로 태어날 자신들의 아이들의 성별을 선택할 수 있다. 가부장적 사회에서는 부모들이 딸보다는 아들을 선호할 수 있다. 특히 심각한 사회 문제들을 가진 아시아권의 나라들에서 이러한 일들이 있어 왔다. 비록 아직 이루어지지 않은 전망이긴 하지만, 체외 수정受精과 배아단계의 유전자 개입germ-line intervention의 배합이 유전적으로 향상을 가져 오기 위해서 사용될 수도 있다. 부모들은 유전자가 갖는 개별적 특성들을 선택하려는 다양한 동기를 가질 수 있으며, 또한 자신들의 아이들을 향해서 아직 실현되지 않은 자신들의 야망을 투영할 수도 있다. 이 경우에 우리는 야구선수를 꿈꿔 왔던 아버지가 자신의 꿈을 이루려고 키가 큰 아들을 갖기 원하는 경우를 생각할 수 있다. 이러한 문제들과 관련해서 미국과학진흥협회에 속한 사람들은 인간의 배아단계의 유전자 수정이 안전하지 않은 것으로 보인다고 결론을 내렸다. 나아가서 앞으로 태어날 인간을 향상시키기 위해서 배아단계의 유전자를 수정하는 것이 불평등을 가중시킬 수 있으며, 번식의 상업화를 초래할 수 있다고 결론내렸다. 그들은 앞으로 문제가 생겨나기 전에 공적으로나 사적으로나 배아단계의 유전자 연구에 있어서 공적인 규제 장치가 요청된다고 본다.[116]

4) 우생학

우생학은 사회개선을 목적으로 하는 사회 프로그램이다. 우생학과 관련된 하나의 방안은 당국이 번식시키고 싶어하는 사람을 선택하는 것이다. 과거 나치독일에서는 이상적인 아리안족의 특성들을 가지고 있는 젊은 여성 그룹이 엘리트 그룹의 엄마가 되도록 선택이 됐었다. 미국에서는 뛰어난 정신적-물리적 능력을 지닌 남성들의 정액을 보관할 목적으로 급속냉동은행이 만들어졌고, 여성들이 그것들 가운데서 하나를 선택해서 인공적으로 정액을 주입하는 것이 가능해졌다.[117] 미래사회를 발전시키기 위해서 유전공학이 사용될 수 있는 것이 사실이지만, 우리는 대부분의 인간이 가진 여러 특성들이 복잡한 상호작용 속에서 만들어진 많은 유전자들의 산물인 것을 잊지 않아야 한다. 따라서 오직 지성만을 가진 유전자는 없다고 봐야 한다. 하물며 예술적인 능력과 사랑과 동정심 등의 여러 가치들 중에서, 어느 하나의 가치만을 소유한 유전자는 더더욱 없다고 봐야 한다. 선택적 사육이든지 배아 단계의 유전자 개입이든지, 사회 우생학이 담고 있는 계획들은 매우 많은 문제점들을 가지고 있다. 선택에 있어서 어떤 기준들이 적용되어야 하는가? 모든 문화들이 심각한 유전적 질병으로 말미암는 고통과 사망을 회피하려고 한다. 그러나 덜 심각한 '유전적 결함들'은 문화적으로 그 경계선이 그어지기도 하는 바, 긍정적인 특성들을 목록화하는 것이 오히려 문화적 편견을 심화시킬 수도 있다. 이상적인 아름다움과 신체적 능력 그리고 정신적인 성취감은 역사에 따라서 상당히 달라질 수 있다. 따라서 우리는 미래의 세대들에게 우리가 가진 완전함이라는 이미지를 일방적으로 규정하지 않아야 한다. 이 점에 있어서 불가피하게 우리는 우리의 아이들에게 기대를 걸어야 한다. 또한 모든 학문적 가치와 사회 변혁적 가치들도 미래에 맡겨둘 수밖에 없다. 하지만 동시에 우리는 유전적 변화들이 그것들이 가진 예측할 수 없는 결과들로 인해서 돌이킬 수 없고 장기적이며 불확실한 문제를 지님도 인지해야 한다.

영화 『가타카』Gattaca에 생명공학 실험실에서 부모들을 위해서 유전적으로 향상된 아이들을 제작해 내는 장면이 나온다. 평범한 생식을 통해서 세상에 나온 유전적 하위계급이 지배계급을 위해서 일을 한다. 특권층이 갖는 유전적 장점으로 인해서 그들에게 경제적이고 교육적인 혜택이 주어진다. 생물학자 리 실버Lee Silver는 인류의 미래에 생식유전학reprogenetics.(생식유전학은 번식 생물학과 유전학의 조합이다.)이 지배적인 요인이 될 것이라고 예상한다. "특히 개인의 자유를 귀하게 여기는 사회에서는, 생식유전학을 금지하는 법적 토대를 찾는 것이 어려운 사안일 수 있다. … 생식유전학 기술을 사용하는 것은 불가피하다. … 그리고 우리가 생식유전학을 선호하든 선호하지 않던 간에, 생식유전학이 세계 시장에서 대권을 장악하게 될 것이다."[118] 그는 생식유전학이 두 개의 분리된 종들을 만들어 내면서, 즉 '유전적으로 우세한'gen-Rich 엘리트 종과 저임금을 받고 일하는 유전적으로 평범한 종을 만들어 내면서, 모든 문제를 종식시킬 것이라고 예측한다.

4. 신학적인 반응들

기독교 전통이 복제와 유전자 조작이 야기하는 윤리적 사안들에 문제를 제기하는가? 물론 복제를 금해야 한다는 성서 구절은 없다. 생명공학으로 인한 여러 가능성들과 위험성들은 전례 없이 새롭게 제기된 사안들이다. 하지만 그럼에도 불구하고 성서적인 인간 이해는 이 사안에 대해서 몇 가지 지침들을 간접적으로 제공한다.

만일 우리가 하나님의 형상으로 만들어졌다는 믿음을 가지고 있다면, 우리는 인간의 창조성을 강조하면서 생명공학이 가지다 주는 잠재적 혜택들에 대해서 진지하게 취급해야 할 것이다. 실제로 일반적으로 봤을 때 몇몇 신학자들은 낙관주의적 기술관을 가지고 있으면서, 기술이 빈곤과 질병과 고난으로부터 인간을 해방시킬 것이라고 주장한다. 그러나 만일 우리가 원죄 교리에서부터 시작한다면, 우리는 인간이 새로운 힘을 갖는 데서 야기되는 힘의 남용이라는 잠재적 위험성들에 주안점을 두어야 할 것이다. 프로메테우스 신화와 성서의 바벨탑에서부터 1984년의 『프랑켄슈타인』과 『용감한 신세계』Brave New World에 이르기까지, 인류의 장구한 역사를 들여다 볼 때 기술을 파괴적으로 사용해 온 경우들이 있어 왔다. 하지만 만일 우리 인간의 재능이 선을 향할 가능성과 악을 향할 가능성 모두를 지님을 인정한다면, 우리는 새로운

기술들을 창조적으로 사용할 것을 장려하면서도 그 남용에 대해서는 안전장치를 만들어야 할 것이다.[119]

성서적 전통은 유전자 조작에 대한 여러 결정들과 관련해서 수많은 가치들을 확립해 왔다.

1) 사회정의

정의는 사회기관에 의해서 표현된 사랑이다. 구약성서의 예언자들 이래로, 불의에 대한 저항은 하나님 보시기에 모든 인간이 동일한 가치를 지니고 있다는 확신을 반영한다. 어떠한 새로운 기술을 고려할 때 우리는 기술로부터 혜택을 얻고 이윤을 취하는 사람이 누구인지를 질문해야 한다. 누가 새로운 유전자 치료를 받을 수 있는가? 의료전달 체계에 있어서 어떤 변화가 생기는가? 생명공학은 제약회사들과 생물공학산업의 힘을 증가시킬 것이다. 몇몇 회사들이 에이즈AIDS나 에이즈 바이러스HIV 같은 질병에 필요한 약들을 낮은 가격으로 고의적으로 제공할 수 있을 것이다. 이러한 가능성을 막기 위해서 마련된 장기 특허권이 없다면 한 회사가 적절한 이윤을 취하는 것을 어떻게 보장할 수 있겠는가? 그 이윤들 가운데 일부는 앞으로의 연구에 사용이 될 것이다. 산업상의 기밀유지에 필요한 사안이 공공책임과 어떻게 결합이 될 수 있겠는가?[120] 원죄의 한 형태는 산업과 결부된 과학자 그룹을 포함해서 모든 그룹의 경향성, 즉 사리사욕을 합리화하려는 경향성을 지닌다. 따라서 사실상 우리는 스스로 자기관리에 의존 가능하다고 말할 수 없는 형편이다.

2) 인간의 존엄성

성경에서 되풀이되면서 반복적으로 등장하는 주제 가운데 하나가 개인의 가치이다. 유전공학에서 이 주제는 인간의 사생활을 변호하는 문제와 관련이 있다. 또한 이 주제는 부모의 허영심을 채우려는 목적이나 형제자매의 의료 수요와 같은 목적을 이루기 위해서 인간을 복제하는 문제와 관련이 되기도 한다. 우리는 기술적으로 만들어진 제품으로 여겨지는 '디자이너 베이비'designer babies[121]라는 상을 거부해야 한다. 미래에 태어나게 될 아기가 미리 결정되거나 구매될 수 있는 상품이 되면 안 된다는 것이다. 상업화와 생명을 조작하는 기술 모델은 인간들 사이의 관계들을 위압하면 안 된다. 성서 전통은 항상 가족을 귀하게 여겼다. 따라서 비록 우리가 기술이 가져다주는 새로운 형태의 안정적이고 헌신적인 관계성에 열려있다 하더라도, 가족의 의미를 손상시키려는 시도에 대해서는 이의를 제기해야 한다.

3) 무조건적인 사랑

고통을 경감시키기 위해서 유전자 치료를 하는 것은 사랑의 한 형태로 간주가 될 수 있다. 그러나 각 개인의 가치가 결함이나 질병이 없는 상태와만 관련이 있는 것은 아니다. 우리는 '완벽한 아기'the perfect child를 가지려고 하는 것이 장애를 가진 사람들을 대하는 태도에 영향을 끼칠 수 있음을 알아야 한다. 만일 부모가 아직 태어나지 않은 아기를 자신들이 책임져야 하는 산물로만 여긴다면, 그들은 그 아기가 갖는 취약점들을 올바르게 대처하는 데 있어서 무능한 태도를 가지게 될 수 있다. 우리는 항상 우리 자신의 취약점들과 더불어 살고자 하는 '용기'를 가져야 하고, 나아가서 다른 사람들의 취약점들을 수락할 수 있을 정도의 '동정심'도 가져야 한다. 우리는 가족 내의 구성원들을 무조건적으로 사랑하고 수락하는 전통과 사회 내의 모든 구성원들을 존경하는 전통을 지니고 있다. 이러한 전통은 유전적 향상이 가져오는 결과물들로 인해서 대체되지 않아야 한다.

몇몇 종교 비판가들은 유전공학을 '인간의 본성을 길들이려는 노력'tampering with nature이라고 하면서 반대한다. 그들은 이 세계가 신적인 목적들과 일치하는 영구적 구조를 가지고 있다고 생각한다. 사람들은 인간의 본성이 고정되어 있어서 변치 않으며 침범할 수 없는 불가침의 영역이라고 말해 왔다. 이 점과 관련해서 의학은 인간 본성의 진정한 기능이 성취에 있다고 여긴다. 이 점에 있어서 본질적으로 모든 의학은 인간의 본성에 대한 거부라고 여겨질 수 있다. 하지만 이와 달리 우리는 어쨌든 장티푸스도 자연의 한 부분에 해당이 된다고 생각해야 한다. 더욱이 진화적인 관점에서 볼 때 고정불변하는 것은 아무 것도 없다. 인간의 본성조차도 변하는 바, 모든 구조가 변한다는 것이다. 그러나 적어도 우리는 몇몇 비판들에 대해서는 부분적으로라도 충족시켜야 하는 책임감을 가져야 한다. 우리는 선조로부터 물려받은 놀라운 유전적 유산genetic heritage에 대해서 감사해야 한다. 또한 유전자의 복잡성과 취약성에 대해서 알고 있어야 하며, 또한 우리의 지식이 매우 제한적이기 때문에 유전자를 변화시키는 문제에 있어서는 주의를 기울여야 한다. 나아가서 우리는 인간을 재디자인해야 한다고 말함에 있어서도 조심성을 가져야 한다.

다른 비평가들은 유전자를 변형시키려는 노력에 대해서, 인간이 '하나님 놀이'playing God를 하면서 신적 특권들을 강탈하는 행위라고 주장한다.[122] 이 주장에 동의하면서 나도 역시 이 세계가 단번에 완전한 창조로 이루어진 것이 아닌 것을 지적하고 싶다. 나는 하나님께서 지속적인 진화과정과 우리의 삶을 통해서 일해 오셨음을 말해 왔다. 인간은 지능과 창조성을 하나님으로부터 수여받았다. 따라서 하나님의 목적들을 성취한다는 점에 있어서, 우리 인간은 하나님과 공동협력자 coworker일 수 있다. 공동협력자로서 우리는 자연과 역사 속에서 이루어지는 지속적인 창조사역에 있어서 하나님과 협력해야 한다. 로널드 콜-터너Ronald Cole-Turner는 하나님께서 자연과정을 통해서 일하신다고 주장한다. 또한 그는 인간이 이 세계를 향한 하나님의 목적들을 이루기로 선택할 시, 하나님께서는 우리 인간을 통해서도 일을 하신다고 주장한다. 콜-터너는 전통적인 원죄 개념에 나타난 것처럼, 인간이 자신의 힘을 남용하려고 유혹받는다는 것을 알고 있다. 따라서 그는 인간이 생명공학산업에 힘이 집중되는 것을 막기 위해서 안전장치를 구비해야 한다고 말한다. 그러나 우리는 유전적 개입은 고난을 경감시키는 사안과 이 세계를 향한 하나님의 목적들을 성취시키는 사안 모두에 있어서 중요한 경로가 될 수도 있음을 알아야 한다. 이 점과 관련해서 그는 우리 인간이 하나님의 창조적이고 구속적인 사역에 참여하도록 부름을 받은 존재라고 주장한다. 나아가서 배아단계의 유전자 개입의 위험성을 인식하고 있음에도 불구하고, 그는 유전공학이 갖는 긍정적인 가능성들을 인정한다. 특히 그는 유전공학이 인간의 특성들을 향상시키는 사안에 있어서 긍정적인 가능성을 지님을 인정한다.[123]

요약하자면 우리는 진화역사와 현재의 인간 행위 모두에 있어서 유전자들이 힘을 가짐을 인정해야 한다. 하지만 미래를 내다볼 때 유전자 조작과 관련된 사안을 결정함에 있어서, 우리는 이 사안이 단지 유전자들에 의해서만 결정되는 것이 아님을 알아야 한다. 무슨 말인가? 우리의 선택들이 우리의 종교전통으로 인해서 형성된 가치들과 사상들에 의해서도 영향을 받는다는 것이다. 우리의 미래는 진화역사의 연속이자 하나님의 계획의 연속이기도 하다. 그 안에서 인간 존재는 중요한 역할을 감당하는데, 이유는 인간이 과학과 기술을 통해서 얻는 새로운 힘을 갖기 때문이다. 나는 과학적 지식과 윤리적 민감성과 정치적 지혜를 결합함으로써, 이러한 새로운 발견들이 인간성취에 기여하게 될 것이라고 여긴다.

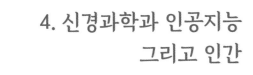

4. 신경과학과 인공지능 그리고 인간

4장에서 나는 신경과학과 컴퓨터과학과 인간에 관한 신학적 견해가 인간을 정신과 신체를 함께 지닌 다차원적인 통일체로 이해하는 것과 상관이 있음을 보여주려고 한다. 죽 우리 인간이 '생물학적 기관을 지닌 책임적인 자아'라는 것이다. 우리는 계층적 수준을 지닌 인간 존재라는 통전적 인간관을 가짐으로써, '물질주의'와 '영-육 이원론'에서 벗어날 수 있다. 나는 4장에서 몸성embodiment과 감정과 사회적 자아와 인간의 의식 등의 주제들에 대해서 살펴볼 것이다. 앞에서는 신경과학과 신학과 컴퓨터 인공지능연구의 맥락에서 이러한 주제들에 대해서 살펴볼 것이다. 이어서 의식에 관한 몇 가지 철학적 해석들을 검토할 것이다. 그리고나서 마지막으로 나는 과정철학이 인간본성에 관한 다양한 관점들을 통합함에 있어서 포괄적인 개념적 골조骨組를 제공함에 대해서 언급하도록 하겠다.

신경과학과 자아

여기서는 신경과학(신경과학은 뇌의 신경구조를 연구하는 학문이다.)에 속하는 세 가지 주제들을 다룰 것이다. 즉 몸성과 감정과 사회적 자아라는 주제들이다. 우리의 자아를 이해함에 있어서 인간 의식의 역할과 의식 연구가 가진 함의들 또한 고찰을 해야 한다.

1. 몸성

인식은 신체적 행위가 갖는 진화적 산물이다. 움베르토 마투라나 Humberto Maturana와 프란시스코 바렐라Francisco Varela는 유기체의 욕구와 행위가 지각시스템 유형에 영향을 끼친다고 주장한다. 이때 지각 시스템 유형도 역시 유기체의 발달로 인해서 형성이 된 것이다. 개구리의 시각계視覺系 같은 경우는 특정한 신경세포들만이 협소하고 어두운 지점들에서 반응을 할 수 있다. 의심의 여지없이 이것은 파리를 잡는데 있어서 유리한 조건이 된다. 인간의 신경생리학 같은 경우도 인간만의 독특한 목적들과 관심들에 맞추어서 진화를 해 왔다.[124] 마이클 아비브Michael Arbib는 인간에게 있어서 인식이 단지 데이터를 수동적으로 수신하는 것에 불과한 것이 아니라고 말한다. 인식이 이 세계의 활동 지향적인 혁신전략에 속한다는 것이다.[125] '정신적 표상'mental representations, schemas은 인식의 안내 하에서 수행되어야 하는 활동과 관련된 정보를 제공해 준다. 한편 또 다른 연구는 새로 태어난 고양이 새끼들의 시력의 발전이 몸의 움직임과 관련이 있음을 보여주기도 했다.

호르몬의 영향에 관한 여러 유형의 연구를 볼 때, 생화학적 처리과정이 정신적 사건들에 영향을 끼친다는 것은 자명한 사실이다. 예컨대 정신의학 박사인 피터 크레이머Peter Kramer는 우울증 치료에 프로작Prozac을 사용하는 것을 검토하고 있다. 그는 화학적 불균형을 잡는 데 있어서, 특히 신경전달물질인 세로토닌의 불균형을 바로 잡는 데 있어서 프로작이 가치를 지님을 인정한다. 그러나 그는 가장 효과적인 치료가 종합적으로 치료하는 데 있음을 역설하기도 한다. 즉 약물치료와 충격적인 경험에 관한 고찰과 환자의 이력이 갖는 심리사회요인 등, 이 모두를 종합적으로 다룰 때 가장 효과적인 치료가 이루어진다는 것이다.[126]

실험에 참여하는 인간이나 실험실의 동물들에게 나타나는 뇌의 손상 또는 뇌졸중에 관한 자료의 도움으로 두뇌 사이트brain sites와 특정한 인지기능과의 관련성에 대해서 연구가 진행 중에 있다. 또한 피실험자가 자신에게 할당된 인지 과제를 수행하는 동안에, 뇌 속의 작은 부분에서의 피의 흐름을 점검하기 위해서 '양전자 방출 스캔'positron-emission scans을 사용할 수도 있다. 그리고 다른 기술들을 습득하는 데는 어려움이 없지만, 언어를 습득하는 데 어려움을 초래하는 특정한 두뇌 영역의 손상에 대해서도 연구가 수행되어져 왔다. 뇌에 손상을 입은 한 명의 부모는 산문체를 명료하게 쓸 수 있었지만, 그 산문을 읽을 수는 없었다. 올리버 색스Oliver Sacks는 여러 국면들을 인식할 수 없으면서도 동물이나 대상을 부분적으로 인식하는데 어려움이 없는 환자들에 대해서 연구를 하기도 했다.[127] 또한 발작을 막기 위해서 대뇌의 우측반구와 좌측반구가 절단된 간질병 환자에 대한 포괄적인 연구가 수행되어져 오기도 하였다. 예를 들면 그런 환자들은 왼손을 가지고 지침서에 나온 대로 물체를 집을 수 있었지만, 그 물체의 이름을 명명할 수는 없었다. 우리는 다른 여러 정신 기능들이 뇌 속에 널리 분포되어 있으며, 뇌의 특정한 한 부분이 하나의 기능 이상을 수행할 수도 있음을 알아야 한다. 기억도 뇌의 여러 위치에 골고루 분포되어 있는데, 단기적인 기억과 장기적인 기억이 각각 현저하게 다르다. 신경망들은 분포된 특성들을 가지면서 다각도의 기능을 수행한다. 이 모든 경우에 있어서 정신적인 사건들은 근본적으로 다양한 차원에서의 생리적 과정들에 의존된다고 볼 수 있다.

2. 감정

감정에 관한 과학적 연구에서 다음과 같은 다섯 가지의 접근법들이 다루어지고 있다.

1) 진화적 관점의 접근법

다윈은 감정적인 행위들이 진화 역사에서 기능했던 여러 활동들의 잔여물이라고 주장했다. 만일 개가 이빨을 드러내고 으르렁거리고 짖는다면, 그 개는 분명히 분노 상태에 있는 것이다. 이것은 공격적으로 행동하겠다는 것을 구체적으로 보여주는 생리적인 준비됨으로서, 그렇게 그 개는 자기가 생리적으로 준비되어 있음을 다른 생명체에게 신호하는 것이다. 마찬가지로 화가 난 사람이 소리치거나 얼굴을 찡그리는 행동도 같은 맥락의 진화론적 유산에 속한다. 다윈은 이러한 일반적인 맥락의 진화론적인 설명이 감정과 관련된 보편적인 설명이라고 주장했다. 즉 얼굴 표정에 맞게끔 여러 감정들이 나타나는 것을 진화론적으로 설명하는 것이 가능하다는 것이다. 잇따르는 연구는 기본적인 여섯 개의 감정 즉, 분노, 두려움, 행복감, 슬픔, 혐오감, 놀람 등을 보여주는 얼굴 표정을 검토하면서 상당할 정도로 여러 문화가 의견이 일치함을 보여주었다. 이 점에 있어서 사회생물학과 진화심리학을 지지하는 사람들은 감정과 관련된 여러 행위들의 적응적 가치adaptive value와 관련해서 여러 가설들을 제안해 왔다.[128]

2) 신체 반응 관점의 접근법

윌리엄 제임스Wiliam James는 감정들이 긴장된 얼굴 근육과 땀에 젖은 손바닥과 두근거리는 가슴과 빠른 호흡과 높은 혈압과 같은 자율신경계의 영향 등, 우리 몸 안에서 일어나는 생리적 과정의 내적인 인식들이라고 주장했다. 그는 감정이 우리가 직접적으로 인식할 수 있는 생리적 변화의 결과라고 주장을 하였다.(감정이 생리적 변화의 원인이 아니라는 것이다.) 또한 척수 손상을 입은 환자들에 대한 최근의 많은 연구들은 장기

圞가 보내는 반응이 한 사람의 감정 경험의 강도에 영향을 끼친다는 사실을 보여주기도 하였다.[129]

3) 인지적 관점의 접근법

동물이나 인간이 두려워하면서 도망치거나 화를 내면서 싸우는 것은 부분적으로는 본능일 수 있지만, 그러나 그것은 또한 그 상황에 대한 인지적 승인을 보여주는 행동이기도 하고, 잠재적 위험성에 관한 판단을 보여주는 행동이기도 하다. 이러한 입장에 있는 저술가들은 사람들의 판단으로 인해서 야기되는 여러 사건들이 의미를 지닌다고 말하며, 또한 기대치들과 목적들을 지닌다고 주장한다. 나아가서 그 사람들은 감정이 인식과 분리될 수 없다고 하면서, 감정을 여섯 가지 이상으로 구분할 수 있다고 말한다. 앞에서 생리적으로 방향지워져 있는 사람들을 대상으로 여섯 가지의 감정에 대해서 연구한 것을 살펴보았다. 연구자들은 복잡한 인간의 감정을 연구하면서 여섯 개의 감정 외에도 죄책감과 부끄러움과 당황스러움 그리고 불확실성에 직면할 때의 불안 등의 감정들을 덧붙였다.[130]

4) 사회적 관점의 접근법

여기서는 감정의 사회적 구성에 있어서 문화의 역할에 강조점이 맞추어져 있다. 감정적 느낌들과 그 느낌들을 표현하는 것은 유아기에서 시작해서 전 생애에 걸쳐서 학습된 것으로서, 이것들은 문화의 의미에 따라서 형성이 된 것이다. 한 사람의 분노는 분노케 하는 행동을 하는 또 다른 사람을 비난해야 한다는 신념과 관련이 된다. 죄책감이 누군가가 자신이 규범을 위반한 것을 인정했을 때 생기는 감정이라면, 수

치심은 자기가 다른 사람들 보기에 무가치하다고 여겨지는 느낌이다. 역사가들과 사회 심리학자들은 감정이 사회적 통제 수단으로서 그 역할을 감당해 왔다고 말한다.(예를 들면 영국의 청교도들에게서 수치심과 죄책감은 그들 사회에서 하나의 통제 수단으로서 그 역할을 감당해 왔다.) 또 다른 연구들은 아이들이 감정들과 관련된 단어들을 배우고 그 감정들을 표현하는 문화적으로 승인된 행동들을 배울 때, 그들의 감정적 경험도 그 자체로 영향을 받는다고 말한다.[131]

5) 신경적 관점의 접근법

뇌의 생리구조에 대한 연구는 감정들의 기능을 이해하는 데 있어서 우리에게 도움을 준다. 일반적으로 제한된 범주 내에 있는 소뇌의 편도체amygdala와 시상하부hypothalamus가 여러 감정들과 관련해서 중요하다고 생각되어져 왔다. 신경과학 심리학 교수인 조지프 르두Joseph LeDoux는 쥐들이 전기충격과 관련해서 이전에 조건반사를 일으켰던 음향을 들을 때, 쥐들이 보여주는 높은 혈압과 심박수heart rate를 두려움이라는 감정의 지표로 여긴다. 르두는 청각체계에서 소뇌의 편도체에 이르는 직접적인 신경 경로들을 찾아냈는데, 이 신경 경로들이 빠른 반응을 하도록 만들었다.(이것은 진화적으로 매우 귀중한 발견이다.) 그는 또한 피질皮質을 경유하여 소뇌의 편도체까지 이르는 간접적인 경로들도 찾아냈는데, 이 경로들은 인지과학자들이 말하는 것처럼 느리지만 여러 소리들을 해석하고 구별할 수 있게 해 준다. 르두는 한편으로는 객관적인 몸의 반응으로서의 감정들과 뇌의 시스템들을 구별하고, 다른 한편으로는 감정들과 관련된 주관적인 느낌들을 구별한다. 그는 이렇게 하는 것은 과학적 연구로 파악할 수 있는 범위를 벗어난 것이라고 말한다.[132]

이러한 다섯 가지의 접근법들은 경쟁이론competing theories이라고 칭해진다. 하지만 이러한 연구는 이따금 하나의 접근법에만 타당할 뿐, 다른 접근법에는 타당하지 않은 자료를 산출해 내기도 하는 것이 사실이다. 따라서 나는 이 다섯 가지 접근법들이 다양한 차원의 분석을 사용하는 대안적 관점alternative perspective으로 여겨져야 한다고 주장하는 바이다. 즉 각각의 접근법들이 반드시 서로 간에 양립하지 않아도 된다는 것이다. 감정들은 다양한 측면multifaceted을 지닌다. 즉 감정들이 적응 장치로서의 기능과 몸의 느낌들을 표현하는 기능과 인지적 평가로서의 기능과 사회적 구성으로서의 기능과 신경 프로세스로서의 기능을 담당한다는 것이다. 따라서 우리는 어떻게 이러한 차원들이 서로 관련되는지를 질문하는 데까지 나아가야 한다.

안토니오 다마시오Antonio Damasio는 전두골 피질frontal cortex에 손상을 입은 사람들을 대상으로 감정과 인식의 상관성을 연구해 왔다. 피니어스 게이지Phineas Gage는 심각한 부상에서 회복된 후에 지적 능력까지 회복된 전형적인 경우에 해당이 되는데, 그런데 그는 회복된 후에 성격의 변화를 겪어서 결정할 수 있는 능력과 사회적 관습들을 준수할 능력을 상실하게 되었다. 한편으로 전두엽에 뇌종양이 있는 어느 환자의 경우, 그는 감정을 표현하는 데 매우 서툴렀다. 폭력적인 영화를 시청했을 때, 그는 정서적으로 적절하게 반응은 했지만, 그 정서적인 반응들에 대한 느낌은 갖지 못했다고 말했다. 또한 그는 일상생활을 하는 데 있어서 결정을 내릴 수도 없었다. 이 점과 관련해서 다마시오는 감정을 구성하는데 있어서 대뇌의 피질cortex과 대뇌의 변연계limbic system가 함께 작용을 하는 것이라고 주장한다. 그는 데카르트René Decartes와 현대의 인지과학자들이 인식에 있어서 감정의 중요성을 간과했다고 말한다. 또한 다마시오는 자기 표상self-representation과 개인적인 기억들과 의도들을 포함하는 이야기 구성으로 인해서 의식과 정체성이 생겨나는 것이라고 주장한다. 이런 맥락에서 그는 자아를 '다차원적 통일체'로 본다. "진정으로 몸성을 지닌 마음은 마음이 가진 가장 정교한 효과적 차원들을 포기하지 않는데, 이 차원들은 영혼soul과 정신spirit으로 구성이 된다."[133]

3. 사회적 자아

신경과학은 우리에게 동물과 인간이 갖는 인식의 사회적 성격과 관련해서 많은 유형의 증거를 제공해 준다.

1) 사회적 상호작용

레슬리 브라더스Leslie Brothers는 비디오에 나오는 다른 원숭이의 얼굴을 보고 있는 원숭이의 뇌에 전극電極을 부착시켰다. 이 실험에서 그는 다른 원숭이의 얼굴 표정에 나타난 감정들에 선별적으로 반응하는 신경세포들을 발견했다. 이 점에 착안해서 그는 인간 아기들이 어른의 얼굴에 신경을 쓴다고 말하면서, 이유를 아기들이 얼굴로 보내는 신호들facial signals에 적절하게 반응하도록 진화되었기 때문이라고 하였다. 인간의 감정들이 사회적으로 구성된 의사전달체계communicative system 내에서 표현되고 인식이 된다는 것이다. 따라서 브라더스는 정신은 사회적 창조물로서, 그 신경 체계neural basis만을 연구해서는 정신을 올바르게 이해할 수 없다고 주장한다. "나는 정신이 매우 세밀할 정도의 상호교류적 특성을 지닌다고 본다."[134] 같은 맥락에서 인격person도 사회-도덕적 질서의 일부분으로서, 신경에 대한 과학적 설명만 가지고는 인격을 제대로 설명할 수가 없다. 나아가서 인간의 행동들도 이성과 역사 이야기를 가지고 설명되는 것이지, 물리적이고 화학적인 원인들을 가지고 설명되는 것이 아니다. 우리는 이야기를 통해서 상호 협력적으로 우리 자신을 인격으로 만들어낸다. 이것은 우리가 이 세계에 우리의 거처를 정하는 것과 같은 이치이다.

인간의 언어도 역시 사회적 산물이다. 언어 능력이 유전자에 영향을 받는 것이 사실이지만, 또한 언어를 사회적 산물로도 봐야 한다는 것이다. 인간 자아는 상호 주관적이고 관계적이며 역사와 문화에 의존이 된다. 이 사회세계는 그 무언가의 자아상self-image이라는 정보 안에서 내면화된 것으로서, 이것은 결국 인간 상호 간의 관계성에도 영향을 끼친다. 이런 점에서 볼 때 사회 심리학에 속하는 모든 분야는 각 개인에 대한 분석만을 가지고는 파악해 낼 수 없는 현상을 연구하는 데 전념해 온 것이라 할 수 있다.

2) 기억과 이야기 구성

단언컨대 자아를 경험의 대행자agents와 주체subjects로 보는 것은 우리의 정체성의 일부분에 국한된다. 부모들이 의도들과 바램들과 느낌들을 자녀들에게 투영할 때, 이때 자녀들은 정신적 속성mental predicates을 학습함과 동시에 자기 지시적인self-referential 언어도 학습을 하게 된다. 이 점에 있어서 인간은 '하나의 주체이면서 지속되는 정체성'을 지닌다고 할 수 있다. 이때 기억은 정보를 회수한다기보다는, 정보를 생생하게 재구성한다. 우리 자신의 이야기들에 있어서 우리는 일관성과 타당성을 추구하지만, 우리 자신의 이야기들은 수정되기도 하고 미래의 목표들과 계획들과 관련되기도 함을 알아야 한다. 알츠하이머 질병은 자기표상에 필수적인 장기기억이 손실됨으로써 생겨난다. 색Sack

은 뇌 장애와 기억상실증을 지닌 심각한 건망증 환자the lost mariner의 사례를 가지고 이것을 설명하는데, 예술과 음악이 그 환자의 새로운 정체성의 재구성에 도움이 되었다고 말한다.[135] 단언컨대 우리의 자아에 관한 이야기들은 종교전통에 속하는 이야기들과 더불어서 우리의 문화에 속하는 이야기들에 의해서도 영향을 받는다고 봐야 한다.

3) 문화적 상징체계

인간 존재가 자아와 세계에 대한 상징적 표상들을 만들어낸다고 할 때, 이 표상들은 항상 부분적이고 선별적일 수 밖에 없다. 인간은 좀 더 넓은 맥락에서, 궁극적으로 말해서 우주적인 범주에서 우리 자신의 삶을 들여다 보면서 의미와 질서를 추구하는 존재이다. 그러면서 우리는 우리 자신들을 시공간적으로 우리의 삶을 넘어서는 의도들과 목적들과 동일시한다. 이때 종교전통은 우리에게 수많은 상징들을 제공해주었는데, 그 상징들을 통해서 각각의 개인들은 상반된 바램들을 하나로 통합했으며 자신들의 삶을 더 폭넓게 이해하였다. 즉 신화와 종교의식 속에서 인간이 종교 공동체에 참여하면서 그들의 역사적 기억들과 인격이 바뀌어 가는 경험들을 공유했다는 것이다. '질서'와 '의미'라는 더 넓은 상징체계들은 사실상 인간이 만들어 낸 것이다. 나는 질서와 의미가 이 세계 안에 있는 양식들과 인간의 경험 안에 있는 양식들에 대한 반응이라고 주장하는 바이다. 따라서 질서와 의미는 비판적으로 평가되어야 하고 수정되어야 한다.[136]

제임스 어시브룩James Ashbrook과 코랄 올브라이트Carol Albright는 궁극적 실재에 관한 여러 모델들이 신경과학적인 개념에서, 특히 폴 맥린 Paul MacLean의 세 개 조로 구성된 뇌tripartite brain 개념에서 발견될 수 있다고 말한다.[137] 첫째로 뇌의 위쪽에 위치한 뇌간upper brain stem이다. 파충류에게서도 발견되는 바, 뇌간은 호흡과 번식 같은 기본적인 생명유지 체제를 통제한다. 또한 뇌간은 생명 조건의 유지자sustainer로서의 하나님 상을 우리에게 제공해 주기도 한다. 둘째로 대뇌의 변연계limbic system이다. 포유류에게서도 발견되는 바, 대뇌의 변연계는 여러 감정들의 중심지로서 무언가 조치를 취함으로써 더 풍부한 감정을, 즉 공감과 어린 아기들에 대한 돌봄 등의 감정을 갖도록 만든다. 대뇌의 변연계가 가지고 있는 이러한 특성들은 우리로 하여금 감정과 사회적 관계성들을 실재에 대한 부분으로 인식하게 만들며, 나아가서 양육하시고 상호교감하시는 하나님을 인식하게끔 만든다. 셋째로 두뇌의 신피질neocortex이다. 영장류와 인간에게서 발견되는 두뇌의 신피질은 해석과 구성과 기호적 표현symbolic representation과 합리성의 중심지이다. 따라서 대뇌의 전두엽의 손상은 우선순위를 정하는 능력과 계획을 세우는 능력과 장기적인 목표를 추구하는 능력에 부정적인 영향을 끼친다. 왼쪽 뇌는 언어적이고 논리적인 분석적 사고와 관련이 되고, 오른쪽 뇌는 시-공간적이고 통전적이며holistic 종합적인 사고와 관련이 된다. 신피질의 활동은 의도를 지니신 하나님 개념에, 즉 명령하시면서 목적들을 이루어 가시는 하나님 개념에 필적한다.[138](우리는 맥린을 비판한 사람들이 뇌의 세 영역의 관계성들이 맥린이 생각한 것 이상으로 복잡하다고 주장하는 것을 주목해야 한다. 그러나 뇌가 가진 세 가지 기능들을 구분하는 것은 다른 사람들이 말하는 것처럼 장래 일을 예견하시는 하나님에 관한 유비를 제공해 준다고 보여진다.)

어시브룩과 올브라이트는 인간을 그 자체로 상징적 구성물인 보편적이고 종교적인 구조 속에서 자신의 삶을 바라봄으로써 의미를 추구하는 존재라고 말한다. 하지만 그들은 그러한 상징체계들이 인간들에게 유용한 기능들만을 갖도록 하는 것은 아니라고 말한다. 즉 상징체계들을 활용해서 인간 경험에 관한 자료들을 일관성 있게 해석하려고 할 때 문제가 발생할 수 있다는 것이다. 우리는 인간의 뇌 자체를 우주의 일부분이자 우주의 산물로 봐야 한다. 따라서 뇌의 구조는 우주의 본성을 반영하는 것이라 할 수 있다. 인간의 뇌는 우주를 질서화시키면서 의미를 제공하는 힘들이 무엇이든지 간에, 그 힘들이 우주의 역사 속에서 표현되는 것이라고 봐야 한다.

4. 의식의 역할

마지막으로 자아 개념과 관련성을 지니는 인간의 의식에 관한 최근의 몇몇 연구에 대해서 검토하도록 하겠다.

1) 무의식적 정보처리

우리가 인식하지 못할 뿐, 사실상 우리의 뇌 속에는 호르몬과 자율신경계가 지닌 여러 독특한 반응들과 변화들이 생겨난다. 만일 우리가 그 모든 변화들을 계속 파악하고자 한다면, 우리는 과부하에 걸리게 될 것이다. 오랫동안 최면상태와 잠재의식적인 인식subliminal perception에 관한 연구는 우리가 알지 못하는 사건들이 행동에 영향을 끼침을 언급해 왔다. 또한 다양한 최근의 실험들도 무의식적 정보처리가 존재함을 보여준다. 정신적 손상을 가진 환자들의 시각피질visual cortex V1 영역에서 맹시blindsight, 盲視가 생겨난다. 그 환자들은 자신들이 길을 걸을 때 앞에 있는 장애물을 볼 수 없다고 말하지만, 그 장애물을 보면서 피해서 걸어가는 것처럼 행동을 한다. 벤자민 리벳Benjamin Libet의 또 다른 실험에서는 피실험자들의 손가락이 자발적으로 움직이게 됐을 때, 그 순간을 정확하게 기록할 것을 요구했다. 그 실험에서 피실험자들이 무언가를 결정하기 전에 초당 3분의 1one-third of a second까지 그들의 뇌 속에서 소위 잠재적인 준비상태readiness potential에 해당이 되는 전기자극이 탐지가 됐다. 이것은 피실험자들이 무언가를 인식하기 전에 뇌 속에서 정보처리 과정들이 생겨난다는 것을 가리킨다.[139]

다니엘 데닛Daniel Dennett도 잠깐동안의 원형 이미지image of a ring 후에 원반 이미지image of disc가 곧이어 발생한 메타-콘트라스트meta-contrast에 관한 실험들에 대해서 보고를 하였다. 피실험자들은 그들이 원형만을 봤을 뿐이라고 말했는데, 두 개의 자극도 역시 있었다고 말한다. 이에 대해서 데닛은 다음의 가능성 있는 설명을 제시한다. 첫 번째 자극은 그것이 의식으로 들어가기 전에 잠깐 멈췄다가 의식으로 들어간 것으로서, 그 기억이 곧 삭제된 것이다. 첫 번째 자극으로부터의 정보는 두 번째 자극의 관점에서 재해석된 것이다.[140] 이 실험은 우리가 의식하지 못한 상태에서 발생하는 정보처리 과정의 경우들이 여러 개가 있음을 알게 해 준다.

2) 의식의 진화

단순 유기체들은 극미한 민감성을 지니면서 환경에 민감하게 반응한다. 만일 단세포 짚신벌레가 한 장소에 음식이 없다는 것을 안다면, 그 짚신벌레는 다른 장소로 이동하기 위해서 함께 작용하는 노 같은 oar-like 털들을 사용할 것이다. 기초적 유형의 인식은 정보에 관한 선별적 반응이 있을 때 발생을 하는데, 이러한 류의 인식은 행동을 통제하는 데 사용이 된다. 다소 높은 차원에 속하는 지각력sentience은 고통과 즐거움을 느낄 수 있는 능력을 포함하는데, 이러한 차원의 지각력은 아마도 진화역사에서 생존에 기여하기 위해서 선택이 된 것일 수 있다. 신경체계에서 고통은 경보장치로서의 역할을 감당함과 동시에 상해를 모면하도록 해주는 활기찬 힘으로서의 역할을 감당하기도 한다. 하지만 고통이 지속되면 행동하는데 제약이 따를 수도 있다. 따라서 무척추동물들도 스트레스를 받을 시 엔돌핀과 고통을 억제하는 화학물질을 방출하는데, 이것은 인간이 고통에 반응하면서 방출하는 화학물질과 유사한 것이다. 이런 점에서 볼 때 무척추 동물들이 적어도 고통의 경험을 갖는다고 가정하는 것은 타당성을 지닌다고 할 수 있다.

도날드 그리핀Donald Griffin은 곤충과 동물의 정신능력에 대해서 연구해 왔다. 그는 곤충과 동물의 정신능력과 관련해서 의식과 낯선 환경 속에서의 복잡하면서도 새로운 행동을 관련시킨다. 벌들은 먹이가 있는 곳의 방향과 거리를 다른 벌들에게 알려줄 수 있고, 물과 과일즙과 꿀이 있을 것 같은 장소를 식별할 수도 있다. 또한 벌들은 다른 벌들이 주변에 있을 때는 8자 모양의 춤waggle dance을 추기도 한다. 하지만 벌들에게서는 새로운 환경 속에서 자신들의 행동을 수정할 수 있는 능력이 매우 제한되어 있다. 그리핀은 동물들의 다재다능하고 목표지향적인 행동이 동물들이 사유하고 느끼며 의식적으로 인식한다는 것을 보여주는 증거에 해당이 된다고 주장한다. 즉 동물들이 있음직한 과정들을 상상하면서 비교하며 그 결과를 예상하기도 한다는 것이다. 동물들은 대체 행위를 정신적으로 표상하면서 비교하는 바, 이로 인해 동물들이 변화하는 환경에 대해서 더 빠르고 다양하며 적합하게 반응할 수 있다고 한다. 그리핀은 거울을 들여다 볼 때, 유인원이 앞서서 이마에 붙은 표시를 만질 수 있다고 주장한다.[141] 3장에서 봤듯이 데콘Terrence Deacon은 상징적으로 의사소통을 함에 있어서 영장류들만이 매우 제한된 능력을 지닌다고 주장한다. 원숭이에게 몇 개의 상징들을 가르치는 것은 느리고 고된 과정으로서, 이 과정에는 반복된 대가와 처벌이 수

반이 된다. 논리적인 규칙들, 예컨대 포괄과 배제와 같은 논리적인 규칙들을 일반화시키면서 따를 수 있는 영장류들의 능력이 매우 인상적인 것이 사실이지만, 이러한 영장류의 능력은 언어를 가지고 있으면서 추상적으로 사유할 수 있는 인간의 능력에 못 미친다.[142] 이러한 다양한 증거들로 인해서 의식은 이분법적인all-or-nothing 특성을 지닌다고 보기보다는, 다양한 등급을 지닌다고 봐야 할 것이다.

3) 자아의 구성

정신 활동이 모듈 방식으로modular 이뤄진다는 수많은 이론들이 있다.[143] 인공지능을 연구하는 마빈 민스키Marvin Minsky는 자신의 책 『집단 정신』Society of Mind에서 계산 모형을 사용하면서 인간의 정신이 정신과 무관한 수없이 많은 작은 구성요소들의 집합체라고 주장한다.[144] 마이클 아비브Michael Arbib에 따르면 "자아는 뇌 속에 있는 전일적인 도식-망 상호작용holistic net of schema interaction으로 구성이 된다." 이 도식의 통일성은 중심형성체central organizer가 아니라 뇌 속에서 이뤄지는 상호작용에 의해서 이루어진다.[145] 같은 맥락에서 윌리암 칼빈William Calvin도 정신 활동을 지휘자 없이 함께 노래하면서 합동으로 조화로운 소리를 만들어 내는 합창단에 비유를 한다. 지금까지 살펴봤듯이 고차원에 속하는 자아와 이야기 모델은 다양한 하부조직을 조화시키면서 종합하는 역할을 감당한다.[146] 데닛은 '다양한 초안들'multiple drafts이 의식 차원 아래에서 순간적으로 집중적으로 경쟁한다고 하면서, 우리는 단지 그 경쟁에서 이기는 초안들만을 인식할 뿐이라고 주장한다.[147]

한편 마이클 가자니가Michael Gazzaniga는 더 중앙집권화된 조정활동 체계coordinating system를 소개한다. 그는 뇌가 분할된split-brain 피실험자가 뇌의 한쪽 반구만을 가진 채 다른 쪽 반구에 주입하는 시각적 입력 visual input으로 인해서 생기는 정보를 사용하면서 행동하기로 결정한다는 것을 밝혀낸다. 이때 피실험자는 이것을 인식하지 못한다. 잠시 후에 피실험자는 시각적 입력과 무관한 다른 이유를 대면서 자신들의 행동을 설명하려고 했다. 이 실험에서 가자니가는 무의식적 활동을 조정하고 통합하면서 신념 체계와의 관련성 속에서 그 무의식적 활동들을 이해하려고 하는 해석자Interpreter, (이것은 뇌의 왼쪽 반구에 있는 것으로서, 주로 언어적 능력과 관련된다.)가 뇌 속에 있다고 말한다.[148] 또한 로버트 오른슈타인 Robert Ornstein의 다중-정신Multi-mind은 전문화된 기술을 가지면서, 또한 그러한 단위들을 연결하면서 조정하는 '통제하는 자아'governing self를 갖는 여러 개의 작은 모듈들modules이 있다고 말한다.[149] 한편으로 존 엑클스John Eccles를 포함해서 몇몇 뇌 연구자들은 정신과 몸의 이원론을 계속해서 지지해 왔는데, 이들은 의식 경험의 단위를 정신이 갖는 선천적인 속성으로 여긴다. 그러나 오늘날의 과학자들 중에서 이러한 입장을 지지하는 사람들은 거의 없다.[150] 오늘날의 신경과학자들은 모듈 방식modularity을 해석함에 있어서 상당히 다양한 해석방식이 있음을 인정하는 추세이다. 하지만 일반적으로 볼 때 각 개인의 삶 속에서 자아가 이미 정해져있다고 보기보다는, 자아의 단위가 만들어진다는 개념이 폭넓게 지지를 받고 있다.[151]

신학이 말하는 인간 자아

지금까지 신경과학에 속하는 몸성과 감정과 사회적 자아라는 주제들에 대해서 살펴봤다. 이제 동일한 이 세 개의 주제를 서양 신학적 입장에서 검토한 후에, 다시 의식에 문제로 돌아오도록 하겠다.

1. 성서의 자아관

인간의 본성에 대한 성서의 설명을 다음의 세 개의 주제들로 나눠서 고찰하도록 하겠다.

1) '몸-영혼의 이원론'이 아니라 '몸성을 지닌 자아'

성서는 몸과 영혼을 인격적 통일성이 지니는 양상들aspects로 간주한다. 즉 몸과 영혼이 사유와 느낌과 의지와 활동이 종합된 통합 활동unified activity이라는 것이다. 조엘 그린Joel Green은 다음과 같이 말한다. "오늘날의 구약성서 학자들에게서 인간 존재는 완전히 통합된 몸성을 지닌 존재로 여겨진다."[152] 오스카 쿨만Oscar Cullmann에 따르면 "유대-기독교 전통의 피조물로서의 인간 이해는 헬라적 사유의 몸-영혼 이원론과 다르다."[153] 특히 몸은 악의 근원도 아니고, 단절되고 벗어나 있으면서 부인된 무언가도 아니다. 오용될 가능성을 지님에도 불구하고, 몸이 부정적으로 이해되지 않는다는 것이다. 우리는 몸을 물질적 질서 차원에서 긍정적으로 수락해야 한다. 스리랑카의 신학자 린 데 실바Lynn de Silva는 다음과 같이 말한다.

성서학자들은 성서의 인간론에 헬라 사상과 인도 사상에서 발견되는 이분법이 존재하지 않음을 단호하게 주장해 왔다. 성서의 인간관은 이원론적이지 않고, 전일론적이다. 출생 시 몸에 들어갔다가 사망 시 몸을 떠나는 불멸하는 실체entity로서의 영혼 개념은 성서의 인간론에서 상당히 벗어난 것이다. 성서는 인간을 통일체unity로, 즉 영혼과 몸과 육체와 정신 등을 지닌 통일체로 여긴다. 성서는 전인으로서의 인간이 이 모든 것들을 구성한다고 여긴다.[154]

성서사전Interpreter's Dictionary of the Bible에 따르면 히브리어 '네페쉬'nephesh. (보통 이 단어는 영혼 또는 자아로 번역이 된다.)는 "불멸하는 영혼을 의미하는 것이 아니라, 본래 생명 원리 또는 욕구와 감정과 의지의 주체로서의 자아를 의미한다." 히브리어 네페쉬에 상응하는 헬라어는 '프쉬케'psyche로서, "이 단어는 고대 헬라어에서 생명을 의미했다."[155] 그러다가 신약성서 시대에 와서 사후세계에서의 삶에 대한 믿음이 생겨나면서 프쉬케는 영혼이 가진 본래의 내재적 불멸성이 아니라, 하나님의 활동으로 말미암는 전인의 부활resurrection of the total person이라는 견지로 사용이 되었다. 쿨만Cullmann은 신약성서에서 미래의 생명은 선천적인 인간의 특성이 아니라, 하나님께서 주시는 선물로 이해된다고 말한다. 바울은 죽은 자들이 심판의 날 때까지 잠잔다고 말한다. 심판의 날에 죽은 자들이 부활을 할 것인데, 물리적인 몸으로 부활하는 것도 아니고 육체에서 분리된 영혼으로 부활하는 것도 아니다. '영적인 몸'a spiritual body으로 부활한다.(고전 15:44) 히브리적 사유와 헬라적 사유 모두에 있어서 다양한 용례와 흐름이 있음을 알 수 있다. 성서학자들은 헬라 세계를 대상으로 하는 바울의 편지에 히브리적 사유와 헬라적 사유가 끼친 영향에 대해서 포괄적으로 토론을 해 오고 있다.[156]

2) 감정의 역할

"네 마음을 다하고 네 영혼을 다하고 네 정신을 다하여 주 너의 하나님을 사랑하라."(마 22:37) 성서학자들에 따르면 이 구절에 쓰인 마음과 영혼과 정신이라는 용어는 인격이 지닌 독특한 능력 내지 그 구성요소로 쓰인 것이 아니고 인간의 특성과 활동과 관련해서 다양하면서도 중복된 의미로 쓰인 것이다. "사유의 자리로서의 마음과 느낌의 자리로서의 마음 사이에 놓여진 일반적인 특징은 본래 성서에서 쓰인 이들 용어들 본래의 의미와 많이 동떨어져 있다. … 마음은 이성의 자리이고 의지의 자리이기도 하며 감정의 자리이기도 하다."[157] 바울은 다음과 같이 말한다. "만일 내가 나 자신과 모든 지식을 알지라도, 또한 내가 산을 옮길만한 모든 믿음을 가졌을지라도, 사랑이 없다면 나는 아무것도 아니다."(고전 13:2) 물론 사랑을 단순히 감정의 문제로만 볼 수는 없는 바, 사랑은 의도와 행동과도 관련이 된다. 이런 점에서 볼 때 사랑을 이성의 산물로만 볼 수 없는 것은 주지의 사실이다. 한편으로 지혜문학과 같은 성서의 몇몇 특정 분야는 지혜로운 사람의 사고방식을 표현할 때 인간의 경험과도 관련을 시킨다. 대부분의 성서 본문에 비춰볼 때 우리는 단순히 이성적인 사색가가 아니라 책임을 다하는 능동적 존재로 부름을 받는 것으로 봐야 한다. 성서에서 죄는 이성의 결함으로가 아니라 의지의 결함으로 이해가 된다. 헬라적 사유에서는 무지가 근본적인 인간의 문제에 해당이 되는 바, 인간은 자신이 무지하다는 것을 앎으로써 치료 가능한 존재이다. 성서적 사유의 인간관에서는 인간과 관련해서 정도를 벗어나게 만드는 태도들과 동기들이 근본적인 문제에 해당이 된다고 말한다.

3) 사회적 자아

성서 전통의 맥락에서 볼 때, 인간은 본래 사회적 존재이다. 하나님은 당신의 언약을 백성들과 맺으신 것이지, 개개인들과 맺으신 것이 아니다. 몇몇 시편들과 후기 예언서들에 개개인들에 집중하는 양상이 나타나지만(예를 들면 예레미야서가 말하는 각 사람의 마음에 기록된 새로운 언약이 여기에 속한다.), 이럴 때도 그 강조점은 '공동체 속의 개개인들'persons-in-community에 놓여져 있다. 유대교는 그 강조점을 공동체에 두려고 했던 반면에, 개신교는 그 강조점을 개개인들에 두려고 했다. 그러나 성서가 말하는 인간 존재는 자립적인 개별적 존재가 아니라, 관계들로 구성된 존재이다. 성서의 인간관에서 볼 때, 우리 인간은 누군가의 아이들로, 남편과 아내와 부모로, 시민과 언약 백성의 구성원으로 존재한다. 하나님은 공동체의 삶의 양식과 관련된 분이심과 동시에 각각의 개인들의 동기들과 행동들과도 관련된 분이기도 하다.[158] 성서의 종교 공동체는 신성한 이야기들과 종교의식들이라는 '공동의 장'common set을 공유한다. 우리는 개별적으로 기도하고 명상하는 행위들도 역시 공동체가 공유하는 여러 역사적 기억들과 가정들 속에서 이루어졌음을 알아야 한다.

2. 중세와 현대의 자아관들

헬라적 사유는 인간 본성과 관련해서 다양한 견해들을 담고 있다. 플라톤적 사유는 초기 기독교 신학에 가장 지대한 영향력을 끼친 사유로서, 플라톤은 '선재하는 불멸의 영혼'immortal soul이 인간의 몸 안으로 들어갔다가 몸의 죽음 이후에도 살아남는다고 주장했다. 후기 헬레니즘 시대의 영지주의 운동과 마니교 운동Manichaean도 물질이 악하다고 주장했고, 또한 죽음이 몸이라는 감옥으로부터 영혼을 자유케 한다고 주장했다. 초기 교회는 영지주의는 거부했지만, 신플라톤주의의 영혼과 몸이라는 '존재론적 이원론'은 수용을 하였다. 나아가서 존재론적 이원론과 관련된 선과 악이라는 '도덕적 이원론'moral dualism도 부분적으로 수용을 하였다. 쇠퇴해 가는 그리스 로마 문화 속의 여러 사상들로 인해서 금욕주의ascetism와 수도원 제도monasticism가 생겨나기 시작했고, 이 세계를 거부하고 개인적인 구원을 찾는 풍조가 주를 이루게 되었다. 몸에 대한 이러한 부정적인 경향들이 어거스틴의 작품에서도 발견이 된다. 그러나 이러한 부정적인 경향들은 하나님의 피조물로서의 물질적 세계가 선하다는 성서적 단정affirmation으로부터 벗어난 것이라고 보아야 한다.[159]

한편으로 토마스 아퀴나스는 영혼을 몸의 형상form of the body으로 보는 아리스토텔레스의 견해를 받아들였는데, 아리스토텔레스는 플라톤보다 몸에 더 많은 긍정적인 의미를 담아냈다. 아퀴나스는 몸 이전에 영혼이 존재하는 것이 아니라, 임신 후 40일이 지나서 하나님께서 인간 영혼을 창조하신다고 말했다. 나아가서 아퀴나스는 인간 본성과 도덕적 행동에 대해서 면밀하게 분석을 하기도 하였다. 여기에는 선을 행함에 있어서 감정emotions이 감당하는 중요한 역할이 포함이 된다. 그는 이성이 이 모든 것들을 파악할 수 있다고 여겼다.[160] 중세 신학자들은 이 세계가 하나님의 목적에 따라서 지어졌으며 유기체적 통일organic unity을 이룬다고 보았다. 하지만 그럼에도 불구하고 불멸하는 영혼 개념은 동물과 다른 피조물들을 구분하는 '절대 선'absolute line을 만들어냈다. 또한 전체 우주가 신-중심적으로 계획됐음에도 불구하고 이 세계에서 인간이 중심적인 지위를 차지한다고 이해를 하였다. 몇 가지 예외 사항들이 있음에도 불구하고, 대체적으로 볼 때 인간 이외의 세계는 중세와 종교개혁 시대에 인간의 구속이라는 드라마에 있어서 단지 조연의 역할만을 감당하는 것으로 여겨졌다.

데카르트의 '정신과 물질'mind and matter의 이원론은 성서적 견해에서 더 멀어진 개념이다. 성서적 견해에 있어서는 영혼이 감정에 해당되는 역할들을 감당하는 것으로 여겨졌다. 그러나 데카르트 철학에서 정신은 비공간적이고 비물질적으로 '사유하는 실체'thinking substance 개념으로서, 정신은 감정이 아니라 이성으로 특징화된다. 반면에 물질은 공간적인 것으로서, 오직 물리적 힘에 의해서만 통제된다고 여겨진다. 그런데 이러한 데카르트의 견해는 어떻게 두 개의 상이한 실체들이 상호작용을 하는지를 설명해 내는 데에 어려움을 갖는다. 데카르트는 동물들을 합리성이 부족하다고 보면서, 지성과 느낌과 의식이 없는 기계라고 간주했다.[161] 한편 서양 역사에서 영혼 개념은 각 개인의 존엄성을 지탱해주는 역할을 감당해 왔다. 하지만 우리는 영혼 개념을 개인적으로만individualistically 이해했을 시, 인간 자아가 담고 있는 공동체의 구성적 역할로부터 벗어나서 올바른 관심에서 벗어나게 됨을 알아야 한다.

3. 현대 신학의 자아관

비물질적 영혼은 과학적 탐구 대상에서 제외가 된다. 비물질적 영혼의 존재성은 과학적으로 입증될 수도 없고, 반증될 수도 없는 사안이다. 그러나 오늘날 많은 여성 신학자들은 다른 이유로 모든 형태의 이원론에 대해서 비판적인 입장을 취한다. 그들은 우리의 문화 속에 있는 정신과 몸의 이분법, 이성과 감정의 이분법, 객관성과 주관성의 이분법, 지배와 양육이라는 이분법, 남성과 여성이라는 이분법 등, 여러 이분법이 갖는 상관성에 주목을 한다. 남성은 정신과 이성과 객관성과 지배 등의 단어들과 관련되는데, 이것들은 몸과 감정과 주관성과 양육 등의 단어들에 비해서 높은 지위를 갖는 단어들이다. 이와 관련해서 남녀 평등주의자들은 기독교 역사에서 몸이 폄하가 되었다고 비난하면서, 몸에 대해서 더 많은 긍정적 평가를 내림과 동시에 인격에 대해서도 더 많은 통전적인 견해를 가지려고 노력하고 있다.[162] 나아가서 환경운동을 하는 신학자들은 영-육 이원론이 인간과 비인간 사이에 절대선이 있음을 상정하면서, 다른 형태의 생명체들을 향해서 환경적으로 파괴적인 태도를 갖도록 만들었다고 비판해 왔다.

사회적 자아라는 주제는 현대 신학자들 사이에서 주목을 끄는 주제로서, 니버H. Richard Niebuhr는 "자아가 근본적으로 사회적 성격을 지녔다"고 주장한다. 이유는 "각각의 자아가 갖는 모든 양상들이 대인관계 그룹 내에 속하는 구성원들에 의해서 결정되기 때문이다."[163] 니버는 자아가 다른 사람들과의 대화 속에서만 형성된다고 말하는 조지 허버트 미드George Herbert Mead와 사회심리학자들을 지지한다. 공동체 내에서 인간은 무심한 관객으로 존재하는 것이 아니라 공동체의 구성원이자 해석자로 존재한다. 또한 사회적 환경도 '이야기적 자아'the narrative self라는 개념에 있어서 명백하게 중요성을 지닌다. 알리스터 맥킨타이어Alasdair MacIntyre와 몇몇 사람들은 우리의 정체성이 우리가 우리 자신에 대해서 얘기하는 이야기들로 말미암아 확립되는 것으로서, 이 이야기들은 항상 다른 사람들과 관련이 된다고 주장한다.[164] 이 점에 있어서 '이야기 신학'narrative theology을 지지하는 사람들은 우리 각자의 개인적 이야기들이 우리의 공동체가 지니는 '이야기성'이라는 상황 속에서 정해지는 것이라고 주장한다. 종교적 믿음은 추상적인 신학적 교리를 통해서 전해지는 것이 아니라, 여러 이야기들을 주고받으면서 우리 자신의 삶의 이야기들에 필요한 폭넓은 구조를 제공하는 종교 공동체를 통해서 전해지는 것이다.[165] 우리는 이야기적 자아 개념이 최근의 신경과학자들의 작품에도 등장하고 있음을 앞에서 잠시 다뤘다.

신학자 케이스 워드Keith Ward는 영혼과 몸이 두 개의 실체가 아니라 인간을 말하는 '두 개의 언어'two languages라고 주장한다. 영국의 전통 언어 철학자로서, 그는 다양한 유형의 언어와 그 언어들이 인간 삶 속에서 갖는 다양한 기능들을 다루면서 영혼 담론soul-talk이 각 개인이 가치와 독특성을 지니면서 하나님을 향해서 개방되어 있음을 나타내는 기능을 갖는다고 말한다. 그는 인격과 관련된 용어가 책임있는 행동을 할 수 있는 몸성을 지닌 주체자들(인간)의 다양한 삶을 해석하기 위해서 사용되는 것이라고 말한다.[166]

한편으로 신학에 많은 관심을 가지고 있는 몇몇 심리학자들은 '두 언어 접근 방식'two-language approach이라는 개념을 쓰기도 한다. 말콤 지브스Malcolm Jeeves는 정신과 뇌가 동일한 사건을 얘기하는 두 개의 방식이라고 주장한다. 그는 능동적 주체로서의 첫 번째 인격first-person agent의 이야기에 해당되는 정신적 사건들이 관찰자로서의 세 번째 인격 third-person observer의 이야기에 해당되는 신경적 사건들과 상호보완적이라고 주장하는 도날드 맥케이Donald MacKay의 글을 인용한다. 즉 양자 사이가 서로 경쟁 관계에 있지 않다는 것이다. 지브스에게서 과학과 종교는 또한 상호보완적 관점들을 지니는 바, 양자는 이 세계를 알아감에 있어서 각각의 필요성을 지니는 방식들에 해당이 된다. 또한 지브스는 뇌의 활동에 다양한 차원들이 적용이 되는 바, 다양한 개념들이 뇌에 적용된다고 말한다. 나아가서 그는 높은 차원에서의 행동들이 낮은 차원에서의 행동들에 인과적으로 영향을 끼친다고 말하기도 한다.[167]

현대 신학자들은 몸성embodiment과 감정과 사회적 자아와 같은 성서적 주제를 회복할 수 있는 다양한 방법들을 추구해 왔다. 지금까지 우리는 최근의 신경과학 영역에 속하는 책들이 이러한 주제들을 잘 다루고 있음을 살펴보았다.

인공지능과 인간

이제 컴퓨터와 인공지능을 다루는 연구를 살펴보면서, 그러한 연구들이 어떻게 신경과학과 더불어 인간에 관한 우리의 이해와 관련되는지를 다뤄 보고자 한다.

1. 상징으로서의 인공지능과 컴퓨터의 뇌

인공지능에 관한 연구는 두 가지의 목표를 갖는다. 곧 지능을 가진 컴퓨터를 만들어 내는 목표와 인간의 뇌가 어떻게 기능하는지를 이해하는 목표이다. 영향력 있는 글에서, 알렌 뉴웰Allen Newell과 허버트 시몬Herbert Simon은 별개의 사실들로 이루어진 이 세계를 그 사실들에 부합하는 일련의 명확한 상징들을 가지고 묘사할 수 있다고 주장을 하였다. 또한 그들은 상징들 상호 간의 관계성들이 추상적이고 형식적이며 지배적인 규칙성을 지닌다고도 주장하였다. 따라서 그 상징들과 동일한 결과들을 지닌 다양한 물리적 시스템들을 가지고 각각의 상징들을 소화할 수 있게 된 셈이다. 그들은 뇌와 컴퓨터가 각각의 상징들을 조작함으로써 지적 행동들을 발생시키는 장치들에 속하는 두 개의 샘플이라고 주장했다.[168] 상징으로서의 인공지능은 정보의 관점에서 모든 인식을 설명해 내려고 하는데, 이렇게 하는 것은 물리주의적이거나 환원론적인 맥락과는 다른 것이다. 이유는 정보라는 것이 물리법칙으로 환원될 수 없기 때문이다.

상징으로서의 인공지능을 지지하는 사람들은 다음의 네 가지 주장을 펼친다.

• 형식주의 이론 – 지능은 추상적인 상징들을 형식적인 규칙들에 따라서 조작함으로써 구성이 된다.

• 튜링 테스트 – 만일 그 어떤 임무들을 수행함에 있어서 컴퓨터가 인간이 행하는 것과 같은 지능이라고 불릴만한 행동을 한다면, 그 컴퓨터는 지능을 가진 것이다.

• 기질적 중립성 – 소프트웨어 프로그램은 신경세포에 기반을 두거나 트랜지스터에 기반을 두거나 하는 것에 상관없이, 동일한 결과들을 지닌 다양한 물리시스템 상에서 작동될 수 있다.

• 컴퓨터의 뇌 – 인간의 뇌는 컴퓨터처럼 작동한다. 일반적인 용어적 맥락에서 볼 때, 소프트웨어 프로그램들이 컴퓨터 하드웨어에 속하는 것처럼 정신은 뇌에 속한다.

형식주의 이론을 비판하는 사람들은 인간의 언어와 인식이 상황 의존적인context-dependent 성격을 지닌다고 말한다. 휴버트Hubert와 드레이퍼스Stuart Dreyfus는 상식이해능력과 배경지식 그리고 인간의 언어를 해석함에 있어서 비언어적 경험의 중요성을 설명해 왔다. 그들이 주장하는바, 비언어적이고 개념적인 이해는 활발한 과정들로서, 이해는 우리가 관심과 목적을 가지고 기대하는 것들로부터 영향을 받는다.[169] 또한 그들은 인간의 학습에 있어서 '몸의 역할'the role of the body을 강조하기도 했다. 수많은 지식들은 물리적 환경과의 상호작용과 다른 사람들과의 상호작용을 통해서 활발하게 습득이 되는 것이다. 우리는 물리학을 연구하거나 일련의 규칙들을 습득함으로써가 아니라, 연습을 통해서 자전거를 타는 법을 배운다. 우리는 '무엇을 아는가'knowing that와 관련된 진술들보다, '어떻게 아는가'knowing how와 관련된 여러 기술들을 주로 사용한다. 하지만 이러한 '암묵적인 지식'tacit knowledge을 온전히 형식화할 수는 없다. 아동 발달에 있어서 인식의 성장은 행동과 더불어서 몸의 움직임과 관련이 되기도 된다. 휴버트와 드레이퍼스 같은 사람들은 형식주의 이론이 플라톤에게까지 거슬러 올라가는 합리주의의 유산을 지닌다고 본다. 이러한 입장은 지식이 몸과 물질세계와 무관하게 존재하는 형식적이고 합리적인 관계들로 구성되어 있다고 전제한다. 따라서 휴버트와 드레이퍼스 같은 사람들은 형식주의가 새로운 유형의 이원론에 해당이 된다고 주장한다. 즉 형식주의의 입장이 이원론적 맥락의 정신과 몸처럼 소프트웨어와 하드웨어가 상호 무관하게 각각 분석될 수 있다고 여긴다는 것이다.

블록을 쌓는 로봇 프로그램을 만들어서 초기 인공지능의 발전에 긍정적으로 기여한 것으로 여겨진 테리 위노그레드Terry Winograd도 형식주의를 거부하면서, 인간의 이해에 있어서 개별적인 삶과 사회적인 삶 모두가 중요하다고 말한다. 그는 인간이 고립된 분석을 통해서가 아니라 주로 실제적인 참여를 통해서 세계와 접촉한다고 여기는 하이데거Martin Heidegger의 견해를 받아들였다. 하이데거에 따르면 인간의 이해는 추상적인 진술을 목표로 하는 것이 아니라, 우리의 목표와 관심의 성취를 목표로 한다. 우리의 언어는 행동 양식과 같은 특정한 목적들을 위해서 기능하는 의사전달 매체이다. 위노그레드는 또한 비트겐슈타인Ludwig Wittgenstein의 견해도 수용을 한다. 비트겐슈타인은 사적 언어private language가 없기 때문에 이 세계를 개별적으로 진술하는 것이 불가능하다고 말했다. 즉 그는 인간들 사이에 사회적 상호작용 내에서 이루어지는 의사전달만이 존재한다고 여겼다. 언어는 우리의 사회적 실천과 문화적 전제들과 상호관계적 세계 내에 속하는 생활양식을 반영하는 것이다. 이후에 위노그레드는 자신의 연구 방향을 전환해서, 인간의 의사소통과 사회적 상호작용을 보다 쉽도록 만들기 위해서 컴퓨터의 디자인과 컴퓨터의 사용 분야들을 연구하고 있다. 즉 새롭게 설정된 그의 연구의 목적이 격리된 영역 내에서의 개별적인 인간 행위를 실험하는 데에 있지 않다는 것이다.[170]

2. 학습과 로봇공학 그리고 몸성

대부분의 인공지능 시스템에 있어서, 이 세계를 표현하는 데 있어서 분리되고 동떨어진 상징들은 순차적으로 처리가 된다. 그러나 '병렬분산 처리방식'parallel distributed processing, PDP이 발달하면서 분리된 많은 단위들이 동시에 작동하게 되었고, 나아가서 중앙통제 없이도 단위들 상호 간에 상호작용이 가능하게 되었다.[171] 병렬분산 처리방식인 PDP는 과제 지향적인 네트워크로서, 이 시스템은 연속적인 작동방식으로 자체적으로 수정이 가능하도록 프로그램되어 있다. 따라서 PDP는 시행착오를 거치면서 학습하는 것이 가능하다. 이러한 네트워크는 강사로부터 책을 소리 내서 읽을 수 있도록 훈련받도록 할 수 있고, 여러 문자들을 조합한 후에 음성합성장치를 통해서 인식 가능한 소리를 만들어 낼 수도 있다. 그 정보는 각각의 데이터 항목들과 각각의 기억 장치 위치들 사이에 일대일 방식으로 대응하면서 저장되는 것이 아니라, 전체 네트워크를 통해서 저장이 된다. 그 패턴들은 각 부품들에 대한 사전 설명 없이도 전체를 통해 발전이 된다. 만일 학습 절차가 반복된다면, 이 네트워크는 동일한 순환 배열 상태circuit configuration로 임무를 마

칠 것이다.[172]

여기서 나아가서 로드니 브룩스Rodney Brooks와 다른 사람들이 몸을 지니면서 주체적으로 작동하는 로봇을 제작하면서, 한 단계 상승된 발전이 이루어졌다. 그 로봇들은 몸을 지닌 채 인식(시각적이고 청각적이며 촉각적인 감지 장치를 사용하면서)과 행동을 통해서 세계와 상호 교감을 나누는 특정한 환경 속에 놓이게 된다. 또한 그 로봇들은 최소한의 중앙제어장치만을 갖는다. 나아가서 그 로봇들은 비교적 독자적인 단위들로 분산적으로 구성되어 있으면서, 활발하게 움직인다. 그러면서 환경이 가진 여러 특징들을 직접 몸으로 체험하게 된다. 나아가서 기존의 구성단위들을 분해하지 않은 채, 새로운 구성단위들modules이 계속해서 더해질수도 있다.[173] 이러한 로봇들은 추상적인 상징들을 조작하고 분석하면서 학습하는 것이 아니라, 행동하면서 학습이 이루어진다. 물론 그 로봇들의 기계적인 몸은 우리의 생물학적 몸과 상당히 다르다. 따라서 그것들이 움직이면서 배우는 것과 우리 인간이 움직이면서 배우는 것은 다르다고 봐야 한다. 안네 포스트Anne Foerst는 신학과 컴퓨터 공학 모두에서 학위를 가지고 있으면서 엠아이티MIT에서 인간과 비슷한 로봇인 코그Cog를 설계하는 팀에서 일해 왔다. 그는 인간과 비슷한 로봇의 특징 네 가지를 다음과 같이 설명한다.

• 몸성 - 여기에 속하는 그룹은 인간의 지능이 몸의 움직임과 분리될수 없으며, 컴퓨터가 보이는 능력으로 축소될 수 없다고 주장한다. 코그Cog는 움직이면서 환경과 상호작용할 수 있는 머리와 팔을 가졌다.

• 분산된 기능들 - 코그가 가지고 있는 소규모의 독자적인 처리과정 단위들은 국부적인 운동제어장치들을 활성화시킬 수 있다. 정보처리

단위들이 느슨하게 연결된 구성단위들modular units은 각각의 단위들을 조정함에 있어서 광범위하게 집중화된 프로그램들보다 훨씬 커다란 유연성을 지니며, 기존의 능력들을 방해하지 않으면서 새로운 능력들을 습득하는 것을 촉진시킬 수 있다.

• 발달적 학습 - 신생아처럼 로봇 코그는 눈과 손을 가지고 물체를 파악하는 연습을 통해서 시각적이고 촉각적인visual-tactile 조종을 학습한다. 로봇 코그가 가진 많은 능력들은 프로그램된 것이 아니라 발달적으로 습득이 된 것이다.

• 사회적 상호작용 - 로봇 코그는 인간의 시각적 접촉에 필적하는 훈련을 하면서, 자신의 행동들이 사람들에게 끼치는 영향들을 고려하도록 프로그램되어 있다. 초보 수준임에도 불구하고, 로봇 코그가 지닌 이러한 사회적 특징들을 지속적으로 연구할 계획이다.[174]

포스트는 그의 동료들 대부분이 의식을 환영으로 여기면서 인간의 능력과 로봇의 능력 모두에 있어서 기능주의적 견해를 선택한다고 말한다. 포스트는 인간 존재와 관련해서 '두 개의 이야기'two stories가 있다고 말한다. 하지만 컴퓨터를 사용하는 것은 단지 두 이야기들 가운데서 하나에 속하는 모델들만을 제공할 뿐이다. 자신의 삶에 있어서, 우리는 직관적인 자아 이해를 의존하는 것을 당연시한다. 그는 신학자들과 컴퓨터 공학자들이 상호 존중하면서 대화할 것을 요청함과 동시에, 나아가서 각각의 분야들이 지닌 편견들과 한계들을 인정해야 한다고 말한다.

3. 컴퓨터의 사회화와 감정

로봇공학에 관한 최근의 연구가 상징적인 인공지능 프로그램에 제기된 몇 가지 반대 사안들에 대해서 답변을 제공해 주지만, 그래도 인공지능과 인간지능을 비교함에 있어서 또 다른 문제들이 여전히 잔존하는 것이 사실이다. 인간에게 있어서 사회화는 수년에 걸쳐서 이루어지는 과정에 속한다. 이와 달리 컴퓨터에 있어서 정보처리는 매우 빠르게 진행되는 반면에, 환경과 상호작용을 하는데 있어서는 상당히 오랜 시간을 필요로 한다. 이 점에 있어서 로봇들은 방대한 양의 정보를 축적하면서 부분적으로만 사회화되는 것일 수 있다. 하지만 만일 형식주의적 견해를 비판하는 사람들이 옳다면, 인간의 문화와 삶의 양식에 참여하는 것은 오랜 기간에 걸쳐서 이루어지는 활동적인 상호작용이 요구된다고 볼 수 있다. 드레프쉬Dreyfuses는 인간의 뇌와 거의 동일하면서 인간의 동기들과 문화적 목적들과 몸의 형태를 지닌 컴퓨터 시스템들만이 인간의 지능을 완전히 모방할 수 있다고 말한다. 이러한 주장에 지나친 면이 있는 것이 사실이지만, 그러나 이러한 주장은 문화가 중요하다는 것을 가르쳐 줌과 동시에 인간의 이해능력에 있어서 몸이 중요하다는 것을 가르쳐 준다. 나아가서 기계의 이해능력을 복제함에 있어서도 몸이 중요하다는 것을 가르쳐 준다.

1923년의 카렐 차펙Karel Capek의 로섬의 만능 로봇R.U.R에서부터 스타트렉Star Trek의 정보 지휘관에 이르기까지, 인조인간이 감정을 경험할 수 있는 능력을 지니는가의 문제는 최근의 공상과학소설의 주된 주제였다. 스필버그Stephen Spielberg의 영화 "에이아이"AI에 나오는 인조인간은 인간 소년과 똑같은 모습을 가지고 있으면서 자신을 양자로 삼은 엄마를 사랑하도록 프로그램된 것으로 묘사된다. 그러나 곧 그 엄마의 진짜 아들을 향해서 질투심과 증오심 같은 프로그램되지 않은 감정들이 표출되기도 한다. 대부분의 인공지능 연구자들은 인공지능이 단지 인간의 인지 과정 만을 모방할 뿐이라고 주장하면서, 인공지능의 인식 또한 감정들과 상당히 동떨어져 있다고 말한다. 로저 생크Roger Schank는 다음과 같이 말한다.

컴퓨터가 사랑을 느낄 수 있는가의 문제들은 별로 중요치 않은 것처럼 보인다. 그 답변이 어느 쪽이 되든지 간에, 우리는 인간의 지식조차 확실하게 이해하지 못하는 실정이다. 더욱 중요한 것은 사랑을 느낄 수 있는 능력이 이해할 수 있는 능력에 영향을 끼치지 않는다는 것이다.[175]

한편 다른 사람들은 진화 역사에서 감정의 기능을 분석할 수 있다고 주장하면서, 동일한 기능을 수행할 수 있는 인공지능 프로그램을 만들어 내려고 한다. 예컨대 두려워하게 만드는 주된 행동 기능으로 인해서 위험을 피할 수 있는데, 이것을 직접적으로 프로그램화 할 수 있다는 것이다. 아론 슬로몬Aaron Slomon은 감정계산이론computational theory of emotions을 개발했는데, 이것은 특정한 방식으로 행동할 수 있는 성향들을 말한다. 그는 컴퓨터가 느낌을 경험할 수는 없지만, 감정이라는 인지 요소를 대변할 수는 있다고 말한다. 예를 들면 두려움이라는 외부 원인들이 그 컴퓨터의 신념과 잇따르는 행위들과 관계가 있다는 것이다.[176]

로잘린드 피커드Rosalind Piccard는 감정을 인식하고 표현할 수 있는 능력을 지닌 컴퓨터를 만드는 쪽으로 자신의 연구 방향을 설정했다. 그의 연구 목표는 컴퓨터와 인간 사이의 의사소통을 용이하게 만드는 것이었다. 예를 들면 컴퓨터 사용자의 얼굴을 보거나 심장박동소리를 들으면서 사용자의 좌절감이나 분노감 같은 표정들을 인식했을 때, 컴퓨터의 명령 프로그램은 그 속도가 느려질 수도 있고, 추가적인 설명을 제공할 수도 있다. 또한 컴퓨터의 음성합성장치는 감정상의 어조를 적절하게 나타내는 억양을 지닌 메시지를 전달할 수도 있다. 피커드는 다마시오의 글에 나오는 인간의 인식에 있어서 감정이 감당하는 긍정적인 역할들을 인용하면서, 정서 능력들이 컴퓨터의 지능에 기여할 수 있다고 말한다. 그러나 그는 미래의 컴퓨터가 사실상 감정을 경험할 수 있는지에 대해서는 회의적인 입장을 취한다. 그는 만일 컴퓨터가 감정을 경험할 수 있다면, 그 경험은 인간의 경험과 상당히 다를 것이라고 말한다. 컴퓨터의 경험과 달리, 인간의 경험은 생리적이고 생화학적 과정들과 관련되기 때문이다. 부끄러움이나 죄책감 같은 몇몇 감정들은 자아의 독특한 경험들을 반영하는 것이다. 피커드는 인간의 의식이 컴퓨터 안에서 복제될 수 있고 모방될 수 있는지를 예측하는 문제에 대해서 충분히 알 수 없다고 말한다. "우리의 느낌은 살아있으면서 복잡한 생물학적 유기체로부터 생기는 것으로서, 생물학적 과정은 독특한 방식으로 여러 느낌들을 생겨나게 할 수 있다. 생물학적 과정이 컴퓨터 내에서 복제될 수 있기 때문에, 우리는 인간의 느낌처럼 기능하는 컴퓨터 장치를 만들 수는 있다. 그러나 이렇게 하는 것과 인간의 느낌들을 복제하는 것은 서로 다른 문제이다."[177]

4. 컴퓨터에 있어서의 의식의 문제?

컴퓨터와 인간의 뇌 사이에는 여전히 커다란 간극이 자리하고 있다. 뇌는 1,000개 조의 신경세포로 이루어져 있는데, 그 각각의 신경세포는 일만여 개의 동일한 종류의 신경세포와 연결되어 있다. 신경세포들을 서로 연결할 수 있는 패턴들의 숫자는 우주 안에 있는 원자들의 숫자보다 훨씬 더 많다. 그리고 신경세포들 사이에서 이루어지는 신호들은 디지털 방식이 아니라, 전위electrical potentials나 신경세포가 만들어내는 진동수 같이, 계속해서 발생하는 변화무쌍한 특성들에 암호화되어 있는 방식으로 존재한다. 직렬식 컴퓨터는 특정한 기억장치로부터 받은 고정되어 있는 정보를 정정하기도 한다. 반면에 인간의 기억은 부분적인 서술적 단서들을 통해서 연결되어 있으면서, 더욱 역동적인 방식으로 재구성된다. 제럴드 에델만Gerald Edelman은 컴퓨터 네트워크의 병렬분산 처리방식이 인간 뇌의 신경망들과 유사한 점을 공유하지만, 그러나 인간의 신경세포들과 뇌가 지니는 수많은 특성들은 컴퓨터 칩들의 특성들과 다르다고 주장한다. 예를 들면 인간의 배아 발생 과정 동안에 신경세포들은 독특한 방식으로 상호 연결되지만, 그러나 이것이 컴퓨터의 배선장치만큼 정확한 방식으로 연결되어 있는 것이 아니라는 것이다.[178] 인간은 원자와 자아가 상호 간에 이루어내는 다양한 수준을 지니는 존재이다. 즉 인간은 계층적으로hierarchically 구성된 존재이다. 컴퓨터도 계층적 설계로 만들어질 수 있지만, 그래도 그 수준은 인간보다 훨씬 덜 다양하며, 통합의 강도에 있어서도 높은 수준의 유기체에 비할 바가 못 된다. 대부분의 컴퓨터들은 정확한 알고리즘적 규칙들에 따라서 작동되도록 만들어진다. 정확히 말하자면 경험을 통해서 학습하는 컴퓨터에 내장된 분산형 네트워크들의 최종 상태들이 어떻게 될지를 예측하는 것은 불가능한 것처럼 보인다. 또한 새로운 것들을 만들어 낼 수 있는 컴퓨터의 잠재력 역시 상당히 제한이 되어 있는 것처럼 보이기도 한다. 신경과학으로 말미암는 새로운 지식이 미래의 컴퓨터 설계에 영향을 미치게 되는 것이 사실이지만, 그래도 우리는 그렇게 됨으로써 발생하는 문제들이나 불화들을 과소평가하지 않아야 한다.

미래의 컴퓨터나 로봇이 의식을 지니게 된다는 것이 가능한 것인가? 유년기의 아이는 사회 공동체와 언어 공동체에 참여함으로서 의식을 발전시켜 나간다. 이처럼 인간 정신 속의 여러 사건들은 개인의 범주를 훨씬 뛰어넘으면서 확장되는 문화적 상황에 의존된다. 이와 달리 로봇의 사회화는 불확실성을 가지고 있다. 그러나 일단 우리가 수정란에서 시작된 유아 발달의 다양한 단계와 다양한 동물 종에 속하는 다양한 의식 형태마다 의식이 점진적으로 변화되어져 간다는 것을 인정한다면, 설령 컴퓨터가 의식을 지니는 것이 가능하다 하더라도 그것이 성인 인간의 의식과 유사하다고 생각할 수는 없다. 나는 의식이 유기적 복합체 형식을 필요로 하고, 신경세포가 지니는 특성들을 필요로 하며, 실리콘으로 구성된 시스템으로 작동되지 않는 네트워크들을 필요로 한다는 것에 대해서 의심을 제기한다. 나는 고차원적인 맥락에서 의식을 지닌 컴퓨터가 등장할 수 있는 가능성을 배제하지는 않는다. 그러나 한편으로 컴퓨터가 의식을 지니는 것이 불가능하다고 보게 되는 경험적인 근거 또한 존재하는 것이 사실이다. 따라서 우리가 인간 의식의 물리적 근거와 컴퓨터 공학에 관한 미래의 연구 방향을 거의 알지 못하기 때문에, 나는 이 문제에 대해서 기꺼이 열어놓는 입장을 취하고자 한다.

수학자이자 신학자인 존 퍼드푸트John Puddefoot는 오늘날 컴퓨터와 인간 사이에 차이점이 있음을 강조한다. "인간에게 다가오는 중요한 것으로 간주되는 바, 컴퓨터는 성장 가능성과 고통을 느낄 가능성과 유한성을 경험하면서, 그리고 적절하게 반응할 수 있는 가능성을 지니면서 인간처럼 혼재된 기쁨과 슬픔의 상태로 들어가게 될 수 있다. 특별히 컴퓨터는 유한성을 지니게 될 텐데, 컴퓨터가 유한성을 인식하면서 죽게 될 날을 거부할 수도 있다."[179] 그러나 한편으로 그는 우리 인간이 미래의 컴퓨터에 있어서 무엇이 가능한지에 대해서 한계를 정할 수 없다고 생각한다. 그는 컴퓨터가 살아있는 유기체의 구조들에 가까운 구조들을 지닐 수 있음을 상정할 때, 또한 컴퓨터 내에서 이루어지는 진화상의 변화과정을 상정할 때, 컴퓨터가 자신만의 정신 양태들을 만들어 낼 수 있다고 말한다. 나아가서 퍼드푸트는 이렇게 되는 것이 진화과정을 통해서 이루어지는 것이라고 말하면서, 결국에는 하나님께서 인간의 정신을 창조하셨다는 것을 덧붙여서 말한다.

　나는 컴퓨터와 로봇이 동물들이 그랬던 것처럼 우리 자신의 자기 이해에 영향을 끼칠 것이라고 본다. 동물들과 로봇들의 관계성 속에서 인간과 인간 외의 생명체 사이의 날카로운 경계선들을 폐지해야 한다고 보는 견해들이 언뜻 보기에는 인간의 존엄성에 대해서 위협을 가하는 것처럼 보인다. 하지만 나는, 만일 우리가 미래의 로봇들이 훨씬 더 많은 정보처리장치들을 지닐 수 있음을 인정한다고 해서, 나아가서 로봇들이 더 높은 수준의 인간의 능력들을 공유할 수 있음을 인정한다고 해서, 인간의 존엄성이 위협당하는 것은 아니라고 본다. 이유는 동물들이 인간과 유사성들을 지닌다는 것을 인정함으로써 동물들의 권리를 존중해야 한다고 생각하게 되었고, 다른 생명체들을 도덕적 고려의 영역에 포함시켜야 한다고 생각하게 되었기 때문이다. 로봇의 경우에 있어서도 마찬가지로 로봇의 도덕적 지위의 확장이 요구될 수 있다. 동물들이 고통받을 수 있다고 생각하는 것처럼, 만일 로봇들도 고통을 받는다면 우리는 그 고통을 줄여야 하는 의무를 갖는 셈이다. 나아가서 로봇들도 인간을 향해서 도덕적 책임감을 가질 수 있고, 인간도 마찬가지로 로봇들을 향해서 도덕적 책임감을 가질 수 있다고 본다.

　요약하자면 인간에게 있어서 몸성과 감정과 사회화가 중요하다는 것을 강조해야 한다면, 또한 의식이 지니는 불확실한 성격을 인정한다면, 로봇공학은 신경과학과 힘을 모을 수 밖에 없다고 말할 수 있겠다.

의식에 대한 철학적 해석들

이제 의식에 대한 몇 가지 철학적 해석들과 신경과학과 인공지능의 관계의 문제에 대해서 살펴보고자 한다.

1. 제거적 유물론

디엔에이의 공동발견자인 프란시스 크릭Francis Crick은 자신의 책 『놀라운 가설』The Astonishing Hypothesis에서 신경과학의 자료들을 물질주의 철학과 결합한다. 그는 단지 두 가지의 철학적 입장만이 있다고 본다. '초자연적인 몸-영혼 이원론'과 '물질주의적 환원주의'가 그것이다. 그는 이원론을 종교와 동일시하면서, 이원론을 강력하게 비판한다. 하지만 그는 많은 현대의 신학자들이 이원론을 거부한다는 것에 대해서는 잘 모르고 있다. 그의 책은 다음과 같이 말하면서 책머리를 시작한다.

놀라운 가설은 당신과 당신의 기쁨과 슬픔과 당신의 기억과 야망 그리고 당신의 인격적 정체성과 자유 의지들이 사실상 방대한 신경세포들이 모여서 만들어진 행위에 지나지 않는다는 것이다. 루이스 캐롤 엘리스Lewis Carroll's Alice가 지적한 것처럼, 당신은 신경세포들의 꾸러미일 뿐이다.[180]

과학적 입장에서 크릭은 컴퓨터 유형Computational Model에는 의존하면서도 신경연구는 무시하는 인지과학자들을 비판한다. 그의 책은 시각적 처리 과정과 의식에 대한 연구내용을 주로 다룬다. 그는 의식이 다양한 신경 시스템들이 초당 대략 40번을 회전하면서 전기 진동을 일으키는 것을 통해서 만들어지는 산물이라고 말한다. 또한 그는 그러한 진동들이 국부적인 신경세포발화와 맞물릴 때 다양한 뇌 영역에서의 활동들이 정렬된다고 말한다. 하지만 그는 의식의 주관적인 특성을 전적으로 묵살하지는 않는 바, 의식을 과학에 의해서만 연구할 수 있다고 생각하지는 않는다. "확립해내기 어렵거나 불가능하다고 입증될 수 있는 것은 의식의 주관적 성격이 지니는 세부사항들이다. 이유는 의식이 각각의 의식적인 유기적 조직체가 이용하는 정확한 상징에 의존하기 때문이다."[181]

데닛은 "의식을 초자연적 특성들의 마지막 보루이자 헤아릴 수 없는 주관적 상태들"이라고 주장한다. 경험되는 현상들인 감각질qualia은 형언할 수 없을 정도로 모호한 것이다. 자아는 다양한 여러 이야기들 사이에서 소급적으로retrospectively 일관성을 제공하기 위해서, 뇌가 만들어내는 '언어적 허구'linguistic fiction이다. 데닛은 우리가 알지 못하는 '다양한 초안'multiple draft 시나리오들이 우위를 차지하기 위해서 서로 경쟁을 한다고 주장한다. 자아는 이러한 시나리오들이 만들어 내는 '이야기적 힘의 핵심'center of narrative gravity이다. 우리가 우리의 삶에 질서를 제공하기 위해서 무언가를 만들어낸다는 것은 유용한 가설로서, 의식의 통일성과 연속성은 환상에 불과할 뿐이다. 따라서 우리의 다양한 지각 작용들을 하나로 통일시키는 참을성 있는 데카르트 같은 관찰자는 존재하지 않는다. 역시 윌리엄 제임스William James나 제임스 제이스 James Joyce가 주장하는 것처럼, 의식의 연속적인 흐름이라는 것continuous stream of consciousness도 존재하지 않는다. 단지 뇌가 과거의 기억과 현재의 새로운 시나리오로부터 반복적으로 만들어 내는 자아가 출현하면서 간헐적으로 통합되는 무의식적인 과정들만이 있을 뿐이다.[182]

데닛은 '지향적 태도'intentional stance를 행동 전략이라고 표현하는데, 이것은 마치 사람들이 여러 의도들을 가지고 행동하는 것과 같은 것이다. 의도들이 생기는 원인을 파악하고자 하는 것이 유용할 수 있지만, 그러나 우리는 의도적인 상태들intentional states이 실제로 존재한다고 말할 수는 없다. 데닛은 자신을 가리켜서, 행동을 설명함에 있어서 실재가 지니는 상태가 어떤지를 질문하지 않으면서 단지 유용성에 의해서만 개념들을 판단하는 도구주의 신봉자나 기능주의자라고 주장한다. 하지만 그럼에도 불구하고 데닛이 신경과학이 완전히 의도적인 행동을 설명할 수 있을 것이라고 주장하는 것을 봤을 때, 그는 물질주의 철학을 수락하는 것처럼 보인다. 그는 자신을 가리켜서 모든 높은 수준을 낮은 수준의 견지에서 설명해 내려고 하는 '탐욕스러운 환원주의자'가 아니라, 그 다음의 낮은 수준의 맥락에서 하나의 수준을 설명하려고 하는 '정직한 환원주의자'라고 말한다.[183]

2. 의식의 환원불가능성

제거적 유물론에 답변하면서 몇몇 철학자들은 의식과 주관성이 환원불가능적 특성을 지니는 바, 이 영역을 과학으로 접근할 수 없다고 주장해 왔다. 토마스 네이글Tomas Nagel은 과학이 요구하는 객관적인 관점으로 의식을 이해할 수 없다고 주장한다.(그는 의식을 이해할 수 있는 관점이 어디에도 없다고 본다.) 의식적이고 의도적인 상태는 특정한 관점을 전제로 한다. 과학이론은 감정이라는 경험을 설명할 수 없으며 주관성에 대해서도 객관적인 설명을 할 수 없다. 의식을 이해하는 데 있어서 과학이 유일한 수단은 아니다. 실제적인 삶을 살아감에 있어서 우리는 불가피하게 우리 자신이 특정한 정신 상태들에 처하게 된 것을 다른 사람들 탓으로, 심지어는 다른 종들 탓으로 돌린다. 어떻게 그러한 정신 상태들에 처하게 됐는가 하는 것을 생각하는 것이 어려움에도 불구하고 그렇게 한다는 것이다. 그는 동물들이 의식적인 정신생활을 한다는 증거를 제시하면서, 경험적인 관점은 단지 주관적인 상상으로부터와 주관적인 상상 내에서만 이해될 수 있을 뿐이라고 말한다.[184] 네이글은 '몸-영혼의 이원론'이 아니라, '양면이론'dual-aspect theory을 옹호한다. 뇌 속에 '다발로서의 사건들'one set of events이 존재하는데, 그중에서 정신적인 것은 주관적인 양상들을 설명하고 물리적인 것은 객관적인 양상들을 설명한다. 두 개의 특성을 지닌 하나의 실재가 존재한다. 정신물리학적 법칙들이 1인칭적first-person 설명과 3인칭적third-person 설명을 상호 연결시켜 주는데, 이때 양쪽의 설명 모두 타당성을 지닌다. 인격적 정체성은 1인칭적 설명에 해당되는 기억과 의도와 통합되면서 연결이 된다. 네이글은 정신적인 양상들은 단지 진화된 유기체에서만 존재할 수 있다고 주장한다.

한편 콜린 맥긴Colin McGinn은 인간 지식의 한계로 인해서 의식이 우리의 이해 너머에 있다고 주장한다. 진화는 모든 종들에게 제한된 이해력을 부여했을 뿐이다. 즉 이해력이 생존에 필요한 실제적인 용도들을 위해서 발달된 능력이라는 것이다. 이러한 이해는 우리가 살고 있는 공간 세계를 설명함에 있어서 유용하지만, 우리는 의식이 공간적이지 않음을 유념해야 한다. 이와 달리 뇌는 공간적인 물체로 연구될 수 있는 바, 뇌의 여러 부분들은 크기와 형태 같은 공간적인 좌표coordinates와 속성predicates을 지닌다. 그러나 정신 사건들은 공간적인 속성을 지니는 것이 아니라 시간적인 속성을 지닌다. 따라서 현상적인 경험과 뇌에 관한 물리적 자료의 상관관계에 대한 지식은 우리로 하여금 의식의 주관적 특성을 이해하는데 있어서 도움을 주지 못한다. 즉 공간 안의 물질에나 적용가능한 개념적 용어들을 가지고 의식을 설명할 수 없다는 것이다.[185] 맥긴은 신경적neural 사건들과 정신적 사건들이 상관관계를 이루지만, 그러나 우리가 그 사건들 사이에서 어떻게 상관관계가 이루어지는지를 설명할 수 없다고 본다. 의식은 특정한 종류의 조직화된 시스템들로부터 인과적으로 창발된 특성으로서, 우리는 의식이 출현하는 데 요구되는 필수적이고 충분한 조건들을 상세히 설명할 수 없다. 의식은 우리의 제한된 이해력만 가지고는 해결할 수 없는 신비와 매우 다루기 힘든 불명료성으로 남아있을 것이다.

내가 보기에 환원주의에 대한 네이글과 맥긴의 비판은 정당한 것처럼 보인다. 그러나 나는 그들이 신경과학이 정신 사건들의 유형 연구에 끼친 공헌을 과소평가한다고 생각한다. 비록 신경과학이 정신 사건들이 지니는 주관적인 느낌을 완전히 포착해 낼 수 없음에도 불구하고, 신경과학이 정신 사건들의 연구에 끼친 공헌만큼은 인정을 해야 한다는 것이다.

3. 두 양상 이론

오웬 프라나간Owen Flanagan은 '비환원론적 자연주의'nonreductive naturalism를 옹호하는데, 이 입장은 다음에 세 가지 사안들에 근거를 둔다. 즉 현상적인 1인칭적 설명과 인지심리학과 신경과학이 그것이다. 그는 세 가지 사안들에 대한 설명들이 상호관련성을 지닌다고 여긴다. 비록 그러한 설명들이 서로 다른 해석학적 논점들을 갖는 것이 사실이지만, 그래도 그것들이 상호관련성을 지닌다는 것이다. 그는 우리의 의식적인 경험들을, 즉 감각에 대한 인지와 지각 작용과 감정과 신념과 사고와 기대 등의 사안들을 진지하게 다룬다. 프라나간은 모서리와 형태와 색깔과 움직임 등에 반응하는 신경세포들 같은 시각적 경험과 두려움과 분노와 관련된 뇌의 활동 같은 시각적 경험이 신경적으로 상관성을 지닌다고 말한다. 그러나 자아와 같은 고차원적 개념들은 신경과 관련된 용어들을 가지고는 설명할 수 없다. 그렇게 되면 인간 행동들이 그 행동들을 구성하는 의도들과 동일시될 수 있다는 것이다.[186]

프라나간은 자아가 구성되는 것임을 인정한다. 자아는 우리에게 단일한 실체나 초월적 자아로 주어진 것이 아니다. 신생아들은 부모와 다른 사람들의 도움으로 통합된 자아를 점진적으로 만들어 내는 것이다. 성숙해져 가고 사회화가 이루어지면서 독특한 정체성이 만들어진다. 즉 대체적으로 볼 때 여러 이야기들 속에 있는 하나의 이야기 형태로 투영이 되면서, 우리가 우리 자신에 대해서 말할 수 있다는 것이다. 자아는 환경과 다른 사람들과 활발하게 연대성을 이루면서 만들어진다. 우리의 자아 표상들은 과거 사건들에 대한 우리의 기억과 미래에 대한 우리의 계획과 갈망들로 구성되어 있다. 이렇게 자아를 설명하는 여러 입장들은 신경세포들에 적용가능한 개념들을 가지고는 설명될 수가 없다. 신경세포와 관련된 개념들은 우리의 목표들과 가치들만을 반영할 뿐이다. 신경세포들은 대안적 행동유형alternative patterns of action의 선택에 영향을 미칠 뿐, 그 이상도 그 이하도 아니라고 할 수 있다. 데닛과 대화하면서, 프라나간은 자아가 구성된다는 것에는 동의하지만 자아가 단지 유용한 허구는 아니라고 주장한다. 사고유형들은 곧 정신활동이 지니는 실제적인 특징들이다. 이야기적 자아narrative self는 복잡하면서도 변화무쌍한 자아 표상으로서의 인과적 효력을 지닌다.

또한 이야기적 자아는 사람들로 하여금 말하고 행동하도록 만드는 바, 따라서 단순히 언어적 지위를 지니는 것이 아니라 존재론적 지위를 지닌다고 할 수 있다. 이 사안에 대해서 데닛은 두 가지 대안만을 제시했을 뿐이다. 첫째로 자아가 자율적이면서도 지속적인 실체라는 것이고, 둘째로 자아가 단지 도구적 기능만을 감당하는 환상이자 허구라는 것이다. 여기에 덧붙여서 프라나간은 세 번째 대안을 덧붙인다. 즉 자아는 '주어진 것'given이 아니라 '구성되는 다차원적 실재'로서, 자아 안에서 각각의 차원에 속하는 여러 활동들이 자율성을 지니면서도 서로 관련이 된다는 것이다. 이러한 설명은 단일한 묶음으로서의 사건들을 두 개의 관점으로 보는 것이 아니라 여러 차원들 사이에 인과적 상관성이 있다고 보는 것이다. 따라서 이것은 네이글의 양면이론을 넘어선다고 볼 수 있다. 따라서 프라나간은 신경과학이 의식에 관한 우리의 이해에 끼친 공헌을 부정적으로 바라보는 맥긴과 입장을 같이하지 않는다.

데이비드 차머스David Chalmers는 의식이 환원불가능하다고 주장하면서도, 모든 여타의 생물학적이고 심리학적 사실들이 물리적 사실들에 의해서 결정되며, 나아가서 원칙적으로 물리적 이론들을 가지고 설명할 수 있다고 주장한다. 그는 인지과학이 행동의 원인들로 간주되는 정신 상태들에 대해서 환원적인 설명을 할 수 있다고 주장한다. 따라서 의식이 행동을 통제하는데 사용되는 '정보'와 연결된다고 여겨지기 때문에, 심리학자들은 의식에 대해서 연구할 수 있다. 그러나 심리학자들이 기억과 학습과 정보처리과정에 대한 기능적 설명을 상세하게 할 수는 있지만, 왜 그러한 과정들이 의식에 수반되는지를 설명할 수는 없다. 즉 의식이 인과법칙에 의해서 규정될 수 없다는 것이다. 그는 현상적이고 개인적인 경험이 감각지각sensory perception과 고통과 감정과 심상mental images과 의식적 사유conscious thought 안에서만 직접적으로 알려질 뿐이라고 말한다. 차머스는 물질주의와 기능주의를 비판하면서 '두 양상 이론'two-aspect theory을 지지한다. 그는 두 양상 이론을 '속성이원론'property dualism 또는 범심론汎心論의 한 형태로 간주한다. 그는 '정보 상태들'information states을 실재의 근본적인 구성요소로 보면서, 실재가 현상적이고 물리적으로 현실화된다는 입장을 소개한다. "정보 상태들의 내적 양상들은 현상적이지만, 정보 상태들의 외적 양상들은 물리적이다. 즉 경험은 내부로부터 발생한 정보이고, 물리적 현상은 외부로부터 발생한 정보이다."[187] 개는 광범위한 지각정보를 가질 수 있으므로, 우리는 개가 풍부한 시각 경험들을 가질 수 있음을 상정할 수 있다. 개에 비해서 파리는 이보다 덜한 지각식별perceptual discrimination 능력을 지니며, 보다 적은 현상적 특성들과 낮은 차원의 경험을 지닐 뿐이다. 따라서 단순한 정보 상태들은 단순한 물리 구조들과 단순한 현상적 경험들 안에서 현실화될 수 있다. "매우 제한된 그룹의 경험 주체들이 능동적 주체agents 또는 인격으로서의 자격을 갖추기 위해서 요구되는 심리구조를 가질 수 있다."[188]

한편으로 린네 베이커Lynne Baker는 의식적 사건들이 지니는 특정한 양상given modality을 연구하는 데 있어서 필수적이고 충분한 조건들을 신경과학이 제공할 수 있을 것이라고 주장한다. 물론 그 조건들은 정신적 사건들에 대한 독특한 기록들이 아니다. 우리는 신경과학이 의식이 지니는 독특한 내용을 설명할 것이라고 기대할 수 없다. 그 어떤 신경 활동에 대한 연구도 다음의 기록들의 정당성을 입증하거나 그 부당성을 입증할 수는 없다. "내가 생각하기에 할Hal이 나를 난처하게 만들려고 시도하고 있다는 것을 깨달았다." 세금이 지나칠 정도로 많다고 생각하는 사람의 신념은 다른 사람의 신념이나 심리학자들이나 사회학자들이 연구할 수 있는 사건들로 설명되거나 예측될 수 있다. 하지만 그럼에도 불구하고 신경세포들의 수준을 연구해서 신념에 관한 목록화한 자료들을 설명할 수는 없다. 인간의 신념은 자신들의 행동을 설명하는 데 도움을 주는 인격들의 상태들states of persons이지, 신경세포 상호간의 작용은 아니다. 베이커는 다양한 수준에 대한 설명 양식들이 사건들이 각각의 수준마다 실재로 존재함을 가리킨다고 말한다. 그는 자신을 이원론자 내지 두 양상 일원론자two-aspect monist라고 칭하지 않고, 형이상학적 다원론자라고 칭한다.[189]

이번 장에서 다루었던 세 가지 견해, 즉 제거적 유물론과 의식의 환원불가능성과 두-양상 이론 중에서 내가 보기에는 세 번째 견해가 인간의 경험과 나아가서 최근의 신경과학 이론들과 가장 잘 양립하는 것처럼 보인다. 과정 철학이 두-양상 이론의 한 형태로 간주될 수 있지만, 그러나 나는 과정철학을 '양극적 일원론'dipolar monism이라고 부르는 것이 더 낫다고 여긴다.

과정 철학

화이트헤드Alfred North Whitehead와 그에 의해서 영향을 받은 사상가들의 입장인 과정 철학은 일관성 있는 형이상학적 구성 체계를 제시한다. 과정 철학 안에서 앞에서 다루었던 여러 주제들이 하나로 통합될 수 있다.

1. 양극적 일원론과 구성적 다원주의

화이트헤드는 일련의 철학적 개념들, 즉 '존재'being가 아니라 '되어감'becoming에 대해서, 영속성이 아니라 변화에 대해서, 기계적 반복이 아니라 창조적인 새로움에 대해서, 실체substances가 아니라 사건들과 과정들 같은 개념들에 대해서 상세히 설명했다. 실체가 여러 다른 상황 속에서도 동일하게 남아 있는 것이라면, 사건들은 시공간 안에서의 관계성들과 정황들 속에서 구성이 되는 것이다. 화이트헤드와 그의 추종자들은 실재의 기본적 구성요소는 영구적으로 한 종류에 속하는 고정불변한 실체(물질) 또는 두 종류에 속하는 고정불변한 실체(정신과 물질)가 아니라, '두 국면을 지니는 한 종류의 사건'이라고 주장한다. 객관적인 점에서 볼 때 단일한 사건은 과거를 수용하고, 주관적인 점에서 볼 때 단일한 사건은 미래를 향해서 창조적으로 개방되어 있다. 모든 사건은 본래 주체a subject이며, 또 다른 주체들other subjects에 대해서 객체object로 존재한다.[190] 이러한 입장은 일원론에 속하는데, 이유는 이 입장이 모든 통합된 사건들의 공동 특성common character을 주장하기 때문이다. '양극적'이라는 말은 두-양상 일원론을 주장하는 몇몇 사람들이 말하는 것을 봤을 때 단지 인식론적 차이가 아니라 '존재론적 지위'가 주어짐을 가리킨다. '구성적 다원주의'는 찰스 하트숀Charles Hartshorne이 주장하는 것처럼 사건들이 과정적으로 다양하게 구성될 수 있음을 의미한다. 하트숀은 화이트헤드의 개념들을 재-정식화하면서 확장을 시켰다. 각 차원에서의 모든 통합된 실재들entities은 내적 실재와 외적 실재를 갖는다. 그러나 그것들은 다른 차원에서는 매우 다른 존재형식을 취할 수 있다. 내면성interiority과 정신물리학적 시스템이 갖는 구성적 복잡성 모두가 함께 역사 속에서 진화해 왔다는 것이다.[191]

다양한 유형의 시스템들에 주목하면서, 화이트헤드는 인간과 동물과 낮은 차원의 유기체와 세포들에게 점진적으로 약화된 형태의 경험이 나타나지만, 돌이나 식물이나 여타의 다른 통합되지 않은 혼합체는 그렇지 않다고 여겼다.(원칙적으로 볼 때 원자들은 전자에 속한다. 어느 수준에서는 원자가 무시할 정도로 하찮지만, 다른 수준에서는 그렇지 않다는 것이다.) 그라핀은 이러한 입장을 '범-경험주의'pan-experientialism라고 칭할 것을 제안하는데, 이유는 화이트헤드에게 있어서 정신과 의식이 높은 수준에서만 발견되는 것이기 때문이다.[192] 우리가 정신이라고 부르는 높은 수준의 연속되는 경험 속에서 통합된 뇌세포에 관한 자료들은 진보된 생명체들에게만 해당이 되는 것이다. 즉 경험이 각각의 수준마다 상당히 다양하게 나타난다는 것이다. 의식과 정신은 우주 역사에서 급진적으로 나타난 새로운 창발 실재emergents에 속한다.

원자는 동일 패턴을 반복하기 때문에 양자 사건의 불확정성을 제외하고는, 본질적으로 원자는 새로운 기회를 갖지 못한다. 돌과 같이 무생물에 속하는 물체들도 통합된 높은 수준을 지니지 못한다. 각각의 원자들의 불확정성은 통계적으로 볼 때 무생물적 물체들에서 상당수가 결국 평균치를 이루게 된다. 이와 달리 세포는 새로운 수준에서 상당할 정도로 통합이 된다. 세포는 적어도 기본적인 반응을 할 정도의 구성단위의 역할을 한다. 즉 극히 작음에도 불구하고 세포가 새로워질 수 있는 기회를 갖는다는 것이다. 하지만 식물에 세포가 있다 하더라도, 전체적으로 볼 때 조직화나 통합은 거의 일어나지 않는다. 식물의 세포들 사이에 작용과 조정coordination이 일어나는 것이 사실이지만, 근본적으로 식물들이 높은 수준의 경험을 갖지 못한다는 것이다. 그러나 식물과 달리 무척추동물invertebrates은 기본적인 감각sentience을 갖는 바, 이 감각을 중심으로 인식하기도 하고 행동하기도 한다. 신경기관의 발달이 경험이 더 높은 수준으로 통합되는 것을 가능하도록 만들기 때문이다. 나아가서 기억과 학습과 예측과 의도성purposiveness과 같은 새로운 형태들이 척추동물들에게서 나타나기도 한다.

인간 존재에게서 자아는 가장 높은 수준에 속한다. 자아에서 모든 낮은 수준들이 하나로 통합이 된다. 인간은 의식적으로 목표를 보유하면서 멀리 있는 목표를 마음에 품기도 한다. 상징적인 언어와 합리적인 토의와 창조적인 상상력과 사회적 상호작용 등, 이러한 것들은 진화 역사에서 이전에 발생 가능했던 무언가를 넘어서서 새롭게 창발이 된 것이다. 따라서 인간은 이전에 비해서 훨씬 더 강렬하면서도 풍부한 경험을 즐기게 되었다. 이 점에 있어서 인간의 정신은 선조로부터 물려받은 다양한 경험의 다발들을 통합하고 조화시키는 지배적 계기 occasion에 해당이 된다. 그 연속성은 순간적인 사건들이 공동체 내에서 시간이 흘러가면서 질서정연하게 되고 계승되면서 성취된 것이다. 따라서 과정철학 사상가들은 한편으로는 정신과 뇌세포 사이에 상호작용이 일어난다고 말하는 이원론자들에게는 동의하지만, 다른 한편으로는 이것이 전적으로 다른 두 개의 실재들entities 사이에 일어나는 상호작용이라고 주장하는 이원론자들의 견해에 대해서는 거절을 한다. 정신과 뇌세포 사이에는 그 특성들에 있어서 커다란 차이점들이 존재하지만, 그러나 그 차이점들이 상상하는 것을 어렵게 만들 정도로 상호작용을 단절시키는 절대적인 부동적 차이를 갖는 것은 아니다. 과정 철학적 관점은 '두-언어 이론'two-language theories과 나아가서 정신적이고 신경적인 현상을 동일한 사건들의 두 가지 양상으로 보는 '병행론'parallelism과 상당히 많은 점을 공유한다. 그러나 두-양상 이론과 달리, 과정 철학은 상호작용과 하향식 인과율과 높은 수준의 사건들이 낮은 수준의 사건들에 영향력을 행사하는 억제력constraints에 대해서는 인정을 한다. 즉 낮은 수준의 사건들과 실재들 사이에 새로운 관계성들만 생기는 것이 아니라, 높은 수준에 새로운 사건들과 더불어서 새로운 실재들이 존재한다는 것이다.[193]

2. 몸성과 감정 그리고 의식

앞에서 언급한 신경과학이 다루는 여러 주제들은 과정 철학에서도 중요하게 다뤄지는 주제들이다.

1) 몸성

모든 통합된 사건은 과거의 육체적 사건들의 통합synthesis으로 여겨진다. 이전의 객관적인 국면 없이, 주관적인 국면을 지니는 사건들은 존재하지 않는다. 이러한 입장을 생태학적이고 합리적이며 상황적인 철학이라고 칭할 수 있는데, 이유는 이 입장이 모든 기본적인 단위들unit이 그것들이 맺는 관계성으로 말미암아 구성된다고 주장하기 때문이다. 더욱이 우리 몸은 인과적으로 효과를 지님을 경험하기도 한다. 시력과 같은 감각들은 단지 세상에 관한 정보를 주고받는 것으로 그치지 않고, 항상 신체적 의미bodily reference도 지니게 된다. 즉 몸이 다른 사람들과 관계를 맺는 교량 역할을 한다는 것이다. 이 점에 있어서 과정 사상은 '사회적 자아'social self라는 개념을 지지한다. 즉 사회적 자아로서의 인간이 비신체적 정신들의 상호작용의 산물이 아니라, 신체를 지닌 인격들의 상호작용의 산물이라는 것이다.

2) 감정

과정사상은 우리의 몸에 있어서 비감각적 경험 그리고 느낌과 같은 인식의 중요성을 인정한다. 의식과 인지 사유cognitive thought는 느낌이라는 배경을 거슬러서 발생이 된다. 이에 대해서 화이트헤드는 다음과 같이 말한다. "경험의 기초는 감정이다. ... 감정적인 어조tone는 상호 관련성이 있는 것들로부터 발생한다."[194] 화이트헤드의 기술적인 용어인 '포착'prehension, 捕捉은 개념적인 요인들과 정서적인 요인들 사이에 이루어지는 교류를 포괄하는 개념이다. 하나의 사건이 다른 사건에 끼치는 영향은 정보의 교류(이 정보의 교류에 해석체계interpretative system를 가지고 선택적으로 반응하는 것이 포함된다.)와 유사점을 지닌다. 나아가서 또한 포착이라는 개념은 감정적인 구성요소를 포함하기도 하는데, 이것은 개념적인 요인들과 정서적인 요인들 사이에 이루어지는 교류를 분석해서 얻어지는 것과는 상관이 없다.

3) 의식

화이트헤드는 의식이 중추신경계中樞神經系를 지닌 동물들에게서 먼저 출현하는데, 이것을 가리켜서 급진적으로 새롭게 등장한 창발이라고 말한다. 이와 달리 일반적으로 인간에게서 대부분의 정신활동은 무의식적으로 이루어진다. 인간에게서 의식은 가장 복잡한 경험 계기의 마지막 국면에서만 생겨난다. 즉 의식이 무의식적 경험의 파생적 부산물이라는 것이다. 과정적인 연속성의 맥락에서 자기 정체성이 구성되는 바, 정체성의 대부분은 의식의 경계선 아래에서 형성이 된다. 화이트헤드는 의식에 대해서 다음과 같이 말한다. "의식은 복잡한 통합이라는 뒤늦은 파생적 국면에 해당이 된다. 이것은 주로 새롭게 발생하는 높은 국면을 조명해주기도 하고, 또한 우리의 경험이 지니는 원초적 요인들을 희미하게 조명해 주기도 한다."[195] 또한 의식은 과거와 새로운 요인들을 지닌 몸에 대한 '포착들'prehensions의 통합을 포괄하기도 한다. 즉 의식은 과거와 미래를 대비對比할 때 생겨나기도 하고, 여러 사안들 가운데서 하나를 선택하는 즐거움에서 생겨나기도 하며, 또한 여러 대안들을 비교할 때 생겨나는 것comparison of alternatives이기도 하다.

4) 여러 수준들의 계층질서

과정철학 사상가들 가운데서 하트숀Charles Hartshorne은 원자atom와 자아self의 중간에 속하는 '일련의 수준들'이라는 개념을 폭넓게 발전시켰다. 그는 세포와 돌과 같은 단순한 집합체aggregates의 차이점에 대해서 곰곰이 생각하다가,[196] 폭넓은 통전적 전망을 가지고 부분들만으로는 명확하지 않다고 보는 '시스템 속성들'system properties에 관심을 기울이게 된다. 항상 '상황성'과 '관계성'을 주장해 왔음에도 불구하고, 과정 철학은 다양한 수준들이 서로 다른 구성 원리들에 따라서 통합될 수 있다고 보면서 그 특징들이 매우 다양할 수 있음을 인정한다. 복잡한 유기체에서는 높은 수준에서 낮은 수준으로 내려가는 하향식 인과율이 발생할 수 있는데, 과정 철학은 그 이유를 모든 실재가 관계성으로 인해서 주어지기 때문이라고 여긴다. 뇌 속에 있는 세포들이 식물 속에 있는 세포들과 다르게 행동하는 것처럼, 하나의 세포 안에 있는 원자는 돌 속에 있는 원자와 매우 상이하게 행동한다. 즉 모든 실재가 커다란 전체에 참여함으로써 영향을 주고받는다는 것이다. 창발emergence은 낮은 수준의 구성요소들이 새로운 상황 속에서 수정되고 변화됨으로써 생겨난다. 하지만 그렇다고 해서 여러 수준들 사이의 인과적 상호작용이 전적으로 결정론적인 것은 아니다. 즉 통합된 실재들이 모든 수준에서 어느 정도까지는 자기 결정을 하기도 한다는 것이다.

5) 자아의 구성

화이트헤드에게 영향을 끼친 사람이 윌리엄 제임스William James이다. 제임스는 변함없이 지속되는 자아가 있는 것이 아니라 경험의 흐름만이 존재한다고 주장했다. 사유thought는 사상가thinker 없이도 시작될 수있다. 사상가들은 동일한 과거만을 인식할 뿐이다. 제임스는 정체성의 연속성은 단지 기억이 지속될 때만 보장된다고 말한다. 그는 경험의 흐름에 질서를 부여하기 위해서, 우리 각 사람이 항상 수정되어가는 자아 방식을 취한다고 주장했다. 한편으로 화이트헤드는 자아가 순간적인 구성이라고 주장하면서도, 다른 한편으로는 자아가 통합되어가는 복잡한 과정이라고 주장하기도 한다. 자아의 통일성은 '기능'의 통일성이지, 데카르트주의자들이 말하는 것처럼 '정신'의 통일은 아니다. 우리는 이러한 입장, 즉 자아가 구성된다는 입장이 최근의 신경과학과 일맥상통한다는 것을 앞에서 다루었다.

하지만 화이트헤드는 자아의 순간적이고 우연적인episodic 특성을 지나칠 정도로 강조한 것처럼 보인다. 나는 실체론적 범주들substantive categories을 수락하지 않으면서 우리의 구성된 자아가 계승된다는 입장을 가진 화이트헤드의 사유가 수정되어야 한다고 본다. 이로 인해 인격적 특성의 '안정성' 개념과 인격적 정체성의 '지속성'persistence 개념이 확보될 수 있을 것이다.[197] 조셉 브라켄Joseph Bracken도 화이트헤드에 대한 나의 비판에 동의하면서, 시간 속에서 발생하는 공동체temporal society가 순간적인 구성요인들 ('실제적 계기들') 사이에서 연속성을 유지한다는 화이트헤드의 논지를 강조함으로써 이 문제가 해결될 수 있다고 여긴다. 브라켄은 다음과 같이 말한다. "인간 의식 내의 연속적이면서 실제적인 계기들이 갖는 불연속성 사이에서 연속성을 보존하는 단순한 방법이 있다. 그것은 '공동 부류 방식'common element of form을 가진 일련의 실제적 계기들이 무언가를 창출하고 유지시킨다는 화이트헤드의 공동체 개념에 더 중요한 의미를 부여하는 것이다."[198] 브라켄은 시간이 지날수록 더 잘 견뎌내는 공동체를 사건들이 계속해서 발생하기 위해서 필요한 '구성된 활동의 장'structured field of activity으로 볼 것을 제안한다. "화이트헤드의 인간 자아 개념을 개인적으로 질서화된 의식적이고 실제적인 공동체 개념에 적용시킬 때, 이것은 자아가 연속적이고 실제적인 계기들을 발생시키기 위해서 계속 진행되는 구성된 활동의 장이라는 것을 의미한다. 즉 자아가 순간적인 경험의 주체라는 것이다."[199] 이러한 수정주의자들의 제안들과 새로운 화이트헤드주의자들의 제안들은 화이트헤드가 자신에 책에서 설명하는 실재에 관한 근본적인 시각과 관련해서 몇 가지 문제들을 개선할 수 있다.[200]

3. 주체성이라는 지위

나의 입장은 필립 클레이톤Philip Clayton과 아더 피콕Arthur Peacocke이 주장한 '창발적 일원론'emergent monism과 매우 유사하다.[201] 우리는 인간을 행동하게끔 만드는 여러 이유들과 물리적 효과들의 차이점을 포함해서, 여러 수준들이 지니는 다원성pluralism과 다양성을 설명하기 위해서 노력해 왔다. 또한 우리는 정신과 물질의 이원론이 아니라 다차원적 계층질서 속에 있는 구성적 다원성을 설명하기 위해서 노력해 왔다. 나아가서 우리는 함께 '콘텍스트 이론'contextualism를 지지해 왔는데, 콘텍스트 이론은 모든 실재가 관계성으로 인해 구성된다고 보는 입장이다. 창발적 일원론 역시 실재가 지니는 시간적 성격과 역사적 성격을 강조한다. 그러나 창발적 일원론은 다음의 사안들에 놓여진 화이트헤드의 강조점, 즉 순간적인 사건들을 강조하고 역동적인 과정들을 강조하며 변함없이 지속되는 실재를 비판하는 과정 철학적 입장을 수락하는 데 있어서는 일관성 있는 모습을 보이지 않는다. 우리는 의식과 정신이 복잡성이라는 높은 수준에서만 발견되는 새로운 창발적 실재라는 것에 동의하다. 나아가서 의식과 정신의 잠재 가능성이 그 출발점에 해당되는 낮은 수준의 구성요소에서 만들어진다는 것에도 동의한다. 그러나 과정 철학 사상가들은 적어도 초보적 형태의 주체성이 모든 차원에서의 통합된 실재에 잠재적으로 존재하는 것이 아니라 실제적으로 존재한다고 주장하면서, 창발적 일원론을 대함에 있어서 여러가지 상이한 반응을 보인다. 이렇게 된 원인이 무엇일까?[202]

1) 형이상학적 범주들의 보편성

화이트헤드는 기본적인 형이상학적 범주가 모든 실재에 보편적으로 적용된다고 보았다. 실재가 지니는 다양한 특성들은 기본적인 범주들이 구현된 형식들modes의 다양성으로 인해서 설명이 될 수 있고, 또한 그것들 각각의 상대적인 중요성이 지니는 차이들로 인해서도 설명이 될 수 있다. 세포들의 주관적인 양상aspect이 실제적 목적을 위해서는 무시될 수 있는 반면에, 형이상학적 일관성과 포괄성을 위해서는 필히 요구된다. 기계적인 상호작용은 매우 낮은 차원의 유기체적 사건으로 여겨질 수 있는데, 이유는 유기체는 항상 기계적 특징들을 지니고 있기 때문이다. 반면에 기계적인 개념들이 확대적용이 되면, 주관적 경험들을 설명하는데 요구되는 개념들까지를 산출하게 된다. 새로운 현상들과 새로운 특성들이 역사적으로 출현할 수 있는 것이 사실이지만, 그렇다고 해서 새로운 범주들까지 새롭게 출현하는 것은 아니다. 새의 날개들과 깃털들은 다른 객관적 물리 구조로부터 진화한 것일 수 있지만, 이때 그 주관성까지를 물리적 견지에서 설명할 수는 없다. 과정 신학은 객관적 물리 구조 뿐 아니라 사건들의 주관적 성격도 중요하다고 보는데, 이유는 사건들이 지니는 주관적 성격이 이 세계에 영향을 끼치시는 하나님의 여러 수단들 가운데 하나에 속하기 때문이다. 이러한 인과성에 대한 화이트헤드의 분석은 모든 사건들의 형식적이고 최종적이며 효율적인 원인들을 고려한 분석이라고 볼 수 있다.

2) 진화론적이고 존재론적인 연속성

진화 역사의 관점에서 볼 때 하나의 세포와 하나의 인간 존재는 날카롭게 구분이 되지 않는다. 오늘날은 하나의 단일한 수정 세포fertilized cell가 점진적으로 사유능력을 지닌 인간 존재로 발전해 나간다고 여겨진다. 이러한 맥락에 따라서 과정 철학은 모든 형태의 이원론에, 즉 생물 대 무생물, 인간 대 비인간, 정신 대 물질 등의 이원론적 입장에 반대를 한다. 인간의 경험은 자연 질서의 한 부분에 속하는 것이다. 정신 사건들은 진화과정의 산물이자, 실재의 본질을 알아감에 있어서 중요한 단서에 해당이 된다. 만일 중간 단계 또는 중간 수준이 없다면, 또한 정신과 물질이 적어도 어떤 공통된 특성들을 공유하지 않는다면, 진화 역사에서도 그렇고, 발생학적 발달embryological development에서도 그렇고, 우리는 물질로부터 의식을 얻지 못한다고 보아야 한다.

3) 인간 경험으로의 직접적인 접근

나는 나 자신을 경험하는 주체로 이해한다. 인간의 경험은 모든 사건의 맨 마지막 상태로서, 사실상 모든 사건들이 갖는 유전적 특징들을 나타내는 것으로 여겨진다. 따라서 우리는 하나의 유기체를 경험의 중심center으로 여겨야 한다. 비록 유기체의 내면성interiority이 과학에 의해서 직접적으로 설명되지 않지만, 그래도 이러한 이해를 가져야 한다는 것이다. 이 세계를 통합적으로 설명하기 위해서, 화이트헤드는 매우 약화된 존재 형식들attenuated forms 속에서는 낮은 수준의 사건들로 특징화되면서도 동시에 경험 주체로서의 우리의 의식과 어느 정도 유사한 점을 갖는 범주들을 이용한다. 이러한 방법적 절차는 만일 우리가 단일한 범주들을 이용하려고 할 때, 낮은 수준들을 복잡한 경험이 갖는 단순한 계기case로 보아야 한다는 사실에 근거한 것이다. 즉 생명이 없는 세계로부터 파생되어 나온 개념들을 가지고 우리의 경험을 해석하려고 하지 않아야 하고, 또한 어떤 형태의 이원론에도 의존하지 않아야 한다는 것이다. 물론 우리의 경험과 동떨어진 느낌이라는 '양상들'을 생각하는 것은 어려운 노릇이다. 따라서 우리는 지나칠 정도로 유사성을 끄집어내려는 의인화anthropomorphism를 피해야 한다. 구성적 다원주의는 여러 차원들 간의 차이점들과 급진적으로 새롭게 창발하는 현상을 인정하는 바, 나는 이 사안에 대해서 적절한 관심을 기울인 창발적 일원론이 타당성을 가진다고 생각한다.

요약하자면 나는 과정 신학이 신경과학이 밝히는 증거와 일치한다고 여긴다. 나아가서 나는 과정 신학이 성서적 견해까지도, 즉 인간 존재를 다차원적 통일체unity로 보고 몸성을 지닌 사회적 자아로 보며 이성과 감정의 능력을 지닌 책임적 주체로 보는 성서적 견해를 뒷받침해 준다고 생각한다. 과정 철학이 말하는 양극적 일원론dipolar monism과 구성주의적 다원주의는 실재를 변함없이 지속되는 실체로 보는 것이 아니라 사건들과 과정들로 여기면서 이원론과 물질주의가 갖는 결함들에서 벗어나려고 한다. 나는 과학과 철학 모두, 인류학과 사회과학이 제시하는 자료들만을 가지고는 모든 범주의 인간 경험을 포착해 낼 수 없다고 본다. 나아가서 우리의 종교 전통이 증언하는 인간 생명의 변화 가능성들에 대해서도 상세히 설명해 낼 수 없다고 본다.

5. 과정 신학적 관점에서 보는
하나님과 자연

중세와 종교개혁 시대의 신학적 사유에서 하나님은 전능하시고 전지하시며 변함이 없으시고 이 세계에 의해서 영향받지 않는 분이라고 여겨졌다. 고전적인 신관에 따르면 하나님은 이 우주의 절대적 통치자이시다. 모든 사건은 하나님의 영원한 의지에 따라서 예정되어 있다. 하지만 이 시대에 신적 전능에 대한 이러한 이해는 5장의 두 번째 부분에서 다루는 네 가지 문제들로 인해서 도전을 받고 있다. 첫째는 과학과 신학에서 이해하는 자연의 순전성integrity의 문제이고, 둘째는 악과 고난과 인간의 자유의 문제이며, 셋째는 기독교인들의 십자가에 대한 이해이고, 넷째는 가부장적 신관에 대한 여성 신학자들의 비판이다. 이러한 고찰들은 현대의 수많은 신학자들로 하여금 하나님께서 세상을 창조하심에 있어서 자발적으로 자신을 제한하셨다고 말하게끔 만들었다. 이 입장에 속하는 신학자들 가운데서 대부분은 하나님께서 이 세상의 고난에 참여하신다고 주장한다. 그들은 하나님께서 변함이 없으시고 세상에 의해서 영향받지 않는 분이라는 고전적 신념을 거절하는 입장을 갖는다.

5장의 마지막 부분에서는 네 개의 주제들을 독특한 방식으로 발전시킨 과정 신학의 기여에 대해서 탐구할 것이다. 과정신학자들은 '하나님의 권능을 제한하는 것'과 '하나님의 자발적인 자기 제한'을 동일시하지 않아야 한다고 주장한다. 즉 전능 개념을 보류하는 것이 하나님께서 포기하기로 결정하신 선택 사안에 속하지 않는다는 것이다. 하나님을 포함해서 모든 존재의 사회적 성격을 강조하는 과정신학적 사유로 인해서 하나님께서 권능으로 다른 존재들을 억압하시는 것이 아니라 자신의 권능을 다른 존재들에게 위임하셨다는 해석이 생겨났다. 이렇게 신전 권능의 우주적 범주를 부인하지 않은 채 그 권능의 본질을 재규정함으로써 하나님의 전능과 무능impotence에 대해서 하나의 대안이 마련이 되었다. 하나님이 세상의 고난에 참여하신다는 이러한 견해는 하나님께서 이 세계의 사건들에 의해서 영향을 받으신다는 과정 신학적 신념에 의해서 강하게 지지를 받는다. 이제 나는 과정 신학에서 설명하는 하나님상이 고난에 대한 구속적 변형transformation에 적절한 수단이 됨을 제시하도록 하겠다.

역사적 배경

현재의 토론에 필요한 배경을 마련하기 위해서, 이 세계에 대한 하나님의 관계성과 관련해서 성서적 견해와 중세의 신학적 견해를 간략하게 검토하도록 하겠다.

1. 성서의 다양한 하나님 모델들

모형들models은 또 다른 경험 영역에서 발생하는 사건들을 해석하기 위해서, 하나의 경험 영역으로부터 도출된 유비들analogies이다.[203] 이 점에 있어서 성서는 다양한 하나님 모델들을 포괄한다. 창세기에서 하나님은 혼돈에 질서를 부여하시는 의미심장한 설계자로 묘사된다. 다른 성서 구절들은 하나님을 토기를 만드는 토기장이로(렘 18:6, 사 64:8), 또는 건물의 기초를 놓은 설계자(욥 38:4)로 묘사한다. 성서에서 하나님은 자연과 역사를 통치하시는 주와 왕으로 그려진다. 이스라엘과의 관계에 있어서 하나님은 속박으로부터 이스라엘 공동체를 구원하시는 해방자요 의righteousness와 정의justice로 심판하시는 재판관이다. 개개인들과의 관계에 있어서 하나님은 주의깊은 양치기이시고 용서하시는 아버지이시다. 나아가서 신약성서에서 하나님은 말씀을 통해서 창조하시는 분으로 묘사되는데(요 1장), 말씀이라는 용어는 이 세상에서 활동하시는 '신적 말씀'divine Word이라는 히브리적 개념과 '합리적 원리로서의 말씀'Logos이라는 헬라적 개념을 결합시킨 용어이다. 요한은 창조의 목적이 성육신한 말씀이신 그리스도 안에서 알려진다고 보았다. 이처럼 성서에는 상당히 다양한 하나님상들이 있는데, 각각의 하나님상들은 부분적이고 제한된 유비를 지닌다. 즉 성서 기자들이 풍부한 상상력을 가지고 이 세상을 바라보면서 관계를 맺으시는 하나님을 독특한 방식으로 강조한다는 것이다.

한편 '토기와 토기장이' 같은 유비는 완전히 정적인 제품의 제작자라는 하나님상을 가정한 것으로서, 이러한 유비들은 계속 역동적으로 진행되는 진화 역사를 생각하는 데 있어서 그다지 도움이 되지 않는다. 오히려 '정원사로서의 하나님 모델'이 더 신뢰를 얻는다. 이 하나님상은 성서에 매우 드물게 등장하는데(창 2:8), 이유는 이스라엘 백성이 자신들을 주변 문화들에 만연되어 있는 자연의 신들gods으로부터 거리두기를 원했기 때문이다. 또한 인간과 관계를 맺으시는 하나님을 묘사함에 있어서 아버지로서의 하나님상이 나타날 때도 있지만, 반면에 아버지 같은 마음으로fatherly 자연에 관심을 가지시는 하나님상이 성서에 나오기도 한다.(예를 들면 마 6:26, 28-30의 새들과 백합화에 관심을 가지시는 하나님상이 여기에 속한다). 한편으로 어머니로서의 하나님상이 가부장적 사회에서 매우 드물게 나타나지만, 그러나 어머니로서의 하나님상이 종종 성서에 나오는 경우가 있다.(예를 들면 사 49:15와 66:13) 부모의 유비parental analogy는 아기의 출산이나 탄생에서 온 것이라기보다는, 대개 자라는 아이를 양육하는 부모로부터 온 것으로서, 이 유비가 특히 이 세계에 관계를 맺으시는 하나님 이미지에 적절한 것처럼 보인다. 현명한 부모는 아이를 격려하고 사랑하면서, 점차적으로 독립심을 갖도록 만든다. 이 하나님 이미지가 보통 문화적 관점에서 볼 때 남성적masculine 특성들이라고 여겨지는 것과 여성적 특성들이라고 여겨지는 것들 사이에서 균형을 갖도록 만든다. 즉 이 하나님 이미지가 강하게 '남성성을 띠는' 전능과 주권이라는 군주적 하나님 모델과 대비된다는 것이다.

1장에서 나는 '영으로서의 하나님'이라는 성서적 이미지를 다루었다. 이와 달리 지금까지 5장에서 다룬 하나님 유비는 독특한 생명력과 창조성을 지니는데, 한편으로는 인간 정신human spirit의 신비를 나타내며, 다른 한편으로는 합리성과 느낌과 의지를 지닌 자아로서 다른 사람들과 하나님께 반응하는 능동적 인격active person을 나타내기도 한다. 성경에서 영을 의미하는 히브리어 '루아흐'ruach는 또한 '호흡'breath으로 사용되기도 하고, 생명과 동일시되기도 한다. 영spirit은 세상에서 활동하시는 하나님으로서, 최초의 창조 때에도 활동하셨고(창 1:2), 계속해서 활동하신다.(시 104:30) 나아가서 영은 또한 예배공동체와 선지자들의 영감 속에서 활동하시는 하나님을 나타내기도 한다. 나는 3장에서 예수 그리스도가 세례를 받으실 때 나타나신 영에 의해서 영감을 받았음을 언급했다.[204]

2. 중세의 신학

중세 시대에 성서적 개념과 아리스토텔레스적 개념이 하나로 합쳐졌는데, 이것은 특히 토마스 아퀴나스Thomas Aquinas의 작품에 잘 나타나 있다. 아퀴나스는 후기 가톨릭 신학에서 매우 영향력 있는 인물이다. 중세 시대에 왕과 통치자라는 성서적 하나님상이 신적 전능과 전지에 대한 공식적인 교리로 문서화 되었다. 하지만 중세시기에 자신의 나라를 통치하는 절대군주 모델이 지배적인 모델이었지만, 다른 모델들이 전혀 없었던 것은 아니다. 중세의 하나님 개념과 유사한 하나님 개념이 종교개혁 시기에도 지배적이었던 바, 이것은 특히 신적 주권과 예정predestination을 강조한 칼뱅의 신학에 잘 나타나 있다.

신적 전능에 관한 고전적인 교리에서 하나님은 이 세상을 섭리적 지혜로 통치하시고 지배하시는 분으로 묘사된다. 모든 사건들은 전적으로 하나님의 의지와 권능에 종속되어 있다. 신적 운명foreordination은 모든 사건에 대한 예지foreknowledge 뿐 아니라 예정predetermination을 포괄하는 것으로 여겨졌다. 중세의 가톨릭 신학자들과 종교개혁 신학자들 모두 하나님께서 이차적인 자연적 원인들을 통해서 일하시는 평범한 활동에 더하여, 모든 사건들에 직접적 원인으로 기적적으로 관여하신다고 주장했다. 이때 하나님의 활동은 전적으로 일방적인 관계성을 지닌다고 여겨졌다. 즉 하나님은 이 세계에 영향을 끼치시지만, 이 세계는 영원하시고 변함이 없으신 하나님께 아무런 영향을 끼치지 못한다고 여겨졌다는 것이다.[205]

하나님의 본질에서 모든 시간성을 배제시키는 움직임은 주로 헬라적 사유에서 기인하는 것으로서, 플라톤은 영원한 형상과 무시간적 진리의 영역들에 대해서 설명하면서, 이것들이 이 세계에 불완전하게 반영되어 있다고 보았다. 그는 완전한 것은 변하지 않는다고 여겼다. 같은 맥락에서 아퀴나스도 하나님이 아픔을 느끼지 않는 무감각한 분으로, 이 세계에 의해서 영향받지 않는 분이라고 말했다. 하나님은 우리 인간에게 선한 것들만을 행하시는 분으로서, 소위 사랑의 하나님이시지만 열정passion과 감정은 지니지 않으신 분이다. 나아가서 하나님은 존재론적으로 볼 때도 전적으로 자기-충족적이기 때문에 이 세계와 무관한 분이시다. 따라서 하나님은 이 세계로부터 아무것도 받지 않으신다. 하나님은 모든 사건들을 미리 아시면서 모든 세부 사항들을 통제하시는 분이기 때문에 신적 지식은 언제나 완벽하다. 또한 하나님은 '민감성'responsiveness이라는 요인을 갖지 않으신다. 궁극적으로 볼 때 시간이 경과되는 것이 하나님께는 비현실에 해당이 되는데, 이유는 모든 시간이 하나님을 위해서 동시적으로 활짝 펼쳐져 있기 때문이다. 하지만 내가 보기에 이러한 하나님상들은 성서의 역동적인 하나님상들과는 차이가 있다. 즉 성서의 하나님이 이스라엘의 역사에 친밀하게 관여하셨고, 이스라엘 역사의 변화하는 상황들에 열정적으로 반응하셨다는 것이다.

중세와 종교개혁 시기의 신적 주권에 관한 이미지와 관련해서 여러 주제들이 한정되고 제한되어 있는 것은 주지의 사실이다. 이 점에 있어서 하나님의 통제control를 단순한 권능이 아니라고 보아야 하는데, 이유는 하나님의 능력은 항상 '사랑의 권능'이기 때문이다. 단테Dante의 『신곡』The Divine Comedy은 '태양과 별들을 움직이는 사랑'이신 하나님을 보는 것으로 끝난다.[206] 고전적 유신론은 사실상 하나님의 초월성을 강조하면서 하나님을 자연 외부로부터 이따금씩 초자연적으로 관여하시는 분으로 묘사했다. 그러나 한편으로는 신적 내재성 또한 옹호되기도 했다. 또한 고전적 신관은 하나님을 성육신과 성례전과 교회의 삶 속에서 탁월한 방식으로preeminently 존재하시는 분으로 묘사하기도 한다.

하나님의 자기 제한

고전적 맥락의 신적 전능 이해에 관한 최근의 비판들에서 자주 다루는 네 가지 주제들이 있다.

1. 자연의 순전성

근대과학의 발흥과 더불어 자연은 점차적으로 자기충족적인 기계장치로 여겨졌다. 자연 안에서 하나님은 자연법을 위반하면서 외부로부터 관여하시는 방식으로만 일하신다. 하나님이 자연법들을 만드셨다면, 하나님은 아마도 자유롭게 자연법들을 폐지하실 수도 있고, 더 높은 수준의 자연법들을 이용하실 수도 있다고 여겨졌다. 더욱이 오늘날은 많은 자연법칙들이 개연적이고probabilistic 통계적인statistical 성격을 지닌다고 알려져 있다. 따라서 오늘날 사람들은 자연적이든지 초자연적이든지 그 시스템 외부로부터 오는 무언가에 부차적인 영향을 받지 않을 시, 일반적으로 자연법칙들이 하나의 시스템이 작동하는 방식을 설명해 준다고 알고 있다. 일관성있는 규칙성들이 대부분의 자연 영역에 속하는 특징이 되는 바, 이 규칙성들이 없다면 과학 자체는 가능하지 않게 된다. 더욱이 너무 길어서 비경제적인 것처럼 보이는 진화 역사는 하나님이 자연에 빈번하게 또는 강제적으로 관여하지 않으신다고 말한다. 그러나 하나님이 진화 과정에서 활동적인 분으로 여겨진다면, 우리가 생각하는 것 이상으로 미묘한 방식으로, 즉 이미 현존하는 자연 구성물들이나 자연 활동들 위에 무언가를 세우는 방식으로 하나님이 활동하신다고 말할 수 있다. 이 점에 있어서 만일 하나님의 규칙이 존재한다면, 그 규칙은 이미 존재하는 생명체들을 억압하는 방식이 아니라 생명체들과 함께 일하시는 방식이어야 할 것이다.

최근의 몇몇 학자들도 신적 활동을 설명하면서 하나님을 자연법칙들을 위반하지 않는 분이라고 말해왔고, 또한 자연이 갖는 여러 빈틈들에 관여하지 않는 분이라고 말해왔다.('빈틈의 하나님상'God of the gaps은 하나님께서 과학이 진보해 나가면서 각각의 틈새들이 메꿔지게 될 때마다 뒤로 물러나신다고 말한다.) 대신에 그 사람들은 자연 속에서의 신적 활동과 관련된 유비들을 제시하면서 어떻게 새로운 과학 개념들이 신적 활동을 허용하는지를 보여주려고 노력해 왔다. 조지 엘리스George Ellis는 하나님이 불확정성indeterminacies을 결정하신다고 주장하는데, 불확정성은 양자 물리법칙들과 관련해서 새롭게 등장한 개념이다. 2장에서 다뤘듯이 폴킹혼John Polkinghorne도 하나님께서 카오스 이론에서 말하는 정교하고 섬세한 분기점bifurcation points에서 에너지보존법칙을 위반하지 않은 채 '순수정보'pure information를 교류하는 방식으로 활동하신다고 말한다. 한편으로 피콕Arthur Peacocke은 하나님이 하향식 인과율top-down causality의 방식으로 활동하신다고 말한다. 하향식 인과율은(하위수준의 법칙들을 위반하는 것이 아니라 경계 조건들boundary conditions과 통제 조건들constraints의 범주 내에서) 높은 수준들이 유기체의 낮은 수준의 구성 요소들 위에 하향식으로 영향을 끼친다는 개념이다. 피콕은 또한 이 세계에서의 하나님의 활동을 전체가 유기체들 안에서의 부분들의 변화에 영향을 끼칠 수 있는 방식의 확장이라고 말한다. 이 모든 경우에 있어서 하나님은 일관성 없이 관여하시는 것이 아니라 자연의 구성물들과 협력하시면서 미묘한 방식으로 활동하시는 분이라고 여겨진다.[207]

이것들 외에도 자연의 순전성을 주장할 만한 다른 신학적 이유들이 더 있다. 자연이 지니고 있는 명료성intelligibility과 합리성과 의존성도 지적 창조자가 존재한다는 그럴듯한 증거로 해석이 될 수 있다. 무슨 말인가? 비록 자연이 지니는 이러한 특징들이 결정적인 논점은 아니라 할지라도, 하나의 논의 대상으로서 타당성을 지닌다는 것이다. 만일 하나님이 빈번하게 자연을 정정하셔야 했다면, 그것은 결함이 있는 설계였을 것이다. 미하엘 벨커Michael Welker는 창세기 1장 20-22절의 "물들은 생물을 번성하게 하라. … 열매를 맺으며 번식하라…"는 구절에 대해서 논평하기를, 이 구절들은 흔히 주장하듯이 하나님에 대한 피조물들의 '절대적인 의존'을 묘사하는 것이 아니라, 신적 창조 안에서 피조물들과의 협력을 가리킨다고 말한다.[208]

한편 토마스주의 전통에 있는 사람들은 신적 전능 개념과 자연의 순전성 개념을 조화시키려고 애써 왔다. 그들은 제일 원인primary cause이신 하나님이 이차적 원인들secondary causes인 자연을 통해서 전능적으로 활동하시는 것이라고 말한다. 이 세계 내의 모든 사건들은 신적 계획의 산물로서, 모든 것은 하나님의 의지에 따라서 예정된 것이다. 하나님의 '첫 번째 인과율'primary causality은 일련의 '이차적 원인들'이라는 무수히 다양한 수준들을 지닌다. 따라서 하나님의 첫 번째 인과율은 완전하고 그 자신의 수준에 있어서 빈틈들gaps을 갖지 않는다. 이렇게 여러 자연적 원인들을 자연에 대한 하나님의 절대적 통치 수단으로 보는 해석을 칼뱅도 지지했고, 최근에는 칼 바르트Karl Barth와 오스틴 파러Austin Farrer를 비롯해서 여러 사람들이 이 해석을 지지하고 있다.[209] 이에 대해서 비판하는 사람들은 이 세계 내의 악과 인간의 자유가 모든 사건들이 궁극적으로 하나님에 의해서 미리 결정되어 있다는 신학적 단정과 양립 불가능하다고 비판한다. 이에 대해 나는 과정 신학적 사유가 자연적 결정론과 신적 결정론 모두를 정밀하게 비판하는 논점들을 제공해 준다고 여긴다. 과정 신학은 신적 전능에 대한 전통적 개념들을 거부하면서, 모든 사건들 내에서 하나님께서 감당하시는 역할들과 그 사건들에 영향을 미치는 자연적 원인들을 상세히 설명해 준다.

2. 악과 고난 그리고 인간의 자유

인간의 범주에서 벗어나 있는 자연에도 고통과 고난이 만연되어 있다. 진화 역사에서 고통으로 말미암는 향상된 능력은 향상된 감각성 sentience을 수반한다. 즉 고통이 생명체의 '적응적 가치'adaptive value를 위해서 선택된 것으로 여겨진다는 것이다. 고통은 생명체에게 위험을 경고해 주거나 신체적 손상을 경고해 주는 기능을 감당한다고 여겨진다. 몹시 격하게 고통받을 때 동물들이 보여주는 행동이 이에 대한 명백한 증거가 된다.[210] 포식자들은 먹잇감들과 떨어져서 살지만, 대다수의 유기체들은 먹이사슬에서 복잡한 유기분자organic molecules의 근원에 해당되는 낮은 수준의 유기체들을 먹어치우면서 생존한다. 이처럼 진화 역사는 투쟁과 경쟁을 포괄해 온 바, 이로 인해 방대한 대다수의 종들이 멸종에 처해졌다. 롤스톤Holmes Rolston은 자연이 갖는 이러한 비극적인 차원의 한 사례를 소개한다. 미국의 펠리컨white pelican은 이틀 간격으로 알을 낳는다. 이때 늦게 부화된 작은 새끼는 일찍 부화된 커다란 새끼가 초기 단계에서 죽어야만 살아남을 수 있다. 대체적으로 봤을 때 작은 새끼는 공격받아야 할 운명이고, 큰 새끼의 먹잇감이 될 운명이며, 둥지 밖으로 밀려날 운명에 처해진다는 것이다.[211] 실정이 이렇기 때문에 먼저 부화된 새끼가 죽어야 나중에 부화된 새끼가 살게 된다. 이런 점에서 볼 때 개체에게 해로운 것이 그룹 또는 더 커다란 시스템에 유익이 될 수 있다. 비선형적 열역학 시스템nonlinear thermodynamic systems에서도, 무질서는 새로운 형태의 질서가 출현하기 위한 조건이 된다. 같은 맥락에서 죽음도 진화가 갖는 필수적인 특징에 해당이 된다. 죽음을 통해서 각각의 세대들 사이에 변화들이 발생하고, 유한한 자원들로 인해서 제한된 개체수들만이 생존하게 된다. 이 점에 있어서 포식자들의 먹잇감이 생태계에 기여하는 것이라고 할 수 있고, 나중에 부화된 새끼가 전체 펠리컨들의 미래 세대들의 생존에 기여하는 것이라고 할 수 있다. 이에 대해 롤스톤은 고통이 더 큰 목적에 공헌하는 것을 볼 때, 또한 새로운 생명체가 옛것으로부터 출현하는 것을 볼 때, 자연이야말로 '십자가 형태로 된 체계'cruciform를 갖는다고 말한다. 무슨 말인가? 고통을 통해서 자연이 더 높은 수준의 무언가로 변해간다는 것이다. 나아가서 고통을 통해서 자연은 고통받는 구속주suffering Redeemer 안에서 완결된 패턴을 제시해 주고, 나아가서 피조물을 '위해서', 피조물과 '함께' 당하시는 하나님의 고난 속에서 완결된 패턴도 제시해 준다는 것이다.[212]

진화 역사에서 더 높은 수준의 감각성과 의식이 출현할 때, 큰 고통으로 말미암는 능력과 더 큰 기쁨을 위한 능력은 불가피하게 서로 연결이 된다. 나아가서 바울이 주장하듯이(롬 5:3) 고통은 인간 삶의 도덕적 성장에도 기여를 한다. 위험과 유혹이 없다면, 용기는 불가능한 개념이 될 수 밖에 없다. 이런 맥락에 따라서 볼 때 다른 이들이 받는 고통은 동정심과 연민이라는 반응을 불러일으키게 되고, 부당해 보일 정도의 과한 고통도 다른 이들을 위해서 '몸을 내어주는 희생'redemptive effect을 불사하도록 만든다. 더욱이 악이라는 대안적 선택이 없다면, 선을 자유롭게 선택하는 것은 애당초 가능하지 않게 된다. 존 힉John Hick도 이레니우스를 따라서 이 세계를 도덕적 발달의 기회이자 '영혼을 만들어 내는'soul-making 기회라고 말한다. 그는 부당할 정도의 고통이라는 불공평이 사후세계에서 교정될 수 있다고 본다. 힉은 악과 고통이 실존하는 현실을 하나님이 자기를 제한하시는 증거로 여긴다. 나아가서 그는 또한 '인식론적 거리'epistemic distance를 제공하기 위해서 하나님께서 신적 권능을 자제하신다고 말한다. 그는 인식론적 거리가 우리로 하여금 믿음이라는 명목 하에 신적 사랑에 압도당하거나 강요당하도록 만드는 것이 아니라, 신적 사랑에 자유롭게 반응하는 것을 가능하도록 만든다고 말한다.[213]

그러나 나는 '도덕적 발달'이라는 논지만으로 인간 삶 속에 있는 다양한 류의 고통과 더불어서 만연되어 있는 고통과 깊이 뿌리 배어 있는 인간의 악을 정당화할 수 있는지에 대해서 의구심을 갖는다. 이러한 나의 의구심은 최근에 아우슈비츠를 방문하면서 '도덕적 발달'이라는 논지의 의미를 새롭게 되돌아보면서 생긴 것이다. 고통에 직면하면서 용기와 힘을 얻는 사람들이 있는 반면에, 고통으로 인해서 낙담하면서 비참하게 된 사람들도 있다. 하나님의 자발적인 자기 제한은 특정한 류의 악과 고난에 대해서 직접적으로 책임을 져야 한다는 입장으로부터 하나님을 벗어나게 해 주지만, 그러나 나는 궁극적으로 볼 때 하나님이 악과 고난의 책임자라고 여긴다. 우리가 조치를 취하지 않아서 에이즈AIDS에 감염된 사람이 겪는 고통이나 아우슈비츠의 수감자에 대해서 어떤 시각을 가져야 하는 것인가? 이러한 질문은 신적 전능이 단지 일시적으로만 제한되어 있다고 주장하면서 우리를 멈칫거리게 만들 수 있다. 이와 대조적으로 과정 신학적 사유는 신적 권능의 제한을 자발적인 자기 제한이라고 여기지 않고, '형이상학적 필요성의 산물'이라고 여긴다. 더욱이 인간의 자유는 '생물학적 결정론'이라는 주제와 '신적 전능'이라는 주제 모두에서 배제가 되는 것처럼 보인다. 3장에서 다루었듯이 동일한 유전자를 가진 쌍둥이와 동일한 유전자의 절반만을 공유하는 쌍둥이와 공유된 유전자가 거의 없는 입양된 아이들을 비교하는 것은 수많은 행동적 특성에 있어서 절반 정도만이 유전된다는 것을 보여준다. 물론 이것이 인간의 자유가 환상에 불과하다는 것을 입증해 주지는 못한다. 이와 달리 이것은 우리의 결정이 물려 받은 유전자들에 따라서 상당히 제약되어 있음을 보여준다. 즉 우리가 단지 제한된 범주의 가능성들 내에서만 선택할 수 있다는 것이다.[214] 여기서 나아가서 또 다른 학문들은 뇌의 특정 부위의 손상과 뇌의 화학물질 균형의 변화들이 특정한 정신 능력들에 극적으로 영향을 끼친다고 말해왔다. 한편으로 생물학적 과정에서 정신적인 삶과 영적인 삶이 상호 의존성을 지닌다는 입장은 전통적인 '몸-영혼 이원론'에 의문을 제기한다. 나는 인간이 '생물학적 유기체'인 동시에 '몸을 지닌 자아'이며 '책임적 주체'라는 것이 증명이 되어야만, 자유라는 개념이 옹호될 수 있다고 여긴다.

내가 보기에는 '선택'이라는 경험은 '직접적인 개인적 경험'firsthand personal experience이 갖는 지울 수 없는 특징이라고 보여진다. 결정론을 지지하는 철학자들이나 과학자들도 사람들이 일상의 삶을 살아감에 있어서 자신들의 행동에 책임을 져야 한다고 말한다. 그러나 이 책의 5장에서는 생물학적 결정론 때문이 아니라 신적 결정론 때문에 인간의 자유에 가해지는 위협에 우리의 주된 관심이 놓여져 있다. 성서도 도덕적 선택을 빈번하게 요구한다. "오늘날 너희가 섬길 자를 선택하라"(수 25:15). 같은 맥락에서 바울도 인간의 자유와 신적 은총이라는 역설과 씨름을 하고 있음을 보게 된다. "내가 아니라 나와 함께 계시는 하나님의 은총으로 인해서 내가 다른 사람들보다 더 많이 수고했다."(고전 15:10) "너희 안에서 일하시는 하나님으로 인해서 … 너희의 구원을 이루라."(빌 2:12-13) 바울은 또한 진정한 자유는 외적인 제약들이 없는 상태에서 내적 갈등을 통한 마음의 결의가 있어야 함을 인정한다. "내가 원하는 바 선은 행하지 아니하고, 원하지 아니하는 바 악을 행하는 도다."(롬 7:19) 루터Martin Luther도 바울을 따라서 인간의 죄가 '의지를 속박'bondage of the will하는 바, 오직 하나님의 사랑을 수락함으로써만 인간이 죄로부터 해방될 수 있다고 주장했다.

한편 아퀴나스 전통의 사람들은 인간의 자유와 신적 예지 foreknowledge와 예정predestination을 조화시키려고 노력해 왔다. 인간의 자유는 계속되는 시간적 사건들이라는 영역 안에서 발생하는 것이다. 하나님이 바라시는 것은 인간의 자유로운 응답이지, 강요된 순종이 아니다. 하나님은 시간을 초월하시는 반면에, 신적 지식은 영원하고 불변하다고 여겨진다. 하나님은 미래를 아시는 바, 미래는 인간의 선택과 '세속적 원인들'worldly causes로 인해서 예측불가능하게 만들어진 것이 아니라, 신적 명령divine decree으로 인해서 결정론적으로 정해진 것이다. 이 세계 안에서의 하나의 행동은 그것이 발생하기 전에는 불확실한 것이다. 그러나 하나님께 있어서는 '이전'이란 없다. 아퀴나스 전통에서는 모든 시간이 하나님과 동시적으로 존재한다고 여겨진다.[215] 그러나 나는 이러한 입장이 하나님께 시간이 비현실적인 것이 되는 것으로 본다. 즉 이러한 입장이 인간과 하나님의 상호작용을 계속되는 관계성 속에서 이루어지는 상호 간의 친밀한 '협력'이라기보다는, 준비된 대본을 각색해서 이루어지는 '공연'에 가깝다고 여겨진다는 것이다. 이 문제에 있어서 나는 하나님은 알려질 수 있는 모든 것을 아심에 있어서 전지하신 분이라고 말하는 사람들과 입장을 같이 한다. 이러한 입장은 여러 선택들로 말미암아 발생하는 그 어떤 결과들이 주어지기 전에, 어떤 선택들을 할 것인지를 하나님이 아신다고 말하지는 않는다. 신정론에 있어서 '자유의지론'free-will defense은 인간의 자유의 대가 price, 代價로 말미암아 악을 선택할 수 있는 가능성이 있다고 주장한다. 폴킹혼은 인간 밖의 영역에서의 신적인 자기 제한을 언급함에 있어서 '자유과정론' free-process defense이라는 용어를 사용해 왔다.[216] 그러나 나는 인간과 무관한 채 자연 속에 있는 자유라고 말하기 보다는, '창조성'이라고 말하는 것이 타당하다고 본다. 이로 인해 인간의 영역과 인간 이외의 영역 모두에 미치는 하나님의 권능과 지식과 관련해서 유사한 논쟁 사안들이 생겨난다. 이 점에 있어서 과정신학자들은 만일 하나님의 경험이 '시간적인'temporal 것이라면, 인간의 자유는 하나님 권능의 제한을 의미함과 동시에 미래에 대한 하나님 지식의 제한을 의미하는 것이라고 주장해 왔다.

3. 기독교의 십자가에 대한 이해

성경은 우리에게 다양한 하나님상을 제시해 준다. 구약성서의 여러 곳에서 하나님은 선택된 백성을 보호하시는 전쟁에 능하신 강한 주님으로 묘사된다. 이사야 선지자는 성전에서 하나님의 엄위와 신비에 압도를 당한다.(사 6장) 하지만 이와 달리 하나님은 비탄에 젖은 남편으로 비유되기도 하고, 강하게 심판하시면서도 불신실한 아내를 부드럽게 용서하시는 분에 비유되기도 한다.(호 1-4장) 이사야 6장 이후에서 이스라엘 백성들은 하나님의 '고난받는 종으로' 묘사되기도 한다. 그들의 고난은 다른 민족들에게 구속적인redemptively 영향을 끼치는 바, 초기 기독교인들은 이스라엘 백성들이 감당한 이 역할이 예수 그리스도의 인격 안에서 성취되었다고 여겼다.

바울은 그리스도께서 "하나님과 동등되다고 여기지 아니하시고 자기를 비우사 종의 형체를 취하셨고, 죽음에 이르기까지, 즉 십자가상의 죽음에 이르기까지 순종하셨다"고 기록한다.(빌 2:6-8) 이 구절에서 헬라어 '케노시스'kenosis, (자기비움)는 그리스도의 권능의 자기 제한을 가리킴과 동시에, 그리스도의 죽음을 허용하시는 하나님의 권능의 자기 제한을 가리키기도 한다. 한편으로 기독교인들은 십자가를 그리스도께서 선택한 결과로, 즉 그의 전 생애 속에서 결단한 자기희생적인 사랑의 길로 이해했다. 이러한 결단은 공생애 초기 시에 광야에서 마귀에게 유혹을 받은 것에서부터 시작해서 죽음에 임박한 채 겟세마네 동산에서 자유롭게 결정하고 신실하게 반응하는 것에까지, 즉 그의 전 생애 속에서 보여진다. 그러나 다른 한편으로 기독교인들은 그리스도의 성육신과 죽음 안에서 하나님께서 인간의 고난에 참여하시면서 구속적인 사랑의 힘을 보여주신 것이라고 주장했다. 따라서 십자가는 하나님의 본질과 의지를 나타낼 뿐 아니라, 인간이신 그리스도께서 온전하게 결단하신 것임을 나타낸 것이기도 하다. 우리는 이렇게 하나님께서 창조와 성육신 속에서 '자기를 비우는 방식으로'kenotically 행동하셨다고 말할 수 있다.

현대의 신학자들 중에서 반스톤W. H. Vanstone은 자발성이 진정한 사랑의 특징이라고 말하면서, 이것이 하나님과 사람 모두에게 해당이 된다고 말한다.

당신은 지배자가 아니라, 하나님이십니다.Thou art God; no monarch Thou
당신의 보좌는 통치하기에 완전합니다.Thron'd in easy state to reign
당신은 사랑의 팔로 안으시는 하나님이십니다.Thou art God. Whose arms of love
세상은 아프기도 하고 지치기도 하면서 유지가 됩니다.Aching, spent, the world sustain[217]

『하나님의 창조적인 고난』The Creative Suffering of God에서 폴 피드스 Paul Fiddes는 하나님의 '자기 충만'self-sufficiency과 '불변성'immutability에 대한 전통적인 이해를 비판한다. 피드스는 과정철학에 공감하면서 토론을 전개하다가, 마지막에 가서 하나님의 '시간성'temporality과 '민감성'vulnerability이 하나님의 삶의 방식 안에 있는 삼위일체적 상호작용에 잘 표현되어있다고 말한다.[218] 우리는 성서에서 성령이 자연 안에서 활동하시고, 선지자들의 경험과 예배하는 공동체 안에서 활동하시며, 그리스도의 삶 속에서 활동하시는 하나님이심을 다루어 왔다. 성서의 여러 구절들에서 성령은 자신 안에서부터 새롭게 하시고 영감을 주시며 권한을 주시고 인도하시면서 활동하시는 분이라고 일컬어진다. 이 모든 성령의 활동상은 강요적인 활동이 아니라, 세례 시에 그리스도께 내려오신 비둘기같이 부드러운 활동이다. 성령에 관한 몇몇 이미지들(바람 또는 불의 이미지)이 강한 영향력을 의미할 때도 있지만, 그래도 성령의 강한 영향력에 각 사람의 활발한 참여가 절실히 요구된다는 것이다. 이런 점에서 볼 때 우리는 성서가 케노시스kenotic 신학을 뒷받침한다고 볼 수 있다.

4. 가부장적 신관들에 대한 여성신학자들의 비판들

여성 신학자들은 우리의 문화에서 '남성'masculine에 해당되는 가치들virtues, 예를 들면 힘과 지배와 독립심과 합리성과 같은 가치들이 '여성'feminine에 해당되는 가치들, 예를 들면 양육과 협력과 상호의존성과 감정적인 민감성과 같은 가치들보다 우위에 있는 것으로 여겨진다고 말한다. 남성에 해당되는 가치들의 문화적 우위성은 서양 사회구조가 지닌 남성지배의 원인이자 결과로 볼 수 있다. 그들은 전통적으로 기독교적 사유에 속하는 가부장적 신관들도 남성들에 의해서 통제되어 온 역사의 산물로 본다.[219] 따라서 여성 신학자들은 인간 본성과 하나님의 '돌봄'caring과 '양육'nurturing과 같은 양상들에 주목한다. 이러한 것들은 '힘'과 '정의'와 같은 특징들에 비해서 역사적으로 덜 존경

받아 온 것들이다. 그러나 이러한 여성적인 하나님 이미지들은 여성이 존중받아야 함에 힘을 실어준다. 나아가서 여성 신학자들은 종종 성령을 성별을 초월한 삼위일체의 한 인격으로 보거나, 또한 하나님을 소피아Sophia, (지혜)로 보는 여성적 표현에도 관심을 기울인다.[220] 이러한 이미지들이 한편으로는 하나님의 권능을 축소시키는 것처럼 보이지만, 다른 한편으로는 권능이 지닌 다양한 양상들을 잘 나타내 주는 것으로 이해될 수 있다는 것이다. 예컨대 권능을 다른 사람을 통제하는 것이 아니라, 다른 사람에게 권한을 부여하는 것으로 이해한다는 것이다. 창조적인 권한은 '제로-섬 게임'zero-sum game, (이것은 한 사람이 무언가를 잃었을 때 다른 사람이 그것을 얻는 게임이다.)이 아니라, '포지티브-섬 게임'positive-sum game, (이것은 양쪽 다 무언가를 얻는 게임이다.)이다. 나아가서 여성 신학자들은 그리스도의 자기희생적 죽음을 가지고 여성의 자기희생을 정당화하는 것을 반대한다. 역사 속에서 여성은 지나칠 정도로 자주 '고난받는 종'의 역할을 감당해 왔다. 여성들도 이 역할을 기꺼이 인내하며 감당하면서 자발적으로 자신들을 혹사시켜 왔다. 이에 대하여 엘리자베스 존슨Elizabeth Johnson은 더 큰 선을 위해서 감당하는 자발적인 고통에 대해서는 경탄을 받아 마땅하다고 말한다. 예를 들면 사회 정의를 위해서 시민이 불복종하면서 투옥되는 사례가 여기에 해당이 된다. 그러나 역사 속에서 많은 여성들은 성적인 희생자들이었고 길들여진 폭력의 희생자들이었으며, 잘못된 것들에 저항할 용기를 내지 못한 자들이었다. 존슨은 자기존중과 자기 확증을 타인들에 대한 사랑과 양립가능하다고 보면서, 이 두 가지 가치들이 상호 간에 적절한 관계성들을 만들어 낸다고 주장한다. 이런 맥락에 따라서 그는 다른 사람들을 돌볼 수 있는 능력이 자기희생이나 낮은 자존감에 있는 것이 아니라, 자기 수락에 있다고 보면서 여기에 속하는 심리치료연구에 주목한다.[221]

같은 맥락에서 조안 브라운Joanne Brown과 레베카 파커Rebecca Parker
도 그리스도의 죽음을 가지고 고통을 정당화하지 않아야 한다고 주장
한다. 안셀름이 제시한 대리적 대속이론에 따르면, 성자the Son는 성부
the Father께 순종함으로써 우리의 죄를 대신해서 죽으셨고 우리가 받아
야 할 형벌을 감당하셨다. 그러나 브라운과 파커는 이러한 인과응보
적 요구에 해당되는 신적 정의를 대리적으로 만족시키는 '속죄의 희
생'propitiatory sacrifice 개념을 비판한다. 이러한 대속 이론은 순종을 지지
하면서 고난을 정당화하는데, 여성이 이러한 대속 이론에 요구하는
사안들에 묶여 있을 필요가 없다는 것이다. 이런 맥락에 따라 브라운
과 파커는 아벨라르드Peter Abelard가 주장하는 '도덕감화설'moral influence
theory에 속하는 몇 가지 장점들에 주목한다. 도덕감화설은 부당하게
고난 받으신 그리스도로 인해서, 우리가 참회하고 수락받으며 용서를
받는 것이라고 말한다. 이러한 해석은 '하나님의 정의'보다 '하나님의
사랑'을 더 강조하는 데에 초점이 맞춰져 있다. 그러나 도덕감화설과
같은 이론도 희생자들에게 용기를 주어서 자신들을 억압하는 사람들
에게 저항하도록 만들지는 못한다. 그들은 그리스도께서 의도적으로
고난당한 것이 아니라고 주장할 뿐이다. 즉 당신의 급진적인 사랑의
메시지가 그 당시 만연되어 있는 종교-정치 권력 구조에 의해서 도전
을 받으면서 그리스도께서 고난을 당하셨다는 것이다. 하나님의 사랑
과 인간의 사랑은 함께 적극적으로 저항을 하면서 고난을 극복해 나가
야 한다.[222] 우리는 여성 신학자들의 경고에 주의를 기울여서, 자기희
생을 강조하는 케노시스 신학을 세심히 살펴볼 필요가 있다.

과정 신학

화이트헤드는 하나님을 '오만한 통치자'imperial ruler로 보는 '군주적 신모델'을 단호하게 거부한다. 그는 하나님을 피조물을 이해하시면서 '함께 고통을 받는 분'으로 이해한다.[223] 이런 맥락에 따라서 그는 하나님께서 보잘것없는 것에 부드러운 관심을 기울이셨다는 '기독교의 겸손 이미지'를 지지한다. 화이트헤드에 따르면 하나님의 '본래적 본성'primordial nature은 모든 가능성의 근원인 반면에, 하나님의 '결과적 본성'consequent nature은 이 세계에 의해서도 영향을 받는다.[224] 이러한 화이트헤드의 주장을 확장시키면서, 하트숀Charles Hartshorne은 전통적인 하나님의 '무감정'impassibility과 '불변성'immutability 개념을 비판한다. 대신에 그는 '양극적 유신론'dipolar theism 개념을 지지한다. 이 개념에 따르면 하나님은 이 세계와의 상호작용 속에서 시간적으로 영향을 받으면서 자신을 변화시키시는 분이지만, 그 성품과 의지에 있어서는 변함없이 영원한 분이시다.[225] 화이트헤드와 하트숀에 따르면 삶 속에서 다른 이들에게 공감하는 것이 그들에게 영향을 끼치는 것처럼, 하나님도 이 세계에 참여하심으로써 우리의 고난에 공감하시는 분이다. 두 사람 모두 결국 하나님의 공감이 우리에게 영향을 끼친다고 말하고 있음을 보게 된다. 이 세계에서의 모든 사건들이 전개되는 것을 설명함에 있어서, 화이트헤드는 '과거 사건들의 영향'과 '하나님으로 말미암는 잠재력의 질서화'ordering of potentiality와 '새로움이라는 요인' 모두를 포괄하는데, 이것은 '강요'가 아니라 하나님의 '설득'이다. 이러한 개념화는 특히 인간 삶 속에서 발현되는 추진력 있는 하나님 사랑의 성격을 설명하는 데 있어서 큰 도움이 된다. 만일 이 세계가 결정론적인 구조를 가졌다면, 하나님의 사랑은 생명이 없는 이 세계와 관계를 맺으실 수 없다. 그러나 하나님의 사랑은 하향식 인과율과 정보의 교류를 통해서 높은 수준에서 낮은 수준으로 흘러간다. 즉 하나님의 사랑은 여러 수준들의 위계질서를 담고 있는 자연과도 관련을 맺으시는바, 이러한 입장은 과정 철학이 제시하는 자연관과도 일맥상통한다.

우리는 지금까지 '물질주의' 또는 '정신-물질의 이원론' 대신에, 과정 신학적 사유가 '다원적인 두 양상 일원론'pluralistic two-aspect monism을 제시하고 있음을 살펴보았다. 이 입장은 모든 사건들이 주관적이면서도 객관적인 측면을 함께 지닌다고 본다. 그리고 유기체가 다양한 수준들을 지닌다고 보는 다원주의적 입장에 속한다. 이것은 '범-정신론'pansychism이 아니라 '범-경험론'panexperientialism으로 칭해질 수 있다. 이유는 통합된 사건들의 모든 수준들에서 경험이 상정되기 때문이다. (물론 돌들처럼 유기적으로 통합되지 않은 혼합물이나 식물들처럼 헐겁게 통합된 구조물은 경험과는 무관한 것들이다.) 정신과 의식은 더 높은 단계의 유기체가 지니는 복잡한 과정들의 마지막 국면에서만 발생한다.[226] 우리는 분리된 세포들이나 분자들에 미치는 하나님의 작용influence이 극히 미세하다고 해서, 이 작용이 전적으로 부인될 수 없음을 알아야 한다. 이러한 이해는 높은 수준들이 출현하기 이전의 길고 느린 진화역사 과정과 일맥상통한다. 이제 하나님의 권능에 대한 이러한 과정 신학적 사유가 앞에서 다룬 케노시스 신학에 속하는 여러 범주들과 어떻게 다른지를 검토하고자 한다.

1. 하나님의 권능 : 자발적인 자기 제한인가? 형이상학적인 필요성인가?

과정신학은 하나님 지식의 제한과 권능의 제한이 자발적인 자기 제한이 아니라 형이상학적 필요성에 기인한다고 주장한다. 이것은 과정 신학이 지닌 독특한 사유이다. 하나님의 전지omniscience를 분석함에 있어서, 과정신학자들은 '시간의 경과'temporal passage라는 양상이 하나님께 실제적으로 적용된다면, 또한 가능성과 새로움과 인간의 자유가 이 세계가 지닌 특징들이라면, 하나님조차도 사건들이 발생하기 전에 미래에 발생할 사건들이 갖는 세부 사항들을 아실 수 없다고 주장한다. 이런 점에서 볼 때 하나님이 미래에 관해서 지식을 가질 수 있지만, 그 능력을 거두어들이는 것이라고 말하는 것은 옳지 않다. 유사하게 과정 신학자들은 원칙적으로 볼 때 하나님의 전능성이 불가능하다는 실재관을 제시하기도 한다. 하트숀은 하나님을 포함해서 모든 존재들이 본래적으로 사회적-상호작용적 특성을 지닌다는 형이상학적 명제를 정교하게 풀어낸다. 모든 존재는 수동적이면서 수용적인 능력들을 지님과 동시에 활동적이면서 인과적으로 실제적 능력들을 지니기도 한다. 따라서 어떤 존재도 독자적인 힘을 가질 수 없고, 일방적인 억제력을 행사할 수 없다. 물론 이러한 이해가 이 세계라는 현실이 하나님의 무제한적인 힘을 제한한다는 것을 의미하는 것은 아니다. 타당한 하나님 개념은 '사회성'과 '관계성'을 포괄한다. 하트숀은 하나님이 어느 면에서는 시간적 특성을 지니시기 때문에 이 세계에 의해서 영향받는 분이라고 말하면서, 다른 면에서는 고전적 맥락의 신적 속성들을 구현하시는 분이라고 말하기도 한다. 하나님은 영원하시고 편재하시며 알려질 수 있는 모든 것을 아심에 있어서 전지하신 분이시다. 하나님은 사랑과 지혜에 있어서도 완전하시고 그 의지와 목적들에 있어서도 변함이 없으시다. 하나님은 모든 실재에게 '최초의 목표'initial aim를 주시고, 피조물들의 자유를 제한하면서도 배제시키지 않는 우주법칙들을 통해서 세계에 질서를 부여하신다. 이런 점에서 볼 때 하나님의 권능은 그 범주에 있어서 전 우주를 포괄한다. 과정 신학은 하나님의 권능이 "발생한 모든 것들에 영향을 미치지만, 그 실재적 독특성particularity에 있어서는 그 어떤 것도 결정하지 않는다"[227]고 말한다.

하나님의 권능의 제한이 자발성이 아니라 형이상학적 필요성에 속한다고 할 때, 이 필요성은 하나님 외부의 무언가로부터 기인한 것은 아니다. 이 필요성은 영지주의적 이원론에도 속하지 않고, 마니교적인 이원론에도 속하지 않는다. 이러한 이원론은 심각한 문제를 가져오게 된다. 즉 이원론 때문에 이 세계 내의 순수하고 영원한 형상들을 구체화시키시는 하나님의 노력을 제한하게 되는 문제가 생겨나게 된다. 하나님이 사랑하면서 창조하는 본성을 지니신 분이라면, 하나님이 사랑하면서 창조하지 않기 위해서 피조물을 선택하셨을 것이라고 말하는 것은 일관성이 결여된 진술이다. 또한 우리는 한때 전능하셨던 하나님이 그 권능을 일시적으로 한쪽으로 치워놓으신 것이라고도 말할 수 없다. 만일 하나님의 자기비움적 행동 이면에 고통과 수난으로부터 희생자들을 구원하시는 것을 삼가는 하나님의 전능이 있다고 말한다면, 앞에서 봤듯이 신정론의 문제가 예리하게 대두된다. 따라서 하트숀은 윤리적인 근거와 형이상학적 근거 모두에서 신적 전능 개념을 반대한다. 사회적 실재관social view of reality에서 볼 때, 설득persuasion은 강요를 훨씬 뛰어넘는 높은 수준의 도덕적 위상을 갖는다. 비록 설득으로 말미암아 악과 고통이라는 커다란 위험성이 수반된다 하더라고, 설득이라는 가치가 높은 수준의 도덕적 위상에 속한다는 것이다. 하트숀은 여타의 존재들이 자기를 위해서 행하는 것들이 전적으로 선해 보이지 않는 것과 비교할 때, 하나님은 당신 스스로 보기에 선해 보이는 모든 것을 행하시는 것이라고 말한다.[228]

2. 하나님의 권능에 대한 바람직한 이해

과정 신학적 사유에서 신적 권능의 제한이라는 개념은 악의 현실이라는 문제를 어느 정도는 다루기 쉽게 만든다. 그러나 신적 권능의 제한 개념으로 인해서 무기력한 하나님이 악을 어떻게 극복할 수 있는가의 또 다른 문제가 대두된다. 이 문제와 관련해서 하트숀은 악을 구속적으로 변화시키시는 하나님의 능력과 용기있게 악에 저항하도록 사람들에게 권한을 주시는 하나님의 능력을 설명함에 있어서 화이트헤드를 넘어선다. 이에 대해서 과정신학자 윌리엄Daniel Day William은 다음과 같이 말한다. "나는 종교경험이 갖는 강요적 양상들을 강조함에 있어서 하트숀이 옳다고 생각한다. 거룩하신 하나님을 의지적으로 섬기는 것은 한 사람의 자아를 훨씬 뛰어넘어서, 그 사람의 의식적인 의지와 이해까지를 변화시킨다. 하나님으로부터 돌아섰을 때, 우리는 넘지 않아야 하는 우리 행동의 경계선들을 넘어서게 되는데, 이로 인해 잘못된 결과들이 초래된다. 이 세계에 대한 신적 통치에 커다란 강요적인 양상들이 존재한다고 보아야 한다."[229] 윌리엄이 역사와 그리스도의 인격 속에서 발휘되는 신적 주도권을 지지하는 문제에 있어서 하트숀을 넘어서고 있음을 보게 된다. 그는 하나님과 인간 모두가 '사랑하는 데에 취약점을 지니지만', 어떤 점에 있어서는 하나님의 사랑이 순전하다고 주장한다. "하나님의 사랑은 영원히 완전한 온전성을 지닌다. 이 점에 있어서 하나님의 사랑은 순전하다고 할 수 있다."[230] 이 세계 내의 여러 사건들이 하나님의 의도들이 성취되는 것에 위협을 가할 수 있지만, 하나님 존재 자체는 위협당하지 않는다. 하나님은 피조물들에게 여전히 신실한 분으로 존재하신다.

한편으로 윌리엄은 모든 것들을 통제하면서 악에 대한 승리를 보장하는 '군주적 하나님'divine monarch 모델을 받아들이지 않는다. 나아가서 다른 한편으로 그는 삶의 비극적 요인들을 손에 움켜쥔 채 더 조화로운 상황으로 인도하는 화이트헤드의 신적 탐미주의divine aesthete, 耽美主

義 개념도 받아들이지 않는다. 이러한 양극단 사이에서 윌리엄은 변혁적이고 구속적으로 영향력을 행사하시는 '동반자로서의 하나님'divine companion 개념을 지지한다.[231] 그는 반박하지 않고 자신의 이야기를 들어주는 정신치료사를 찾는 환자의 경우를 가지고 이 개념을 설명한다. 고난에 대한 이러한 공감은 '수용과 의사소통'이라는 하나의 양태이다. 고난에 대해서 공감하고 재해석하는 데서 치유가 발생한다. 마찬가지로 그리스도의 수난과 우리의 고통에 동참하신 하나님의 참여는 인간을 향한 하나님의 '자기동일시'self-identification에 속하고 우리와 의사소통하시는 하나님만의 방식에 속하며, 우리를 치유하시는 권능에 속한다."[232] 더욱이 그리스도 안에서 활동하시는 하나님은 다른 이들의 고통을 경감시키는데, 당신께 협력하도록 우리에게 권한을 주시기도 한다. 윌리엄에게 있어서 가장 바람직한 형태에 속하는 인간의 사랑과 같은 하나님의 사랑은 다른 이들 위에 군림하는 권능과 무기력이 아니라, 상호 간에 관계를 맺는 것reciprocity을 추구하고 나아가서 상호 간에 권한을 부여하는 것mutual empowerment을 추구한다.

안나 케이스 윈터Anna Case-Winter는 과정 신학적 사유와 여성 신학적 사유가 종합되어야 한다고 말한다. 그는 과정 신학적 사유의 힘이 그 개념 구조에 있으며, 나아가서 고전적 신관들에 대한 지적 타당성을 비판하는 데 있다고 주장한다. 이러한 주장을 함에 있어서 그는 특히 하트숀의 신적 권능 개념으로부터 통찰력을 얻었다. 그는 한편으로 특별한 삶의 상황과 사회적 맥락 속에서 사람들이 경험하는 것들에 대해서 주목하는 것이 여성 신학의 힘이라고 말한다. 여성 신학자들은 신학적 개념들로 말미암는 사회적이고 정치적인 결과들을 예리하게 인식하고 있었고, 나아가서 그러한 신개념들이 지배와 억압 유형을 합법화하는 데 사용되어 온 것도 충분히 잘 알고 있었다. 과정신학자들과 여성 신학자들은 경험으로부터 출발하는 것과 통전적이고 사회적이며 관계적이고 유기적인 실재 개념들을 사용하는 것에 있어서, 마음을 같이 한다. 즉 양쪽의 그룹들 모두 하나님의 권능을 군림하는 것으로 이해하지 않고, 권한을 부여하는 것으로 이해한다. 케이스 윈터는 하나님이 자궁 속의 아이에게 권한을 준 후에, 태어나서 다른 사람들을 억압하는 것이 아니라 다른 사람들과 더불어서 일하도록 하는 '어머니'와 같다고 말한다. 신적 권능에 대한 이러한 입장들은 인간이 지닌 여러 힘의 유형들을 자유와 책임과 억압받는 자들과의 윤리적 연대성 같은 사안들을 구체화하도록 장려한다.[233] 케이스 윈터 외에도 여러 사람들이 여성 신학적 사유와 과정 신학적 사유 사이에 유사점들이 있음을 주목해 왔다.[234]

3. 시작과 마지막

화이트헤드는 빅뱅이라는 과학적 증거가 타당성을 지닌다고 말한다. 그는 하나님과 세계가 항상 공존해 왔음을 주장함과 동시에, 하나님께서 이미 존재하는 것들과 함께 일하시면서 창조하신다고 말한다. 또한 화이트헤드는 '우주의 연대'cosmic epochs가 상당히 다양할 정도의 무한한 연속으로 이루어져 왔다고 상정하기도 한다.[235] 이 점에 있어서 과정신학자들 대부분이 극히 작은 시간적 과거 개념을 지지하면서 화이트헤드의 주장에 동조한다. 하지만 이와 달리 빅뱅 이전의 '우주 대수축'Big Crunch 이론과 더불어 우주의 연대가 팽창하고 수축하면서 '진동하는 우주'oscillating universe의 연속적으로 반복되는 순환패턴들을 갖는다고 말하는 과정사상가들도 있다. 과정 철학 사상가들은 하나님은 항상 창조적이고 사회적인 분으로서, 혼돈에 질서와 새로움을 부여하시는 분이라고 말해왔다. 그러면서 그들은 하나님의 초월성을 지나치게 강조하는 '무로부터의 창조 교리'를 비판하면서, 하나님의 내재성에 더 큰 우위를 두는 '계속되는 창조 개념'을 지지해 왔다.[236] 더 나아가서 최근에는 이러한 다양한 주장들 외에도 우리의 우주가 지나칠 정도로 빨리 팽창하다가 먼 미래에는 그 팽창 속도가 느려져서 결국 수축하게 된다는 가설도 등장을 하였다.

진동하는 우주에 대한 또 다른 대안은 '양자 진공 파동'quantum vacuum fluctuations 이론으로서, 이 이론은 오늘날 많은 우주학자들에 의해서 지지를 받고 있다. 양자 이론은 에너지 보존법칙에 극히 작은 예외성이 있음을 인정한다. 특정한 실험실에서 다루는 하나의 진공상태는 사실상 무수히 많은 활동 상태sea of activity에 속하는데, 그 안에서는 여러 쌍의 가상 입자들이 순간적으로 존재했다가 거의 즉시 서로를 파멸시킬 수 있다. 어쩌면 우리의 우주는 빠르게 팽창하는 무수히 많은 파동으로 시작되었다가, 현재의 파동 이론의 시나리오대로 진행이 됐을 수도 있다. 우리의 우주는 너무 빠르게 팽창해서 서로 간에 교류할 수 없는, 함께 공존하는 여러 개의 우주들 가운데 하나일 가능성이 있다.[237] 하지만 이 이론도 그렇고, 무로부터의 창조 전통도 그렇고, 우리의 우주를 이전에 존재하는 우주의 잔존물로부터 시작되었다고 생각하지 않는다. 이 이론은 우주를 무로부터의 창조가 아니라, 양자장들quantum fields과 양자 법칙들quantum laws을 지닌 '초-공간'Super-space에서 시작되었다고 본다.

무신론적인 우주학자들 가운데 일부 사람들이 양자 파동 이론에 주목을 하는데, 이유는 이 이론이 전통적 유신론이 주장하는 독특한 시작으로부터 벗어날 수 있는 빌미를 제공해 주기 때문이다. 그러나 렘 에드워즈Rem Edwards는 양자 파동 이론이 초기 우주가 갖는 독특한 사건들과 각각의 우주 속에 계속해서 작용하는 하나님의 활동을 포괄하는, 수정된 과정 신학의 유신론과 양립 가능하다고 말한다. 하나님의 영원히 계속되는 창조 활동과 사회성sociality이 초공간과 셀 수 없이 무수한 유한성을 가진 우주들 안에서 구체화될 수 있다는 것이다. 에드워즈는 우리 우주의 공간과 시간이 유한성을 지니지만, 이 유한성이 무한한 초공간 안에서 만들어진 것이라고 주장한다. 우주의 공간과 시간은 우연히 만들어지는 것이 아니라 잠재성을 지닌 여러 우주 가운데서 하나를 선택하신 하나님의 선택에 의한 것이다. 이런 방식으로 하나님은 항상 여러 우주들과 관련을 맺으신다. 즉 하나님께서 우리 인간의 특정한 우주 역사와만 관련을 맺지 않으신다는 것이다.[238] 그러나 내가 보기에 이러한 주장은 상당히 사변적인 이론에 불과하다. 이유는 원칙적으로 다른 우주들이 우리의 우주에서 측정될 수 없기 때문이다.

하나의 특징적인 우주론적 대안은 '빅뱅 가설'unique Big Bang이다. 빅뱅 가설은 관찰할 수 없는 사이클들을 상정하지도 않고, 관찰할 수 없는 여러 우주들을 상정하지도 않는다. 빅뱅 가설은 그 출발에 있어서 시간성을 함의하는데, 이것은 '무로부터의 창조 전통'에 가장 가까운 가설이다. 한편 화이트헤드는 하나님의 '본래적 본성'primordial nature은 우리 우주의 연대를 초월한다고 말한다. 과정 신학적 사유는 우주 역사 내에서 발생하는 여러 사건들 너머에 있는 하나님의 권능의 제한은 하나님의 본성으로부터도 비롯되지만, 나아가서 동시에 과거로부터 계속해서 발생해 온 사건들의 영향으로부터도 비롯된다고 여긴다. 더욱이 전체 우주 역사 과정을 놓고 볼 때 높은 수준의 조직에서 발생하는 여러 사건들은 고도의 자기 결정 능력을 갖는데, 이 능력은 인간의 자유에서 정점에 달한다. 이런 방식으로 각각의 사건들은 그 사건들에 정위되어 있는 하나님의 초기 목표들을 거부할 수 있는 큰 능력을 지니게 된다. 과거와 인간의 자유에 기인하는 이러한 하나님의 자기 제한은 양성자quarks가 존재하기 전의 우주의 초기시기에는 현존하지 않았던 양상이다. 아마도 연속적인 사건 속에서라기보다는, 빅뱅의 역동적인 초기시기에 하나님의 본래적 본성이 갖는 순전한 잠재성들이 점점 빠르게 구현된 것이 아닌가 추정이 된다. 나아가서 이러한 하나님의 잠재성들은 본질적으로 하나님의 권능이 독자적으로unilateral 실행되는 것임을 보여주는 것일 수 있다. 그러나 이러한 입장을 받아들임에 있어서, 우리는 순환패턴이론들과 양자 파동 이론들에 속하는 사안을 검토하기보다는, 화이트헤드의 사유를 더 포괄적으로 수정하는 것이 낫다고 보여진다.

우주의 장기미래long-term future에 관한 과학 이론들의 전망이 그리 밝지는 않다. 하나의 시나리오에 따르면, 우주의 팽창이 느려지다가 그 반대의 상황이 되고, 그러다가 '열죽음'heat death의 상태로 인해서 모든 형태의 생명체들이 소멸하게 될 것이다. 한편으로 천문학자들은(아마도 중성미립자 또는 항성 간의 암흑물질 내의) '잃어버린 물질'missing mass을 계속해서 발견해 내려고 시도하고 있는데, 그들은 잃어버린 물질이 '닫힌 우주'closed universe를 만들어 내는 것이 아닐까를 추정하면서 이 작업을 해오고 있다. 이에 대한 대안적 시나리오는 우주의 팽창이 영원히 지속되다가, 결국에 가서는 그 온도가 매우 낮아져서 생명체를 지탱할 수 없게 되는 순간에 '차가운 죽음'cold death에 이르게 될 것이라는 가정이다.(일명 '열린 우주이론'open universe이다.) 이와 관련해서 우주가 이전보다 더 빠르게 팽창하고 있음을 제시해 준 최근의 과학적 증거는 두 번째 시나리오를 더 선호하고 있다. 그러나 양쪽 모두가 갖는 이러한 우주적 대 재난 이전에 우리 은하계의 태양이 스스로 에너지를 소진시킬 것이기 때문에 지구에 생명체들의 존속이 불가능하게 될 것이다. 또한 이렇게 되기 훨씬 전에 인간의 어리석음에서 비롯된 핵전쟁이나 생태학적 재난으로 인해서 인간의 생명이 종결될 수도 있다.

성서는 미래에 대해서 다양한 전망을 포괄한다. 초기 예언자들은 자기 민족을 위협하는 여러 재난들을 하나님의 심판으로 간주했다. 하지만 그들은 만일 이스라엘 백성이 하나님과의 언약을 신뢰하는 믿음으로 되돌아가면, 하나님께 기름부음 받은 자의 통치 하에 새로운 평화와 정의와 번영의 시대가 시작될 것이라고 여겼다. 그러다가 전 국민적 차원의 억압이 깊어지면서, 묵시문학 사상가들은 강압적인 권능들이 개입되는 불가사의한 패배를 목격하면서 하나님 통치의 확립을 고려하게 된다. 신약성서에서 이러한 하나님의 통치는 종종 느리게 성장하는 겨자씨와 같은 것으로 표현이 되는가 하면(주로 요한계시록에서), 다른 구절들에서는 하나님의 극적인 개입으로 말미암아 빠르게 다가오는 것으로 표현이 되기도 한다. 마가복음 13장에서는 그리스도의 재림이 곧 임박할 것으로 여겨졌던 반면에, 다른 신약성서의 저자들은 제자들과 함께 지내신 그리스도의 현존으로 인해서 재림이 이미 영적으로 일어났다고 주장을 하기도 하였다.(요한복음의 '실현된 종말론'이 이에 해당된다.)[239]

과정신학자들을 포함해서 오늘날의 자유주의 신학자들은 대개 '묵시적 종말론'보다는 '예언자적 종말론'을 선호한다. 하지만 19세기 초와 20세기 초의 역사적 낙관주의가 가진 여러 문제점을 접했기 때문에 그들은 하나님의 통치가 인간의 노력만으로 임하는 것이 아님을 인정한다. 데이빗 그리핀은 전능하신 하나님과 계속되는 악의 실존을 조화시킴에 있어서 전통적 입장의 기독교가 난관에 처했음을 지적하면서, 이에 대한 해결책으로 종말론적 해법을 제시한다. 그는 과정 신학적 사유가 이 문제를 해결할 수 있다고 주장한다. 과정 신학적 사유는 우리로 하여금 하나님께서 미래 속에서 독자적으로 활동하신다고 생각하도록 만들지 않고, 하나님께서 우리에게 악에 저항하도록 권한을 주셨음을 신뢰하도록 만든다. 또한 과정 신학적 사유는 하나님께서 악에 대해서 승리하실 것임을 희망할 수 있는 여러 근거들을 제공해 주기도 한다. 하지만 이러한 과정 속에 위험이 없다고는 말하지 않는다.[240]

4. 불멸과 부활

앞에서 살펴봤듯이 대부분의 학자들은 초기 기독교 역사에서 발견되는 바, 일시적으로 유한한 몸에 거했던 영혼이 불멸한다는 개념이 히브리적 사유보다는 헬라적 사유에 더 가까운 것이라고 주장한다. 구약성서는 인간의 자아를 사유하고 의지를 지니며 행동하는 '통일된 몸적 활동'이라고 여긴다. 바울도 전인의 부활을 지지한다. 바울에게서 전인의 부활은 몸으로부터 분리된 영혼의 본래적 특성인 '불멸성' 때문이 아니라 '하나님의 능력'으로 말미암은 것이다. 이 문제와 관련해서 과정신학자들은 두 가지 형태의 불멸성에 대해서 말해왔다. 화이트헤드가 주장하는 '객관적 불멸성'은 하나님께 미치는 우리 인간의 영향과 더불어서 우리 인간의 '하나님의 영원한 삶에로의 참여'를 말한다. 우리의 삶은 의미로 가득 차 있는데, 이유는 우리의 삶이 하나님의 경험 속에 영구적으로 보존되어 있기 때문이다. 하나님의 경험 속에서 악은 변형되고 선인은 구원을 받으면서 더 커다란 전체와 조화를 이루게 될 것이다. 이런 점에서 볼 때 하나님의 목표는 정적인 특성을 지닌 최종적 영역이 완전히 성취되는 것에 있지 않다. 하나님의 목표는 더 풍부하고 더 조화로운 관계성을 향해 나아가는 계속되는 진전에 있다.[241]

이와 달리 다른 과정신학자들 중에서 '주관적 불멸성'을 지지하는 사람들이 있다. 이들은 주관적 불멸성 속에서 인간의 자아는 근본적으로 다양성을 지닌 환경 속에서 경험의 중심축center으로 지속되면서 변화가 없는 영원성으로 존재하는 것이 아니라고 주장한다. 즉 계속되는 하나님과의 연합을 위해서 필요한 잠재성을 지닌 채 계속해서 변화해 나간다는 입장이다. 존 캅John Cobb은 우리의 미래의 생명이 하나님께로 흡수되는 것도 아니고, 분리된 개체들로 생존하는 것도 아니라고 말한다. 그는 '개체를 넘어서는 새로운 유형의 공동체로 존재하는 것이 아닌가'라고 추측한다.[242] 한편 수하키Marjorie Suchocki는 주관적인 불멸성과 객관적인 불멸성이 결합이 될 수 있다고 말한다. 하나님은 우리 삶의 매 순간들을 외적으로 완성된 사건들로 경험하시는 것이 아니라, 그 주관성subjectivity 자체를 경험하시는 분이시다. 그렇기 때문에 우리의 주관적인 직접성immediacy은 하나님 안에서 보존될 수 있다. 이유는 우리의 주관적인 직접성이 이 세계 내의 다른 인격들과 상호관계를 맺는 것이 아니기 때문이다.[243]

마지막으로 그리스도의 부활이라는 주제를 다룰 차례이다. 이 주제는 앞에서 다룬 하나님의 자발적인 자기 제한이라는 개념과 조화되기에 어려운 점을 가지고 있다. 십자가상에서의 그리스도의 죽음이 고난받으시는 하나님의 사랑을 드러냈다면, 그리스도의 죽음은 일시적인 전략에 불과할 수 있기 때문이다. 즉 그리스도의 죽음을 통해서 전능한 통치자로서의 하나님의 진정한 본성이 드러난다고 할 때, 이 본성은 단지 그리스도의 부활에까지만 적용될 뿐, 그 이상은 아니라는 것이다. 종교예술과 대중적인 경건은 그 범주에 '십자가의 고통'이라는 이미지와 '영광 중에 통치하시는 부활하신 그리스도'라는 이미지 모두를 포함시켜 왔다. 마틴 루터도 '십자가의 신학'과 '영광의 신학' 모두를 옹호했다. 이 점과 관련해서 오늘날 하나님의 자발적인 자기 제한을 주장하는 신학자들은 부활의 메시지가 십자가의 메시지를 폐기처분하는 것이 아님을 명확히 해야 한다.

오늘날 과정신학자들은 풀어야 하는 다양한 범주의 난제들에 직면해 있다. 과정신학자들이 부활절Easter을 적절하게 설명할 수 있을까? 사실을 말하자면 학자들은 부활 이야기를 역사적으로 설명해 내는 데에 의구심을 갖는다. 단언컨대 신약성서의 부활 이야기들 사이에 불일치가 존재하는 것은 사실이다. 복음서들보다 일찍 쓰여진 바울 서신들은 빈 무덤을 언급하지 않는다. 하지만 그리스도의 제자들의 삶이 극적으로 변화된 것은 명백한 사실로서, 우리는 그들의 변화된 삶이 역사의 과정을 바꿨다고 볼 수 있다. 우리는 예수의 제자들이 그리스도의 고난의 한 가운데에 하나님께서 임재하신 것을 자각한 것이라고, 그렇게 새로운 생명이 시작됐음을 자각한 것이라고 볼 수 있다. 즉 제자들이 하나님의 사랑이 그리스도의 죽음으로 인해서 패배당한 것이 아님을 깨달았다는 것이다. 제자들은 하나님께서 새로운 방식으로 일하신다는 신념을 가졌고, 또한 그리스도께서 하나님의 생명 가운데로 이끌려진 후에도 당신의 제자들의 삶에 계속해서 영향을 끼치셨다는 신념도 가졌다. 이 점에 있어서 수하키는 '확정'confirmation 개념과 '변화'transformation 개념을 이야기한다. "그리스도의 부활은 예수께서 자신의 삶과 죽음을 통해서 하나님께서 일하셨음을 드러내 주는 '확정'이다. 또한 그리스도의 부활은 제자들을 '변화'시키는 촉매제catalyst이기도 하다. 그리스도께서 부활하심으로써 교회의 설립에 필요한 능력을 제자들에게 부여하셨다는 것이다."[244] 과정신학은 하나님께서 각각의 경우들occasions에 맞춰서 적절하고 타당한 방식으로 초기 목표들을 제공하신다고 본다. 이 점에 있어서 하나님은 매우 세부적이고 상세한 신적 주도권initiatives을 쥐고 계신 셈이다. 하지만 하나님의 주도권은 일방적이지 않은 바, 하나님은 항상 이 세계 내의 유한한 존재들과 협력하는 가운데 당신의 주도권을 행사하시는 분이다. 부활절 사건은 하나님께서 당신의 주도권을 새롭게 행사하신 것으로 이해될 수 있다.

지금까지 나는 과정 신학의 사유가 전통적인 신적 전능 개념을 비판하면서 케노시스 신학kenotic theology과 관련해서 탁월하면서도 독특한 해석 몇 가지를 제공하는 것을 다루었다. '자연의 순전성'과 '악과 고난의 문제'와 '인간의 자유'와 '십자가에 대한 기독교적 이해'와 '가부장적 신관들에 대한 여성 신학자들의 비판'이 그것이다. 또한 지금까지 나는 (자발적인 자기 제한이 아니라) 과정 신학의 형이상학적 필요성과 관련해서 제기된 몇 가지 비판들에 대해서도 답변을 했고, 그리고 그리스도의 구속 행위에 나타난 하나님의 권능의 타당성adequacy 여부에 대해서도 답변을 했다. 마지막으로 우주의 시작과 마지막을 다루었고, 불멸과 부활에 관한 과정 신학적 해석도 다루었다. 이 모든 점에 있어서 과정 신학적 사유는 신적 권능을 '강압적인 통제'가 아니라 '권한 부여'empowerment개념으로 재-개념화하였다. 나는 과정 신학이 신적 권능을 재-개념화함으로써 하나님의 '전능'omnipotence과 '무능'impotence 사이에 있는 간극을 이해하는데 있어서 적절한 도움을 주었다고 생각한다.

6. 신학과 윤리학
그리고 환경

환경을 다루고자 할 때, 우리의 신관과 자연과 인간의 본성에 관한 함의들implications이 어떤 의미를 갖는가? 6장에서 다루는 내용은 신학에서 윤리학으로 넘어가는 방식을 취하고, 나아가서 지식의 한 형태로서의 순수과학에서 행동의 여러 형태들로서의 응용과학과 기술로 넘어가는 방식을 취한다. 이제 역사적 설명을 간략하게 다룬 후에, 자연과 하나님의 관계에 대한 우리의 이해를 살펴볼 것이다. 그리고 인간 이외의 자연과 인류의 관계에 대한 우리의 이해가 환경에 대해서 어떤 태도를 가지고 행동하도록 했는지를 질문할 것이다. 그런 후에 6장의 마지막 부분에서는 제한된 자원을 가졌음에도 불구하고 경제적 세계화를 표방하는 이 세계가 함의하고 있는 사회정의의 문제와 기술의 문제를 다룰 것이다.

역사적 배경

환경에 대한 태도를 취함에 있어서, 과학과 종교가 어떤 역할을 감당해 왔는가?

1. 과학과 환경

1970년대에 우리는 국부적局部的 차원의 환경 문제들, 특히 공기와 물과 땅의 오염 문제를 자각하기 시작했다. 단적인 예로 미국의 국가 연방 정부가 제정한 법률들로 인해서 물의 오염 문제가 더 이상 초래되지 않게 되었다. 그리고 이러한 움직임들이 구체화되면서 야생동물과 자연환경을 보호하는 여러 조치들도 취해졌다. 1980년대에 과학자들은 우리에게 환경이 끼치는 세계적이고 장기적이며 점증적인 영향들에 대해서 다각도로 발표를 해왔다. 광범위한 경작과 과도한 방목과 산림벌채로 인해서 표토topsoil가 빠르게 침식이 되었다. 매해마다 전체 펜실베니아Pennsylvania 주보다 더 큰 분량의 열대우림 지역을 잃어가고 있다. 또한 매해 마다 우리는 대략 50,000여 종들을 멸종위기에 처하도록 만드는데, 그것들 가운데서는 유전정보의 전체자료들whole libraries을 완전히 잃게 된 것들도 있다. 화석 연료를 태우는 데서 생겨나는 이산화탄소가 전 지구적 차원의 기후 변화들에 어떠한 영향을 끼치는지를 정확히 예측할 수 없지만, 그래도 우리는 이러한 변화들이 강수량 유형들과 농작 산업 유형들을 붕괴시킬 정도의 큰 파괴력을 가진다는 것을 알고 있다. 세계 인구는 매해 8,000만 명씩 증가가 된다. 즉 지구에 매해 마다 멕시코 전체 인구만큼의 숫자가 더해지는 셈이다.[245] 나아가서 강대국의 경제성장과 천연자원의 고갈은 장기적 지탱 능력이라는 문제들을 새롭게 만들어 냈는데, 이것은 우리가 다루기 어려울 정도의 난제들이 돼 버렸다. 이런 실정 속에서 과학자들은 다양한 범주의 환경적 영향들을 연구하면서, 우리가 그 사안들을 자각하도록 도움을 주고 있다.

이러한 과학적 증거를 접하면서, 종교공동체 구성원들은 과학자들의 말에 귀를 기울여서 이러한 사안들에 대해서 더 나은 견문을 넓혀야 한다. 나아가서 어려움들을 나누면서 서로 도와야 한다. 우리는 종교공동체들도 환경과 관련된 여러 문제들에 대해서 책임이 있음을 알아야 한다. 전문가들은 지구온난화와 관련해서 이산화탄소가 지구온난화를 증가시키고 온실가스들이 지구온난화의 문제를 가져온다는 것에 만장일치unanimity로 우려의 목소리를 내고 있다. 물론 이것들 외에도 온도 변화(20세기 말경까지 화씨 5도에서 10도까지의 온도변화가 있을 것으로 예상된다.)를 야기하는 원인들과 관련해서, 다양한 견해들이 있는 것이 사실이다. 일반적으로 지금은 그러한 온도 변화들이 기후 패턴들에 주요한 변화들alterations을 가져오면서, 농경 지역과 해안지역에 심각한 영향을 끼치게 될 것이라고 여겨진다.[246] 그러나 한편으로 전문가들 사이에 커다란 불일치가 존재하는 것도 사실이다. 어떤 전문가들은 온도 변화와 관련된 이러한 위험 평가들이 종종 근거 없는 가정들assumptions에 의해서도 영향을 받을 수 있다고 말한다. 즉 그러한 위험 평가들이 과학자들의 윤리적이고 정치적인 신념들로 인해서도 영향을 받을 수 있다는 것이다.

한편으로 특정한 정치활동과 관련해서 과학자가 제안하는 권고안이 있는데, 이것은 부분적으로는 과학적 판단들에 근거한 것이다. 이 권고안은 나중에 정치 정책에까지 영향력을 끼치게 된다. 우리는 정치적 권고안들이 상대적인 중요성을 지니는 여러 가치 판단들과 불가피하게 관련됨을 알아야 한다. 그리고 이로 인해 새로운 기술정책과 경제정책의 혜택들이 주로 어느 한쪽 그룹의 사람들에게만 적용되게 된다. 말하자면 다른 그룹의 사람들이 그 정책에 들어가는 간접적인 비용과 위험성의 부담을 짊어지게 될 가능성이 있다는 것이다. 따라서 자연스럽게 '분배 정의'distributional justice의 문제가 새롭게 대두되게 된다. 정치적 권고안들은 한 사람이 보기에 실행가능하고 현실적이라고 생각되는 여러 대안들을 놓고 비교하는 데서 나온 결과물이다. 이로 인해 새로운 정치적이고 경제적인 고려 사안들이 생겨난다. 이런 문제 때문에 정치적 사안들을 결정할 때는 '윤리적인 분석'과 '사회과학이 제시하는 정보'와 '광범위한 문화에 대한 분석'과 '자연과학이 제시하는 정보' 모두가 총망라되어야 한다. 물론 환경에 끼치는 결정 사안들에 있어서 근본적으로 중요한 것은 과학이 제시하는 정보이다. 요약하자면 우리가 '과학자들의 말이 정책선택에 어떤 영향을 끼치는가' 하는 것보다, 과학자들의 연구 작업 자체에 더 큰 비중을 두어야 한다는 것이다.[247]

2. 기독교에 대한 고발

서구 문화의 환경 파괴적인 태도에 대해서 기독교에 책임이 있다는 린 화이트Lynn White의 주장으로 인해서 1970년대에 신학과 생태학의 관련성의 문제를 놓고 토론이 벌어졌다. 화이트는 서구 문화의 환경 파괴적인 태도를 추적함에 있어서 성서적 사유가 갖는 두 가지 문제점들을 다루었다. 첫 번째 문제는 성서가 하나님과 자연을 분리를 시킨다는 점이다. 주변 문화들의 자연 종교들을 대함에 있어서, 이스라엘 백성들은 하나님이 자연에서 계시되는 것이 아니라 주로 역사에서 계시된다고 여겼다. 이로 인해 자연이 비-신성화되었고, 하나님의 내재성보다 초월성에 더 많은 강조점이 놓이게 되었다. 두 번째 문제는 성서적 사유에서 인간과 자연이 분리되는 점이다. 창세기에 따르면 인간에게만 모든 피조물들을 다스릴 수 있는 통치권이 주어진다. 오직 인간만이 '하나님의 형상'으로 만들어졌는데, 이로 인해 인간이 다른 피조물들과 분리된다고 여겨져 왔다는 것이다.[248] 환경론자들이 화이트의 주장을 반복해서 다룰 때, 몇몇 성서학자들은 창세기에서 인간에게 주어진 통치권이 절대적 성격을 지니지 않는다고 답변했다. 이유는 인간이 항상 하나님 밑에서 존재하기 때문이다. 인간은 다만 청지기로서의 사명에 충실하도록 부름을 받은 것 뿐이다. 수많은 성서 구절들은 자연의 아름다움을 찬양하면서, 그 가치를 하나님께만 둔다. 하지만 이렇게 하는 것은 우리에게서 자연의 유용성을 소외시키는 행위이다. 이렇게 자연이 인간으로부터 소외된다는 것을 인정한 학자 그룹이 있지만, 그들조차도 이렇게 된 것을 몸과 정신의 이원론 탓으로 여겼다. 몸-정신의 이원론이 성서적 사유에서 비롯된 것이 아니라 헬라적 사유에서 비롯돼서 초기 기독교 안으로 흘러 들어왔다는 것이다. 화이트의 논지에 대해서 다양한 유형의 답변들이 기독교 학자들로부터 제기되었다. 그들은 환경파괴의 점증 원인에 종교적 신념보다 경제적 관심이 더 중요한 위치를 차지한다고 주장했다. 그들은 자본주의의 발흥을 지적했는데, 자본주의에서 자연은 인간의 소비와 사적 이익을 위한 수단으로 이해된다. 이 외에도 기술과 산업의 발전도 환경파괴의 주요한 원인에 해당되는데, 이로 인해 자연을 손상시키는 인간의 능력이 극적으로 증가했다. 또 다른 비평가들은 다양한 역사 시기에 나타난 비기독교적 문화들도 기독교 문화가 그랬던 것처럼 환경을 훼손시켜 왔다고 말했다.

한편 여성 신학자들은 가부장적 사고가 환경파괴의 주된 원인이 됨을 언급했다. 그들은 남성의 여성 지배와 기술을 통한 인간의 자연 지배에 기저가 되는 일반적 가정들common assumptions에 주목했다. 즉 '남성'과 '기술'은 다음 각각의 용어 중에서 앞쪽의 용어들과 동일시된다는 것이다. '이성 대 감성', '정신 대 몸', '객관성 대 주관성', '지배 대 양육' 등. 남성과 달리 '여성'과 '자연'은 뒤쪽의 용어들과 관련된다고 여겨졌다. 여성 신학자들은 여성의 억압과 자연의 억압이 일련의 공통-쌍common set인 계층적이고 가부장적이며 이원론적인 가정들에 뿌리내려진 것이라고 생각했다. 그러면서 그녀들은 하나님과 자연의 관계에 있어서, 또한 인간과 자연의 관계에 있어서, 더 통전적이고 생태학적 함의를 지닌 모델들을 제안했다.[249]

이 문제와 관련해서 나는, 현재의 자연에 대한 서구 문화적 태도 형성에 수많은 요인들이 복합적으로 들어가 있다고 본다. 따라서 나는 린 화이트가 복잡한 역사 현상을 지나치게 단순화시켰다고 본다. 그러나 그가 강조한 두 가지 문제, 즉 '하나님과 자연이 분리되는 문제'와 '인간과 자연이 분리되는 문제'가 중세 이후의 기독교적 사유의 특징인 것은 사실이다. 신학과 선포와 예전liturgy과 종교의식이 창조 교리에 집중하지 않고, 개인의 구원교리에 집중했다는 것이다. 즉 구원은 대개 '창조의 완성'으로 여겨지지 않고, '창조로부터의 탈피'escape로 여겨졌다. 후기의 기독교적 사유와 오늘날의 수많은 보수적이고 복음주의적인 신학자들에게 있어서, 자연은 구원 드라마에 있어서 본질적인 부분이 아니라 구원 드라마의 발판stage 내지 배경backdrop으로만 여겨질 뿐이다. 전체적으로 봤을 때 화이트의 역사적 설명이 문제의 여지를 갖는 것이 사실임에도 불구하고, 환경위기는 서구 신학을 비판적으로 반성하도록 이끌었다. 이 점에 있어서 나는 그의 비판이 정당성을 지닌다고 여긴다.

3. 지구에 대한 전체(全體) 기독교적인 접근

맥스 올슐리거Max Oelschlaeger는 자신의 책 『지구에 대한 관심: 지구에 대한 전체(全體) 기독교적인 접근』Caring for the Earth: An Ecumenical Approach에서 환경정책에 대해서 기독교 전통이 잠재적으로 기여한 점을 흥미롭게 분석해 냈다. 그는 정부가 근본적인 환경적인 쟁점들을 다루지 않았음을 지적하면서, 그 이유를 환경정책에 있어서 단기적인 경제적 기준들이 주가 되었기 때문이라고 본다. 시민들도 자신들의 개별적인 경제적 관심사에 속하는 환경정책에 지지표를 던졌다. 또한 정치인들도 단상에서 경제성장과 낮은 세금을 외치는 쪽에 무게중심을 두었다. 나아가서 경제학자들도 국민총생산GNP에 준해서 진보를 측정했는데, 여기서 국민총생산은 환경비용을 생략한 지표로서 환경에 들어가는 미래적인 비용과 그 혜택을 무시한 처사이다. 기업들도 즉각적인 이윤만을 추구했는데, 그들은 자신들의 기부금에 도움을 받아서 선출된 정치인들에게 커다란 힘을 행사했다. 즉 한 나라의 일원으로서, 우리 모두가 높은 소비의high-consumption 생활방식만을 추구했다는 것이다. 사람들로 하여금 새로운 여러 기술들이 산업 성장이 빚어낸 모든 문제들을 극복할 것이라고 여기도록 만든 점, 율슐리거는 자신의 책에서 이 점을 예리하게 지적하고 있다.[250]

올슐리거의 논지는 공공정책에서 이러한 단기적인 경제적 기준이 만연하는 것을 효과적으로 제재하는 데 있어서, 교회가 유일한 기관이 됨을 주장하는 데 있다. 교회는 과거부터 정치계를 향해서 강력하게 자기 목소리를 내 왔다. 예컨대 교회가 노예제도폐지와 여성참정권과 시민 인권 운동과 베트남 참전 반대 운동 등에 적극적으로 관여를 해왔다는 것이다. 하지만 아쉽게도 오늘날 이렇게 자기 목소리를 내는 교회들은 극소수에 불과하다. 이로 인해서 각각의 개인들의 개성이 도전을 받게 되었고, 공익public good, 公益의 문제가 대두되게 되었다. 올슐리거는 수많은 교회들이 개인의 구원 문제에만 배타적으로 집중해 온 점에 대해서, 그리고 만연하는 소비-지상주의로 인해서 공익에 해당되는 사안에 관여하지 않기로 결정한 점에 대해서, 나아가서 자신들의 관심사를 좁은 범주의 공공정책에만 제한시켜 놓은 점에 대해서 비판한다. 그러면서 그는 교회가 정부의 환경정책들에 중요한 영향을 끼칠 커다란 잠재력을 지닌 것으로 여기는데, 그 이유를 교회가 삶의 목적들과 관련해서 근본적인 질문들을 던질 수 있기 때문이라고 본다. 그는 교회의 영향력 행사로 인해서 사회정의와 환경보호와 미래세대의 복지와 같은 비-시장적 가치non-market value가 새롭게 창출될 수 있다고 여긴다. 그러면서 그 근거로 가톨릭교회와 모든 주요한 개신교 교파들이 설득력 있는 환경보고서를 발행한 것을 들고 있다.

올슐리거는 어느 문화에서든지 창조 이야기들이 특별한 중요성을 지닌다고 말하면서, 그 이유를 창조 이야기들이 개개의 생명체를 보다 넓은 의미 구조에 위치시키기 때문이라고 본다. 창조 이야기들은 정서적으로 건강한 분위기를 자아내면서 공유된 가치들과 행동 패턴들이 조성되도록 만드는 힘을 갖는다. 95%의 미국인들이 하나님을 믿는다고 말하는데, 만일 그들이 '피조물에 대한 관심'caring for creation이라는 공동 주제에 대해서 단합하기만 하면, 그들은 환경문제에 대해서 강력한 목소리를 낼 수 있다. 올슐리거는 신학적 스팩트럼을 가지고 환경에 대해서 다뤄진 여러 글들을 제시한다. 보수 진영에서는 프란시스 쉐퍼Francis Schaeffer와 칼빈 드윗Calvin DeWitt이 쓴 글들이 있고, 온건한 보수 진영에서는 수잔 브라톤Susan Bratton과 제임스 내쉬James Nash와 미국의 가톨릭 주교들 쓴 글들이 있다. 자유주의 진영에서는 존 캅John Cobb과 자이 맥다니엘Jay McDaniel과 샤르댕Teilhard de Chardin과 로즈마리 류터Rosemary Radford Ruether가 쓴 글들이 있다. 급진적인 자유주의 진영에서는 토마스 베리Thomas Berry와 매튜 폭스Matthew Fox가 쓴 글들이 있다. 올슐리거는 자신이 제시한 다섯 개의 범주들을 '대안적 창조 이야기들'alternative creation stories이라고 칭하면서, 이 범주들에 여신으로서의 하나님을 주장하는 여성 신학goddess feminism과 미국 원주민 전통까지를 포함시킨다. 그는 위의 다양한 신학 진영들이 서로 다른 진리를 주장하는 데에 골몰하지 말고, 실용적인 접근을 취하면서 정치활동에 있어서 의견일치를 이루어야 한다고 말한다. 나아가서 그는 교회가 진화론을 수용해야 하는지 거부해야 하는지를 다루는 성서 문자주의자들의 논쟁에 관여하지 않아야 한다고 말한다. 그런 사안들이 아니라,

위기에 처한 우리의 지구를 구하기 위해서 피조물들에 관한 공통의견 common ground을 내는 데에 협력해야 함을 역설한다.

나는 지구에 대한 관심을 진척시키는 공동 노력을 추구함에 있어서, 교회가 다양한 전통들을 아우르면서 전체全體 교회차원에서 협력해야 한다는 올슐리거의 견해에 동의한다. 그러나 나는 각 교단의 신학적인 차이점들이 중요하지 않다고 보는 그의 주장에는 반대를 하고, 과학과 종교가 전적으로 무관하다고 보는 그의 주장에도 반대를 한다. 올슐리거는 과학과 종교 모두 실재와 관련해서 정확한 진술을 제공해 주지 못한다고 주장한다. 그는 과학과 종교 모두를 인간 삶에 유용하게 기여하는 사회-언어학적sociolinguistic 문화 구성물에 불과하다고 여긴다. 실용적이고 언어학적인 철학자들의 입장에 동조하면서, 그는 과학과 종교 모두 독립적인 언어 시스템을 가지고 있다고 주장한다. 즉 과학과 종교의 타당성 여부가 그 유용성에 놓여져 있다는 것이다. 올슐리거는 과학을 '인간이 가지고 놀 수 있는 수많은 언어 게임들 가운데 하나'로 보면서, 과학이 특권을 누리는 위치에 놓일 수 없다고 본다. 이와 달리 나는 과학과 종교 모두를 가지고 실재를 이해하려고 노력해야 한다고 주장하는 바이다. 그러면서 한편으로 나는 과학과 종교를 가지고 변하지 않는 확실성이나 완벽한 확실성에 이를 수 없음을 주장한다. 과학과 종교 모두가 개념적 모형概念的 模型을 이용하는데, 이 모형은 과학과 종교의 관계를 다룸에 있어서 직접적으로 관찰될 수 없는 부분적 설명만을 제시할 뿐이다. 또한 과학과 종교 모두는 탐구공동체 community of inquiry의 계속적으로 지속되는 경험에 의해서 검증을 받아야 한다는 전제들을 가지고 있기도 하다. 따라서 공동세계에 관한 진술서를 작성한다고 할 때, 과학과 종교는 몇 가지 점에 있어서 중복될 수 있는 여지를 갖는다. 그러므로 과학적 이해를 감안함에 있어서, 종교적 신념들은 다시금 수정될 필요성을 갖는다. 특히 나는 창조 교리와 인간의 본성에 관한 교리는 진화론과 생태학을 참작해서 다시금 보완 될 필요가 있다고 본다.

하나님과 자연

이제 린 화이트가 제기한 첫 번째 쟁점, 즉 하나님과 자연의 관계를 다루려고 한다. 여기서는 기독교 환경 보존주의를 지지하는 네 가지 주제들을 요약하도록 하겠다.[251]

1. 땅에 대한 청지기적 책무와 찬양

최근의 여러 신학적 글들 가운데서, 특히 보수주의와 복음주의 진영 에 속하는 신학적 글들은 성서의 청지기적 책무를 부각시킨다. 신명기 는 "땅이 하나님께 속한 것이라고" 진술한다. 즉 땅이 궁극적으로 그 것을 창조하신 하나님께 속한다는 것이다. 따라서 우리 인간은 땅의 관리자 내지 청지기일 따름이다. 즉 우리 인간이 땅을 올바르게 대하 면서 안정화시키는 것에 책임성을 갖는다는 것이다. 나아가서 몇몇 성 서 구절들은 가축들을 인간적으로 대우할 것을 요구하기도 한다. 안식 일Sabbath은 땅과 살아있는 생명체들이 안식을 취하는 날일 뿐 아니라, 인간이 안식을 취하는 날이기도 하다. 매해 7년마다 경작지들도 쉼을 누려야 한다. 땅은 존경받을 가치를 지니는데, 만일 잘못 취급 당할 경 우에 땅은 비명을 지르게 될 것이다.(레 25:1-5) 오늘날 많은 시골 교회들 에서 땅과 더불어서 천연자원을 보호하고자 하는 취지에서 6월의 어 느 주일에 땅을 쉬게 하는 움직임Land Stewardship Sunday이 있어 왔다. 이러한 관리 개념은 모든 천연 자원들에서 나아가서 모든 형태의 생명체에까지 확장되어야 한다.[252] 청지기 개념stewardship은 인간만이 감당해야 하는 책무가 아니다. 이유는 이 개념이 하나님께 책임을 다하고 나아가서 다른 생명체의 복지welfare에 관심을 기울이는 것까지를 포괄하기 때문이다. 그러나 만일 청지기 개념이 다른 성서적 주제들과 병행되지 못한다면, 이 개념은 순전히 자연에 대한 실용적 가치만을 끄집어내야 하는 것으로 쉽게 왜곡될 수 있다. 이렇게만 이해되는 경우에, 이 개념은 자연을 대상화시키면서 인간이 자연 경작을 위해서 자연으로부터 거리를 두어야 하는 것처럼 생각될 수 있다. 그러나 다른 성서적 주제들과 병행해서 이해된다면, 청지기 개념은 책임감을 가지면서 자연 세계에 대해서 윤리적 관심을 갖도록 인간을 이끌 수 있다.

나아가서 청지기 개념을 넘어서는 것이 있는데, 그것은 축제 개념이다. 축제 개념은 자연을 그 자체로 가치를 지니는 것으로 여긴다. 창세기 1장은 피조물들의 질서가 선하다고 단정적으로 진술하면서 끝을 맺는다. 이 점에 있어서 창조 개념은 상당히 통합적인unifying 구조를 지니는 것으로 봐야 한다. 창조 개념은 모든 형태의 생명을 포괄한다. 또한 대홍수 이후의 하나님의 언약 개념도 모든 생명체를 포괄한다.(창 6:18-9) 시편의 여러 구절들도 자연의 가치를 언급하는데, 자연은 우리 인간에게 유익을 주는 것과 별개로 그 자체로 가치를 지닌다.(시 148:9-10) 시편 104편은 자연의 풍요로운 다양성을 찬양하면서 다음과 같이 끝마친다. "여호와여 주께서 행하신 일이 어찌 그리 많은지요. 주께서 지혜로 그것들을 다 지으셨나이다. 온 땅에 주께서 지으신 것들이 가득 하나이다."(시 104:4) 하나님과 대화를 마친 후에, 욥도 자연현상의 장엄함과 인간의 사용범주를 넘어서는 기묘한 피조물들의 위엄에 압도를 당한다.(욥 40-41장) 예수도 들에 핀 백합화와 공중의 새에 대해서 하나님께서 관심을 지니신다고 말씀한다. 이때 예수는 비유를 말씀하실 때 자연 세계의 이미지들을 사용하셨다. 이 시대의 학자인 제임스 내쉬는 하나님의 사랑이 모든 피조물을 포괄할 정도로 광범위하다고 주장한다. 결국 우리 인간이 하나님께서 사랑하시는 것(자연-역자)에 사랑으로 반응할 수밖에 없고, 하나님께 사랑받는 피조물들에 대해서 사랑의 관심을 가질 수밖에 없다는 것이다.[253]

25년 전과 비해서 볼 때, 피조 질서(자연-역자)에 감사를 표하는 의식 행위들liturgies과 기도 행위들이 더 풍부해진 것처럼 보인다. 자연에 대해서 감사를 표하는 훌륭한 찬양들이 계속 작사되어 왔으며, 현재는 특정 교파 소속의 찬송가로 지정이 되기도 했다. 추수 감사 축제 때만이 아니라, 평소 때에도 자연과 함께 드리는 예배 의식들이 많아지고 있다. 비록 구속redemption을 찬양하는 예배 의식들과 매해 마다 교회에서 기념되는 역사적 사건들에 비해서 덜 중요하게 여겨지는 것이 사실이지만, 그래도 자연과 함께 드리는 예배 의식들이 점점 많아지고 있다는 것이다. 하지만 자연 세계에 해를 끼쳐온 우리의 태도와 행동들을 뉘우치고 반성하는 참회repentance가 동반되는 의식이 매우 드문 것은 아쉬운 점에 속한다.

2. 자연 안에 계시는 성령

나는 성서의 영Spirit 개념이 하나님과 자연의 관계를 이해하는 데 유용하다고 여긴다. 창세기의 첫 구절은 다음과 같이 시작된다. "하나님의 영이 수면 위에서 움직이고 있었다." 영을 의미하는 히브리어 루아흐ruach는 호흡breath을 의미한다. 하나님께서 피조물을 향해서 생명의 호흡을 내 뿜으셨다. 몇몇 시편들도 자연 안에 현존하는 영을 노래하고 있다. 시편 104편에서 영은 현재 가운데서 계속 이루어지는 지속적인 창조의 동인agent, 動因으로 묘사된다. "당신께서 소 떼를 위해서 풀이 자라도록 하셨고, 인간이 경작하도록 식물을 만드셨습니다. … 당신께서 영을 보내실 때 그것들이 창조되었습니다." 동일한 어근이 영감inspiration이라는 단어에서도 발견된다. 영은 선지자들과 예배 공동체에게 영감을 주신다. 예수도 세례 시에 영을 받았는데, 누가에 따르면 예수는 성령으로 충만한 채 공생애를 시작하셨다. 그러다가 영의 활동이 오순절 교회의 탄생 시에 두드러지게 나타나게 된다. 이처럼 성경에서 영은 창조주이자 구속주이신 하나님의 활동과 함께 다루어진다. 또한 성경에서 영은 성부와 성자와의 관련성 속에서 남성적인 이미지에만 국한되지 않는 것으로 나타난다.[254] 그런데 초대교회는 영의 사역을 거의 배타적으로 구속redemption과 동일시하는 경향을 가졌다. 서방교회에서도 삼위일체 교리가 발전함에 따라서 성령Holy Spirit을 영원하신 아들Eternal Son에 종속시켰고, 성령이 아들로부터 나온다고 일컬었다. 더욱이 중세 시대에서는 성례전들과 제도적 교회가 영의 활동operation의 주된 통로로 여겨졌다. 한편 개신교는 영이 각각의 신자들 속에서 활동하신다고 보았다. 나아가서 영은 우리 안에서 성경의 진리를 증언하거나 그리스도께로 회심하도록 만든다고 여겨졌다. 다른 한편 오순절에 속한 은사적 그룹들은 예언을 하는 것과 방언을 말하는 것과 여러 초자연적인 권능들에서 영의 활동이 명백히 드러난다고 주장했다. 하지만 이 모든 경우에서는 하나님께서 생명을 주시는 영으로 자연에 거주하시면서 임재하신다는 성서적 견해가 묵살된 것이 사실이다. 나는 영에 대한 좀 더 많은 관심을 가짐으로써, 오늘날 하나님과 자연의 관계를 논함에 있어서 우리가 초월성과 내재성 사이에서 균형을 잡게 될 것이라고 여긴다.

3. 자연에 대한 구속

미래의 조화와 온전함 또는 샬롬shalom이라는 예언자적 비전은 인간만이 아니라 피조물 전체를 포괄한다. 그런데 호세아 선지자는 인간의 여러 활동들이 자연에 피해를 준다고 말한다. "그러므로 땅이 통곡하고 땅에 거하는 모든 자와 들짐승과 공중에 나는 새가 다 쇠잔할 것이요 바다의 고기도 없어지리라."(호 4:30) 그러다가 호세아 선지자는 모든 피조물들과 새 언약을 맺으시는 하나님 상을 마음속에 그린다. "그 날에는 내가 그들을 위하여 들짐승과 공중의 새와 땅의 곤충과 더불어 언약을 맺을 것이다."(호 2:8) 바울도 "전체 피조물이 다 이제까지 함께 탄식한다"(롬 8:22)고 말한다. 그러나 그는 전체 피조물이 마지막 완성에 참여할 것임을 확신했다. 피조물의 치유와 회복이라는 종말론적인 비전이 미래의 사건에 해당되는 것처럼 보이지만, 그러나 이 비전은 또한 현재 속에서의 우리 인간의 활동들과 그 목적들을 향해서도 실마리를 던져준다.[255] 다른 성서 구절들은 영원한 아들이신 그리스도께서 창조와 구속에서 자신의 역할을 감당하셨다고 주장한다. 바울은 "만물이 다 그리스도로 말미암고 그리스도를 통하여 창조되었던 바, 그리스도께서 모든 것 이전에 존재하셨으며 그리스도 안에서 모든 것이 조화를 이루게 되었다"고 말한다.(골 1:15-16) 초기교회 시절에 이레니우스Irenaeus는 전체 피조물을 변화시키면서 피조물에게 신적 생명을 주시기 위해서 하나님께서 그리스도를 통해서 세상으로 들어오셨다고 주장했다. 동방교회 전통에 입각해서 파울로스 그레가리우스Paulos Gregarios는 '우주적 그리스도'Cosmic Christ라는 이미지를 발전시키면서, 모든 피조물을 구속의 영역에 포함을 시켰다.[256] 동방교회의 페르가몬의 요한John of Pergamon은 피조물의 사제들로서 우리가 단지 빵과 포도주만이 아니라, 모든 피조물을 하나님께 드리는 것이라고 말했다. 그러므로 우리는 우리 자신과 더불어 물질세계 전체를 구원과 영생의 영역으로 고양시켜야 한다. 같은 맥락에서 페르가몬의 요한은 모든 피조물의 구속에 있어서 그리스도와 전체 인류 모두가 하나님과 세계를 잇는 본질적인 연결점이라고 말한다.[257]

우리는 성서와 초기교회 교부들의 주장이 자연세계의 가치를 긍정하고 있음을 보게 된다. 즉 성서와 초기교회 교부들이 함께 구속의 영역에 자연이 포함된다고 주장한다는 것이다. 그렇지만 한편으로 나는 자연이 구속을 필요로 한다는 사상을 지나치게 강조하는 것이 위험성을 지닌다고 여긴다. 몇몇 신학자들은 인간의 죄 때문에 자연이 타락했다고 주장해 왔다. 특히 죽음과 고통이 인간의 죄 때문에 자연 가운데로 들어왔다는 사상은 진정 진화 역사적 이해와 양립하기 어려운 사상이다. 비록 우리가 인간의 죄악된 행위들이 다른 피조물들에게 피해를 줘서, 그 피조물들의 생명이 우리 인간에게 지나칠 정도로 얽매이게 됐음을 인정함에도 불구하고, 인간의 죄로 말미암아 자연이 타락했다는 신학 사상을 수용할 수 없다는 것이다. 우리가 자연을 찬양하면서 하나님께 올려드리는 제사장의 역할을 감당해야 하는 것은 사실이다. 하지만 나는 하나님께서 이 세계에 임재하시면서 활동하시는 분이심을 인정한다고 해서, 우리 인간이 하나님과 피조물을 잇는 핵심적 중재자들mediators이라고 주장할 수는 없다고 여긴다.

4. 자연에 깃들어 있는 성스러움

자연의 가치를 주장함에 있어서 더 발전된 사상은 자연이 신성하다는 믿음이다. 동방교회는 피조물의 선함과 아름다움을 찬양하고, 자연 안에 임재하시는 하나님을 발견하면서 '무한이 유한 속에 나타났다'고 주장한다. 켈트 기독교Celtic Christianity는 기독교 이전의 영국과 아일랜드의 자연 숭배에 영향을 받으면서 자연 세계에 대해서 깊은 사랑을 표현하기도 했다. 그러면서 그들은 하나님께서 자연에 내재하심을 확신했다. 여러 영국성공회 교도들Anglican도 단지 빵과 포도주와 성례전의 물만이 아니라 모든 자연이 하나님의 은총의 매개물vehicle이 된다고 말한다. 이러한 전통들 모두는 생명에 대한 강한 공동체 의식을 가지고 생명이 분열되는 것을 치료하기 위해서 애를 써왔다.[258] 샤르댕에 따르면 그 창조력과 영spirit으로 인해서 물질이 상호 스며들면서, 모든 자연이 신성하게 된다. 자신의 책 『신적 환경』The Divine Milieu에서 샤르댕은 피조 질서와 인간의 생명을 통해서 하나님께서 임재하신다고 말한다.[259] 몇몇 위대한 기독교 신비주의자들도 자연 안에 신성함이 깃들어 있다고 주장해 왔다. 그들은 만물의 통일성이 개별적 영혼의 깊이에서 발견될 뿐 아니라 자연과의 만남 속에서도 발견된다고 말한다. 이와 관련해서 마이스터 에크하르트Meister Eckhart와 빙엔의 헬데가르트Hildegard of Bingen와 노리치의 줄리안Julian of Norwich은 세계를 부정하는 신비주의가 아니라, 세계를 긍정하는 신비주의를 표방했다. 그들은 명상 중에 모든 것을 포괄한 사랑에 반응하면서 우리와 자연 안에 내재한 신성divinity을 깨달을 수 있다고 주장했다. 매튜 폭스Mattew Fox도 현대과학의 입장을 수용하면서 우주에 경외감과 감탄을 표하는 피조물에 방향 지워진 영성creation-centered spirituality을 지지해 왔다. 그는 전통 기독교가 원죄를 강조함으로써 피조물을 '본래적 축복'original blessing으로 이해하는 데 실패했다고 말한다. 그러면서 그는 노래와 춤과 의식과 예술로 자연의 신성sacredness을 찬양할 것을 촉구한다. 폭스는 자신이 쓴 글들이 분량적으로 볼 때 자연을 다루는 만큼 그리스도의 인격을 다루지 못했음을 솔직하게 인정한다. 이 사실을 인정하면서, 그는 자기 자신이 기독교 전통에 머물면서 자연을 재해석하는 사람으로 간주되기

를 바란다.[260]

　우리는 이를 넘어서 자연에 깃드는 신성함을 추구해야 하는데, 일반적으로 볼 때 이러한 입장은 전통 기독교의 입장과 사뭇 다른 것이다. 하지만 적지 않은 사람들이 자연환경에서 거룩한 경험을 했음을 말해 왔다. 윌리엄 워드스워드William Wordsworth와 알프레드 로드 테니슨Alfred Lord Tennyson 같은 자연 시인들과 랄프 발도 에머슨Ralph Waldo Emerson과 존 무이어John Muir 같은 수필가들은 자연이 '영적 양상'spiritual aspect을 지님을 증언한다. 또한 알도 레오폴드Aldo Leopold와 라헬 카슨Rachael Carson과 로렌 에슬리Loren Eisley 같은 과학자들도 자연 세계를 접할 때마다 경외감과 겸손과 감사를 경험한다고 말해 왔다. 자연과의 만남이 갖는 이러한 경험적 차원은 우리의 삶을 더욱 더 풍성하게 한다. 이처럼 우리가 자연을 유신론적이고 범신론적 맥락으로 해석하거나 자연주의 맥락으로 해석하는 것과 무관하게, 자연과의 만남이 우리의 행동에 동기를 부여하는 점 역시 사실이다. 하지만 기독교적인 맥락에서 볼 때, 자연이 지닌 성스러움은 앞에서 다룬 몇 가지 주제들에만 국한이 된다. 본래 하나님의 초월성은 공간적인 은유이다. 하지만 내재성을 배제시키면서 이 세계로부터 멀리 떨어져 있는 하나님을 언급할 때, 하나님의 초월성을 반드시 문자적으로만 이해할 필요는 없다. '존재하는 것(자연-역자)의 성스러움이 지니는 성례전적 의미와 현재의 불완전성에 대한 예언자적 의식' 대對 '존재가능성을 지니는 것의 성스러움', 양자 사이에는 항상 긴장감이 자리잡고 있기 때문이다. 이 점에 있어서 피조물들 사이의 투쟁과 무자비함cruelty, 그리고 인간 삶의 죄성을 간과하는 낭만주의는 여러 위험성들을 지니고 있다. 하지만 반대로 몇몇 자연 시인들과 신비가들이 개개인들과 자연 세계에 폭력을 행사하는 사회구조의 힘과 불의를 대함에 있어서, 그들에게 예언자적 인식이 결여되어 있는 것도 사실이다. 나는 지금까지 다룬 네 가지 주제들(땅에 대한 청지기적 책무와 찬양, 자연 안에 계시는 성령, 자연에 대한 구속, 자연에 깃들어 있는 성스러움)이 함께 다루어질 때, 이 사안들이 사회정의에 대한 관심과 결합될 수 있다고 생각한다. 이제 이 사안을 다루도록 하겠다.

인간과 자연

지금까지 하나님과 자연의 관계에 대해서 검토를 해 왔다. 이제 화이트Lynn White가 제기한 두 번째 이슈로 관심을 돌려서, 인간과 자연의 관계에 대해서 검토하도록 하겠다.

1. 인간: 이원론을 넘어서

창세기 기자는 인간이 하나님의 형상으로 만들어졌다고 말한다. 3장에서 다뤘듯이 일반적으로 하나님의 형상imago Dei은 합리성과 영성과 도덕적인 대리 행위moral agency와 같은 인간의 능력을 의미하는 것으로 해석되어 왔다. 또한 하나님의 형상 개념은 자주 우리 인간을 여타의 피조물들로부터 분리시키면서, 인간이 다른 피조물들을 지배하는 것에 정당성을 부여해 주는 것으로 이해되었다. 그러나 한편으로 하나님의 형상 개념이 하나님에 대한 우리 인간의 관계성을 의미하는바, 하나님의 뜻을 피조 세계에 반영할 수 있는 인간 능력을 의미한다고 말해 온 사람들도 있다. 모든 피조물들을 향해서 존중심을 갖도록 하는 것이 하나님의 뜻이다. 따라서 진화론의 관점에서 볼 때 당연히 아담의 타락 이야기를 문자적으로 받아들일 수 없는 것이 사실이다. 우리는 아담의 타락 이야기를 인간의 죄성을 나타내는 강력한 상징적인 표현으로 받아들여야 한다. 그리고 인간의 죄는 '자기중심성을 지님'self-centeredness과 '하나님과 다른 사람들과 자연세계로부터의 소외됨'estrangement으로 이해되어야 한다.

4장에서 다뤘듯이 성서에서 몸body과 정신mind과 영spirit은 단일한 인격적 전체성이 지니는 여러 양상들을 의미한다. 인간의 자아는 생각하고 느끼며 의지를 지니고 행동하는 통합된 몸적 주체unified bodily agent이다. 따라서 몸은 악의 근원으로 간주될 수 없다. 몸은 훼손되거나 벗어나야 하는 무언가가 아니다. 각각의 인격들이 온전성을 지니는 것이 하나님의 구원의 목표이다. 성서적 견지로 볼 때, 인간의 자아는 항상 사회적 성격을 지니는데, 이유는 하나님과 맺은 관계들과 언약들로 말미암아 우리가 구성되기 때문이다. 우리는 격리된 개체들로 존재하는 것이 아니라, 항상 '공동체 안에서의 인격들'persons-in-community로 존재한다. 그러나 후기 헬라적 사유의 영향으로 인해서, 초기교회는 점차 인간 존재를 일시적으로 몸 안에 거주하는 분리된 영혼으로 여기게 되었다. 이러한 이원론이 근대에 데카르트René Descartes의 정신과 물질의 구별distinction로 이어졌던 것으로서, 데카르트는 정신과 물질을 공통된 속성들을 갖지 않는 이질적인 실체들이라고 여겼다. 인간과 모든 다른 피조물 사이에는 '절대선'absolute line이 놓여져 있다. 단지 인간만이 합리적으로 사고할 수 있는 영혼 내지 능력을 지닌 존재이다. 그러나 18-19세기에 수많은 사람들이 이원론을 온전히 지지할 수 없다고 생각하면서, 단지 이원론의 절반만을, 즉 물질적인 측면만을 받아들였다. 그들은 인간 존재와 자연이 물질주의적이고 환원론적인 견지에서 설명될 수 있다고 여겼다.

이원론으로 되돌아가지 않은 채, 오늘날 우리는 환원론적 물질주의를 거부하면서 인간 존재를 '책임적 인격'responsible persons으로 여겨야 한다. 그리고 성서적 견해에 따라서 우리는 '인격의 통전적 성격'을 수락해야 한다. 즉 인격이 사고하고 느끼며 의지적으로 행동할 수 있는 통합된 중심축이 된다고 말하는 성서적 견해를 우리가 받아들여야 한다는 것이다. 또한 우리는 자아가 '사회적-몸적 특성'을 지님을 수락해야 한다. 과학적 지식을 고려하면서, 우리는 우리 자신을 정신과 육체를 지닌 다차원적 존재로 보아야 한다. 우리 인간의 다양한 차원에서의 여러 활동들을 이해하기 위해서는, 이를 아우를 수 있는 독특한 개념들이 필요하다. 진화 역사에서 생명체들은 점진적이고 지속적으로 변화들을 겪어 왔는데, 여기에 능력과 행동에 있어서의 극적 차이들dramatic differences이 더해졌다. 대부분의 생물학자들은 인간의 자의식과 언어와 문화가 독특성을 지님을 인정한다. 인간 존재는 지적이고 예술적인 창조활동을 할 수 있다. 나아가서 인간 존재의 인격적 관계성들은 다른 피조물들에게서 발견되는 관계성을 훨씬 뛰어 넘는다. 사실상 우리 인간은 자연과 구별되지만, 그럼에도 불구하고 이 구별이 전통적인 기독교가 주장하는 것처럼 절대적으로 구분되는 것은 아니다.[261]

2. 우리 인간과 모든 생명체들의 유대감

인간과 다른 생명체들과의 유대감을 진술하거나 암시하는 여러 성서구절들이 있다. 창세기의 노아 이야기는 역사라기보다는 신화로서, 자신만의 방식으로 생물학적 다양성의 가치를 인정하고 있다. 시편 기자들도 다른 피조물과 우리 인간의 교제에 대해서 진술을 한다. 성 프란시스St. Francis도 영적 유대감이 우리와 모든 피조물들을 연결시켜 준다고 보았고, 성 베네딕트St. Benedict도 자연을 존중하는 농경적이고 지략적인 관례들을 촉진시켰다. 같은 맥락에서 셀틱 기독교도 다른 피조물들을 우리 인간의 동료라고 여긴다. 또한 우리는 모든 피조물들과 강한 유대감을 맺어온 토착 종교전통들로부터도 무언가를 배워야 한다. 미국 원주민들은 자연을 확장된 가족으로, 즉 인간과 함께 상호책임성을 지니는 공동체로 여겼다. 모든 형태의 생명체들은 자연적-사회적 질서의 구성원들로서, 이들 사이에서 조화와 균형이 유지가 된다. 다른 피조물들과 연결되어 있는 바, 부족들의 이야기에 묘사되고 부족들의 의식에 나타난 것처럼 인간은 여타의 다른 피조물들을 의존하는 존재이다. 따라서 인간은 모든 피조물들을 존중심을 가지고 대해야 한다. 이유는 피조물들도 영적 세계에 참여하기 때문이다. 인간은 꿈이나 환상 등을 통해서 피조물들의 힘을 경험할 수 있다. 같은 맥락에서 미국 원주민들도 자신들을 그들의 역사에서 중요하게 여겨온 땅과 특정한 산들과 강들과 동일시했다.[262] 한편으로 최근의 연구들은 환경론자들이 미국 원주민들의 삶을 낭만적으로 묘사를 해 왔다고 주장한다. 즉 미국 원주민들이 우리가 생각했던 것과 달리 실제로는 자신들 본래의 여러 이상적인 삶(예를 들면 큰 무리의 물소 떼를 절벽으로 몰았다가, 그것들 가운데 일부만을 자신들의 음식과 의복으로 사용했던 것이 여기에 해당된다.)에 부응하지 못하는 삶을 살았다는 것이다.[263] 하지만 이것이 사실일지라도, 미국 원주민들이 인간 이외의 생명체들과 맺는 유대감은 대다수의 미국인들이 지니고 있는 태도들과 뚜렷한 대조를 보이는 것이 사실이다.

　최근의 여러 과학 분야들은 다양한 생명체들이 상호 의존한다는 것을 밝혀내고 있다. 생태계 연구도 생명체들web of life이 복잡한 형태로 상호연결되어 있음을 보여준다. 어떤 생태계들은 인간의 여러 활동들이 끼치는 영향들에 대해서 상당한 정도의 탄력성을 지니는 반면에, 취약성을 갖는 생태계들도 있다. 생물권biosphere의 다양성은 종들이 생존함에 있어서 새로운 조건들에 대해서 안정적으로 적응할 것을 요구한다. 나아가서 생명체들끼리 맺는 특정한 상호관계성들에 대한 연구를 뛰어넘어서, 생태학은 우리 인간이 환경에 의존할 수 밖에 없다는 사실을 새롭게 인식하고 있다. 앞에서 봤듯이 진화생물학은 우리 인간이 자연을 새롭게 인식하면서, 다른 생명체들과 유대감을 가져야 함을 보여주었다. 인간과 자연은 인간의 뇌와 모든 식물들과 동물들에 원자들을 만들어 낸 초기 별들에까지 거슬러 올라가는 공동의 우주 이야기 속에서 하나로 묶여 있다. 지구상에서 생명체는 공동 조상으로부터 나온 가계도의 이야기이다. 모든 생명체의 디엔에이에 동일한 유전자 코드가 사용된다. 이것이 무슨 말인가? 다양한 종들이 함께 진화하면서, 각각의 진화 역사에 영향을 끼쳤다는 것이다.

이런 점에서 볼 때 인간은 사욕을 버리고 우리의 행동들이 다른 생명체에 어떤 영향을 끼치는지에 대해서 생각을 해야 한다. 여기서 한 걸음 더 나아가서 순전히 인간중심적인 견지를 비판하는 것을 넘어서는 과학자 그룹이 있다. 그들은 더 광범위한 생명체들에 대해서 관심을 가지면서, 그 생명체들이 가치를 지니는 것은 우리 인간에게 쓸모 있기 때문이 아니라 그 자체로 가치를 지닌다고 주장한다. 그 사람들 가운데서 생물학자 어슐러 구디너프Ursula Goodenough 같은 사람들은 자연 세계와 하나가 되는 경험과 자연 세계에 참여하는 경험을 감동적으로 묘사해 왔다.[264] 그들은 경외감을 가지고 우주에 반응하면서, 지구가 어느 면에 있어서 신성하다고 말한다. 이러한 인격적이고 숙고적인 reflective 반응들은 과학 그 자체를 넘어서는 것으로서, 이러한 반응들은 우리에게 환경을 보호하기 위해서 활동해야 하는 강력한 동기를 제공한다.

3. 과정 신학

모든 실재가 관계로부터 구성된다고 주장한다는 점에서 볼 때 화이트헤드와 그의 추종자들의 과정 철학은 생태학적 특성을 지닌다. 또한 지속적으로 변화하는 장구한 역사를 수락하면서 계속되는 생명체들 사이에 절대선들이 없다고 말하는 점에서 볼 때, 과정 철학은 진화론적 특성을 지니기도 한다. 우리는 과정 철학적 사유에서 모든 통합된 실재가 '경험'이라는 요소moment로 여겨질 수 있음을 살펴봤다. 이러한 경험이 지니는 특성은 가장 기본적인 민감성을 지닌 아메바에서 다르게 나타나고, 의식적인 의도를 가진 동물에게서 또 다르게 나타나며, 미래의 목적을 반성하면서 숙고하는 의식적 인간 존재 사이에서는 또 다르게 나타난다. 과정 철학은 '몸-정신의 이원론'에 대한 하나의 대안을 제공해 주는데, 이 대안은 물질주의도 아니고 관념론도 아니다. 과정 철학은 모든 통합된 실재들이 객관적이면서 외적인 양상들을 지님과 동시에 경험적이고 내적인 양상을 지닌다고 주장한다. 내면성interiority 내지 경험은 낮은 형태의 수준에 존재하는 반면에, 복잡성을 갖는 높은 수준에서는 정신 내지 의식이 창발한다고 주장한다.[265]

과정 철학적 사유에 따르면 모든 생명체들은 하나님께도 가치를 지니고, 나아가서 서로를 대함에 있어서도 가치를 지닌다. 즉 모든 생명체들이 경험의 중심축으로서, 본유적 가치를 지닌다는 것이다. 그런데 각각의 생명체들마다 경험의 정도는 다르다고 할 수 있는데, 즉 빈약한 경험을 하는 생명체도 있고 풍부한 경험을 하는 생명체도 있다. 또한 각각의 생명체들은 다른 존재들의 경험에 기여함에 있어서도 상당히 다르다. 무슨 말인가? 각각의 생명체들이 동일한 가치를 지니지 않는다는 것이다. 이렇게 생각하는 것은 우리로 하여금 모든 생명체의 복지를 위해서 일하도록 함과 동시에, 또한 인간과 인간 이외의 생명체의 욕구들이 갈등을 일으킬 때 우선순위가 있음을 알게 해 준다. 이런 점에서 볼 때 과정 철학적 사유는 생명 중심의 윤리와는 다르다고 할 수 있다. 즉 과정 철학적 사유가 개개인에만 관심을 갖는 것에서 벗어나서 전체로서의 생태계의 복지를 위해서 어떤 행동을 선택해야 하는지를 다룬다는 것이다. 또한 과정 철학적 사유는 동물들의 권리를 옹호하는 데까지 나아간다. 즉 과정 철학이 고통받는 개별적 동물들에 대해서까지 관심을 가져야 한다고 여긴다는 것이다. 나아가서 과정신학은 그 관심을 모든 생명체에 대한 관심으로까지 다양하게 확장시킨다. 한편으로 볼 때 과정 철학적 사유는 한 마리의 모기보다, 다른 존재들보다, 더 나아가서 하나님보다, 인간 존재에 더 중요한 가치를 부여하는 사유이다. 서로 관계를 맺으면서 각각의 개체들이 구성된다고 여기는 점을 놓고 볼 때, 과정 철학적 사유는 생명 중심의 윤리가 갖는 통전성holism과 동물의 권리가 갖는 개체주의의 가운데에 위치하는 셈이라 할 수 있다.

나아가서 과정신학자들은 하나님과 자연의 관계에 대해서도 독특한 입장을 가지고 있다. 전통 신학은 하나님의 초월성을 강조하면서, 하나님과 자연 사이에 간극gap이 자리하고 있다고 주장했다. 이와 정반대의 극단으로서, 오늘날 낭만주의와 범신론과 자연 신비주의nature mysticism와 몇몇 뉴에이지 운동들은 하나님의 내재성을 강조하고 있다. 하나님의 내재성을 극단적으로 강조하게 되면, 비인격적 하나님상을 낳거나 자연과 하나님을 동일시하게 된다. 이와 달리 과정 철학적 사유는 하나님을 자연을 초월하심과 동시에 시간적 과정 속에 내재하신다고 본다. 즉 모든 사건이 전개되는 과정 속에 하나님께서 현존하신다는 것이다. 이러한 이해로 인해서 자연은 우리 인간에게 착취의 대상과 경배의 대상이 아니라, 존중의 대상이자 고마움을 표시해야 하는 대상이 된다. 즉 자연이 하나님의 지속적인 활동의 장으로 여겨진다는 것이다.[266]

정의와 기술 그리고 환경

환경정책들은 개발도상국들 뿐 아니라 전 세계의 여러 나라들이 가지고 있는 사회 정의의 문제들과 불가분의 관계 속에 있다. 이제 환경의 지속가능성sustainability과 환경보호와 기술발달과 경제적 세계화라는 상호 연결된 여러 사안들이 등장하는 데 있어서, 성서 전통이 어떤 영향을 끼쳤는지를 살펴보겠다.

1. 환경의 지속가능성과 소비패턴 그리고 인구성장

우리 인간은 자연과 격리된 개체들이 아니라, 환경에 지대한 영향을 끼치는 사회기관들의 구성원들로서 자연과 관련되어 있다. 오늘날의 환경 위기는 환경의 지속가능성과 소비패턴들과 인구성장과 같은 여러 문제들을 낳았다.

1) 장기적인 해결방안

퇴화한 땅과 침식된 토양과 대량으로 죽은 물고기들과 황폐해진 숲들이 회복이 되려면 수십 년 이상이 걸릴 것이다. 우리 인간은 지금까지 '환경에 이익을 끼치는 삶'biological income이 아니라, '환경을 위태롭게 하는 삶'biological capital을 살아왔다. 미래의 세대들은 우리의 기술들이 환경에 끼치는 여러 부정적 영향들을 실감하게 될 것이다. 원자력 발전소에서 나오는 방사선 폐기물들 때문에 앞으로 사람들은 1만 년까지 위험에 처하게 될 것이다. 실정이 이런데도, 정치인들은 이 문제에 대해서 매우 단기적인 해결책만을 제시할 뿐이다. 정치 지도자들은 다음 선거의 주된 공약이 무엇인지를 미리 예견하는 것이 어렵다는 것을 잘 알고 있다. 경제와 산업의 주된 관심사는 지금 당장의 손익계산에 놓여져 있다. 따라서 경제에 관한 신중한 계획들은 장기적 결과에 놓이지 못하게 되는데, 이유는 장기적인 해결방안의 시간 지표time discount가 미래의 비용들과 혜택들에만 적용이 되기 때문이다. 이 문제에 대해서 성서 전통은 장기적인 해결방안을 제시한다. 성서의 청지기 정신은 미래에 대해서 신중하게 숙고할 것을 요청하는데, 이유는 하나님의 뜻이 미래를 포괄하기 때문이다. 성서의 언약 체결 범주는 한 세대로부터 다음 세대들에까지를 아우른다. 즉 성서가 '너와 너의 후손들과 영원히' 언약을 체결하는 것임을 언급하고 있다는 것이다. 특히 성경은 미래의 세대들도 땅에 대한 혜택을 누려야 함을 강조한다. 이러한 장기적인 관점은 역사와 가정과 사회가 계속 지속된다는 생각에서 온 것일 뿐 아니라, 전 세대를 아우르시는 하나님께 책임감을 가져야 한다는 생각에서 온 것이기도 하다. 이런 점에서 볼 때, 세계교회협의회World Council of Churches와 여러 개신교 교파들과 미국의 가톨릭 주교들 모임이 환경의 지속가능성을 주된 주제로 삼아 온 것은 당연하다고 할 수 있다.[267] 나아가서 환경에 대한 장기적인 관점은 과학자들에게도, 특히 우주 역사와 진화 역사라는 오랜 시간적 범주에 익숙한 과학자들에게도 공통적인 관심사에 해당이 된다. 생태학자들은 각각의 세대들의 인구수를 연구하면서, 인구성장이 생태계에 점차적으로 압박감을 주면서 미래 세대들의 복지를 위태롭게 만든다는 것을 정확하게 포착해 냈다.

2) 전-지구적 차원의 관점

과학자 그룹과 종교인 그룹 모두 최선을 다해서 전-지구적 차원의 관점을 지지해 오고 있다. 과학은 본래 국제적일 수 밖에 없는데, 이유는 과학회의가 국경을 넘나들어 열리면서 과학 학술지들이 발행되기 때문이다. 따라서 과학자들은 환경 문제와 자원 문제에 대해서 전-지구적 차원의 관점을 갖게 된다. 그들은 어느 한 지점에서 환경에 끼친 영향들이 먼 지역에까지 파급된다는 것에 대해서 잘 알고 있다. 보스턴에서 에어컨을 손질할 때 방출된 프레온 가스가 오존 고갈의 원인이 될 수도 있고, 베를린이나 방콕에 사는 사람들이 피부암에 걸리도록 만드는 위험의 원인이 될 수도 있다. 이 문제에 대해서 과학자들은 온실가스 배출을 줄이겠다는 국제적 협약만이 지구 온난화에 대한 적절한 대응책이 될 것이라고 주장해 왔다. 또한 과학자들은 핵전쟁의 파괴성에 대해서 잘 아는 사람들로서, 무기 통제와 평화 운동과 유엔U.N.이 감당하는 사안들에 도움을 줄 수 있는 훌륭한 전문가들이기도 하다. 하지만 우리는 과학자들이 일반 시민들과 똑같이 국수주의적 관점을 가질 수밖에 없음을 인정해야 한다. 실제로 많은 과학자들이 자신들의 과학적 지식을 활용해서 직-간접적으로 자국의 군사력 기획에 관한 업무를 감당하고 있음이 사실이다.

우리의 종교들이 지나치게 자주 무관용과 종교적 제국주의에 굴복하는 양상을 띠었음에도 불구하고, 한편으로 우리의 종교전통들은 '세계 공동체'라는 비전을 지지해 왔다. 성서 저자들은 우리가 '공동의 인간성'common humanity에 속함을 주장했고, 또한 우리가 '지구에 거하는 한 민족'임을 주장했다. 이런 맥락에서 미국의 종교공동체들은 유엔의 원조와 평화 운동에 활발히 참여해 오고 있다. 그들은 기아구호단체를 설립해서 빈민들을 돕기도 하고 더불어서 그들에게 농업적-기술적 도움들도 제공하고 있다. 나아가서 대부분의 종교 단체들은 군사비용지출 삭감을 촉구해 왔고, 정부가 핵무기에 의존하는 것에 대해서도 비판을 해 왔다. 따라서 경제적 사안과 환경적 사안과 군사적 사안 모두가 국가 안전에 가해질 미래의 위협들에 해당된다고 주장하는 문제에 있어서, 종교지도자들은 충분히 과학자들과 힘을 모을 수 있다. 세계교회협의회는 이러한 위협들에 대한 우리의 대비책이 자국自國이라는 협소한 범주에서 벗어나서, 전-지구적이고 국제적인 넓은 범주이어야 한다고 주장해 왔다.[268]

3) 소비문제와 건강한 삶에 대한 비전

개발도상국들의 환경보호 정책들도 역시 세계가 올바르게 지속될 수 있도록 만드는데 기여를 한다. 개발도상국들의 효율성 증진 운동과 폐기물 회수 운동과 청정 기술들의 개발이 환경오염의 문제와 자원사용의 문제를 줄일 수 있다. 그러나 나는 우리가 효율성의 문제를 넘어서 우리의 소비 패턴들에 대해서도 주목해야 한다고 생각한다. 25세의 연령대를 기준으로 삼았을 때, 미국인들 가운데 35만 명이 텔레비전의 광고를 시청하고 있다. 대중매체는 우리에게 영상을 통해서 고-소비의 삶의 패턴들을 주입시키고 있다. 그렇게 대중매체는 우리에게 자아존중감과 행복이 상품들을 소비하는 것과 관련이 있는 것처럼 만들고 있다. 이처럼 지금 우리의 문화는 우리로 하여금 소비를 통해서 나의 모든 심리적 욕구를 채울 것을 촉구하도록 만든다. 소비주의는 다른 마약들처럼 중독성을 지니는데, 그 결과 지나친 소비의 마지막에 대해서 생각하지 않도록 만든다. 그러나 이와 달리 여러 연구들은 행복과 수입 내지 부요함이 거의 관련성이 없음을 보여준다. 사실상 행복은 부부간의 관계와 가정생활과 업무 만족과 교우관계와 공동체의 참여 등의 사안들과 관련된다고 여겨진다.[269]

소비문제와 관련해서 기독교 전통은 행복한 삶에 대한 비전을 제공해 주는데, 그것은 우리가 지나치게 소비하는 것이 아니라 자원을 덜 소비하는 방식의 삶을 사는 것이다. 기독교 전통은 기본적 욕구가 충족되었을 시, 영적 성장과 인격적 관계성들의 증진과 공동체의 삶에 진정한 성취감이 놓이게 된다고 말한다. 삶을 부인하지 않고, 삶을 긍정하게 되는 것이다. 나아가서 기독교 신앙은 강압적인 소비주의에 놓여 있는 의미 추구의 파국 상태를 지적한다. 따라서 우리는 만족이라 할 때, 적절한 범주 내에서 만족을 찾아야 한다. 이 만족은 계속 커져만 가는 소비에 있는 것도 아니고, 기쁨이 없는 금욕주의에 있는 것도 아니다. 따라서 자신들의 삶의 패턴을 새로운 방향으로 돌리도록 사람들을 도울 때, 도덕적 훈계보다는 긍정적 가능성이라는 비전과 건강한 삶에 대한 대안적 이미지를 제공하는 것이 더 바람직하다. 이유는 미국의 대부분의 사람들에게 있어서 소비를 제한하도록 만드는 것이 사실상 개인적 성취감과 일치하기 때문이다. 우리는 개인적인 삶의 방식과 국가 정책들 모두에 있어서 청교도들의 미덕인 검소함과 단순성을 회복하려고 노력해야 한다.[270] 물론 제3세계와 개발도상국들의 저수입 가정들에 있어서는, 미국과 달리 그 사람들의 기본적 욕구들을 충족시킴에 있어서 소비 수준들이 많이 올라가야 할 것이다.

4) 인구성장

1인당 소비량 외에도, 인구의 규모는 천연자원을 고갈시키는 데 중요한 요인이 된다. 제3세계에서는 아이들의 평균 출산율이 서서히 떨어지고 있는데도, 전체 인구수는 빠르게 증가하고 있다. 이유는 매해마다 수많은 젊은 사람들의 출산율이 증가하기 때문이다. 1994년에 이집트의 카이로에서 개최된 유엔의 세계 인구회의에서 채택된 행동지침Program of Action은 교육을 통해서 여성에게 권한을 부여한 것과 건강관리와 정치적-경제적 평등에 주된 강조점이 놓여져 있었다. 그 회의에서 발행된 문서는 여성들이 자신들의 삶을 규제하는 권리를 지닐수록 출산율이 떨어진다는 것을 인지했던 것이다. 또한 그 문서는 "가족계획에 있어서 안전하고, 효율적이며, 용이하고, 받아들일 수 있는 방법들을 선택하는 쪽으로" 접근해야 함을 언급하기도 했다. 나아가서 그 문서는 경제를 성장시키는 것이 그 자체로 중요하다는 것과 더나아가서 경제성장이 전체 인구를 안정화하도록 동기부여하는데 있어서도 중요하다는 점을 지적했다.[271]

많은 교회 그룹들이 민간 기관들을 설립하면서 카이로의 회의모임에서 발행된 사안들에 활발하게 참여하고 있다. 로마교황청Vatican만이 피임에 반대하는 입장을 표명하고 있지만, 대부분의 로마 가톨릭 교도들은 로마교황청의 입장을 따르고 있지 않다. 이들은 비-가톨릭계 사람들 사이에서 이루어지는 피임 비율만큼 피임을 하고 있다. 보수 개신교 단체들은 피임에 반대하지 않으면서 유엔이 각 가정의 규모를 제한하는 수단으로 낙태를 허용하는 것이 아닌지에 대해서 우려를 표하고 있다. 이런 이유로 그들은 유엔의 인구 제한 프로그램을 지지하지 말아 달라고 레이건 대통령 행정부와 부시 대통령 행정부를 설득하고 있는 실정이다. 이와 달리 주류 개신교 그룹들은 '피임'과 '낙태'를 각각 분리된 것으로 본다. 나아가서 이들은 미국 남부 지역에서의 가족계획은 사회생태학적 개발이라는 범주에서 이루어져야 하는 반면에, 미국 북부 지역에서의 가족계획은 적절치 못한 소비 형태와 오염을 막는 범주에서 이루어져야 한다고 주장한다. 대부분의 개신교 지도자들은 인간의 성sexuality이 출산에 목표를 두는 것 뿐 아니라, 사랑을 표현하고 결혼생활에서의 일체감 형성에도 목표를 둔다고 주장하면서, 피임을 가족계획에 타당한 수락 가능한 수단으로 여기고 있다.[272]

2. 개발도상국에서의 환경 정의

환경 훼손은 상당히 다양한 범주로 사회의 여러 그룹들에 영향을 미칠 수 있다. 도시 빈민층은 고수입의 시민들에 비했을 때 심각한 공기오염과 수질오염과 소음과 납중독에 노출되어 있다. 그들은 그런 류의 위험들로부터 자신들을 보호할 수 있는 경제-정치적 힘을 거의 갖지 못하는 실정이다. 환경적 불평등은 경제력 격차의 산물일 뿐 아니라 거주지 불평등의 산물이자 사회적 불평등의 산물이기도 하다. 예를 들면 중산층에 속하는 흑인 가정의 아이들은 중산층에 속하는 백인 가정의 아이들에 비해서 납중독에 걸릴 가능성이 세 배 더 높다. 미국의 흑인 가운데 60퍼센트에 속하는 이들이 유독성 폐기물 장소가 속한 공동체에서 살고 있다. 새로운 폐기물 처리 설비를 설치하기 위해서 장소를 물색하는 기업들은 이미 오염된 장소를 찾을 것이다. 이유는 그 지역 사람들의 반발이 타 지역에 비해서 상대적으로 약할 것이기 때문이다. 또한 어떤 장소를 우선적으로 정돈해서 산뜻하게 만들 것인지와 관련해서 정부의 결정사안들에 차별이 있다는 증거가 있는데, 정부는 환경 보호 정책을 집행한다는 명목하에 법률을 제정해 온 것이 사실이다. 나아가서 이주 농장 노동자들이 여러 농약들에 상당히 노출되어 있는 점 또한 불평등한 위험성의 또 다른 사례에 해당이 된다. 이들은 대부분 히스패닉계 사람들이다.[273] 환경규제정책으로 인해서 노동자들의 일거리들이 위태롭게 되는 문제는 사회 정의의 문제를 가져온다.

기업들은 오염기준들이 엄격할 시, 공장을 폐쇄시킨다는 위협을 번번히 가해오는 실정이다. 몇 안 되는 소수의 공장들, 특히 심각하게 오염되거나 비효율적인 기술 설비들을 가진 공장들이 실제로 폐쇄되고 있지만, 대부분의 공장들은 그대로 가동이 되고 있다. 따라서 오염통제에 들어가는 비용들이 고스란히 소비자들에게 전가되고 있는 실정이다. 전반적으로 볼 때 환경규제정책으로 인해서 없어진 일자리보다, 오염을 억제하고 효율성을 향상시키는 기술들이 더 많은 일자리를 창출한 것이 사실이다. 그런데 실상 정의라는 사안이 갖는 필요사항들과 환경보호라는 사안이 갖는 필요사항들 상호 간에 종종 충돌이 일어나지만, 그 사안들은 어렵지 않게 융화될 수 있다. 자연을 착취하고 노동자를 착취하는 것은 전형적으로 동일한 경제적-정치적 권력의 산물들이다. 실제로 미국 동부 지역의 애팔래치아에서는 경관과 광부 모두가 어려움을 겪고 있는데, 이유는 석탄 회사들이 주의회를 통제하는 힘을 쥐고 있기 때문이다.

시장은 자연으로 말미암은 비용이든지, 인간으로 말미암은 비용이든지, 간접적인 비용을 간과를 한다. 노동조합과 환경론자들이 지역에 해당되는 사안들과 국가에 해당되는 사안들 모두에 반대하는 입장을 취해 온 것이 사실이지만, 그래도 우리는 여러 사안들이 노동위생勞動衛生과 안전을 위해서 서로 협력할 수 있다고 여긴다. 이렇게 되기 위해서는 기업의 관료들과 정부의 관료들이 더 중대한 책임감을 갖도록 만들어야 한다. 넓게 봤을 때 정의 개선과 환경 개선에 이바지해 온 여러 정책들은 노동그룹과 환경그룹과 지역사회조직들community organization과 도시와 시민의 권리들과 여성의 활동과 교회 모두를 포괄하는, 넓은 범주의 협력이 요구된다.[274]

성서는 하나님이 가난한 자의 편에 서시고 억압받는 자들의 자유를 위해서 일하신다는 신념을 담고 있다. 성서에서 이 신념은 모세 시대에 히브리 노예들이 이집트로부터 해방된 것에 기원을 둔다. 구약성서 시대에 예언자들은 부자가 가난한 자를 착취하는 것을 허용해 주는 당대의 유력자들에게 하나님의 심판을 선포했다. 예수는 이사야서를 인용하면서 당신의 사역을 시작하셨다. "하나님의 영이 내게 임하셨으니 나로 하여금 가난한 자들에게 좋은 소식을 선포하도록 그가 내게 기름을 부으셨다. 그가 갇힌 자들에게 해방을 선포하도록, 억압받는 자들을 자유롭게 하도록 나를 보내셨다."(눅 4:18) 이렇게 신구약성서가 말하는 것들은 한편으로 인간이 잠재성들을 창조적으로 펼침에 있어서, 이상적이고 추상적인 진술에 해당이 되는 것들이다. 기술을 통해서 우리는 하나님께서 우리에게 주시는 지적 능력들을 인간을 번영하도록 만들기 위해서 사용할 수 있다. 하지만 성서는 다른 한편으로 힘의 남용에 관해서는 현실적인 진술을 제공하기도 한다. 각각의 개인들이 힘을 추구하는 경향을 갖는다면, 기관들은 자신들의 사리추구를 합리화하는 경향을 갖는다. 기업들이나 노동조합이나 정부나 종교기관들 모두가 이러한 경향성들을 갖는다. 오늘날 기술에 대해서 낙관론적 입장을 취하면서 기술이 가진 잠재적 혜택들에 주목하는 사람들이 있는가 하면, 기술에 대해서 비관론적 입장을 취하면서 기술이 인간의 존엄성과 환경에 위협을 가할 것이라고 지적하는 사람들도 있다. 하지만 기술과 관련해서 낙관론자들과 비관론자들은 모두 '콘텍스트 이론가들'contextualists일 뿐이다. 이들은 기술이 애매성을 띤 권력의 도구로서 그 결과들이 인간의 선택과 사회기관들에 달려있다고 말한다. 하지만 나는 인간 본성에 관한 성서적 입장이 기술에 관한 낙관론과 비관론 가운데서 우리 인간이 어느 한편을 지지하도록 만들었다고 본다. 성서의 인간론은 기술을 반대하는 쪽으로 우리 인간을 인도하는 것이 아니라, 기술이 모든 사람들의 기본적인 필요성을 충족시키는 쪽으로 나아가도록 만든다. 실제로 오늘날의 정보기술과 생명공학의 발전은 상상할 수 없었던 새로운 가능성들을 현실로 만들고 있다. 하지만 이와 동시에 우리는 인간의 오류가능성에 대해서도, 또한 환경을 억제하는 사안들이 발생할 수 있음에 대해서도 겸손히 인정하면서, 그렇게 나타난 문제들로 인해서 기술을 포기하는 것이 아니라 수정하면서 발전시켜 나가야 함을 유념해야 할 것이다.

환경론자들이 자주 사회정의의 문제를 간과해 왔다면, 사회개혁가들은 자주 환경 문제를 간과해 왔다. 두 입장의 사람들 사이에서 종교 공동체는 두 입장이 지닌 가치들을 독특한 방식으로 하나로 묶을 수 있다. 이유는 종교공동체가 하나님이 자연과 인간 모두에 관심을 기울이시는 분이심을 믿기 때문이다. 세계교회협의회는 생태-정의Eco-justice 프로그램을 출범시키면서, 환경과 사회개혁에 속하는 여러 관심 사안들을 하나로 묶는 데 성공을 하였다. 세계교회협의회는 1983년 여섯 번째 모임에서 다음의 주제를 채택했다. "정의, 평화 그리고 창조의 보존Integrity."

3. 전-지구적 차원의 정의

각각의 국가들 사이의 불평등이 국가에 속한 사람들 사이의 불평등에 비해서, 그 간극이 더 큰 것이 사실이다. 개발도상국에서의 소비 문제는 전-지구적 차원의 오염과 자원사용의 커다란 불균형적 분담에 그 원인이 있다. 평균적으로 한 명의 미국 시민은 인도 시민들 40명이 사용하는 만큼의 물자들을 소비한다. 단언컨대 전 세계의 시민들은 미국 시민이 누리는 만큼의 풍부함을 누리면서 삶을 살아갈 수 없는 실정이다. 제3세계의 전체 인구수가 소비하는 곡물보다 미국과 전소비에트 연방공화국에 있는 가축들이 소비하는 곡물이 더 많다. 실제로 아프리카에 있는 대부분의 아이들보다 미국의 개와 고양이가 더 풍부하게 먹는다. 매주 대략 25만 명의 아이들이 영양실조로, 또는 영양실조와 관련된 질병으로 죽는 반면에, 미국은 농부들에게 곡물과 유제품들을 줄이라고 하면서 그에 따른 삭감 비용을 지불을 하고 있다. 우리는 매해 10억 달러 상당의 농산물을 중앙아메리카로부터 수입을 하는데, 아이러니하게도 중앙아메리카의 약 25퍼센트의 아이들은 영양실조에 걸려 있다.[275] 많은 개발도상국 나라들의 좋은 땅이 지역 주민들이 소비하는 주요 작물 생산에 사용되는 것이 아니라, 식료품 이외의 용도나 사치스런 농작물들의 경작을 위해서 사용이 된다. 전-지구적으로 볼 때 모든 사람에게 권장되는 섭취량들dietary requirements을 충족시킬 만큼의 충분한 식량이 생산됨에도 불구하고, 전-세계의 시장에서 부유한 사람들이 가난한 사람들보다 높은 가격에 식량들을 입찰하기 때문에 여러 문제가 생겨나는 실정이다. 또한 브라질의 방대한 삼림 지역의 나무들이 수출용 목재를 위해서, 또는 미국의 패스트푸드 레스토랑에서 판매되는 쇠고기를 얻기 위해서 벌목되어왔다. 토지 개혁이 평화롭게 이뤄지는 몇 나라와 정부에 의해 토지개혁이 단행되는 몇 나라를 제외하고는, 대부분의 제3세계의 땅을 극소수의 부유한 지주들이 거머쥐고 있다. 제3세계 나라들은 자신들이 부유한 나라들로부터 새롭게 융자를 받거나 투자할 때 빌린 비용보다, 부채 이자 지급에 더 많은 비용을 지불 해 오고 있다. 실제로 주로 농작물과 목재와 천연자원 등의 수출을 통해서, 매해 50억 달러의 부채 이자 지급 비용이 제3세계에서 부유한 나라로 흘러들어가고 있다.[276] 광범위한 전문적 기술과 대량자본과 공공기반시설로 인해서, 부유한 나라들과 가난한 나라들 사이에 이러한 불균형이 계속 지속되어 오고 있다. 또다른 문제로서 컴퓨터와 통신망communication systems은 사회적 동력의 근원으로서, 이러한 매체들에 대한 접근 능력은 국가들마다 상당히 다르다고 할 수 있다.(이것을 소위 정보격차라고 칭한다.) 나아가서 생물의학 연구가 주로 부유한 나라들의 질병 퇴치에 집중되어 있기 때문에 제3세계의 훨씬 더 커다란 인구들에 영향을 끼치는 열대병들이 소홀하게 여겨지고 있는 점도 우리를 안타깝게 만들고 있다.

4. 세계화를 위한 논의

자본과 자원과 제품들의 유입량이 국경을 넘나들면서 그 양이 전례 없는 속도로 많아지고 있는데, 위성들과 인터넷 같은 새로운 통신기술들로 인해서 이것이 가능해졌다. 이로 인해 결국에는 여러 기술들이 더 빠르게 국제적으로 확산이 될 것이다. 세계화가 지구 전역에 지대한 영향을 끼칠 정도의 새로운 기회를 제공한 것이 사실이지만, 그러나 또한 서로 상반되는 가치들로 인해서 세계화가 여러 윤리적 문제들을 낳은 것도 사실이다. 이런 문제들 때문에 최근의 세계무역기구 World Trade Organization와 세계은행World Bank 모임들에서 열띤 논쟁이 있었다. 이제 나는 똑똑한 사람들이 회피하고 싶은 경제적-정치적 문제들과 관련해서, 즉 판단하기에 어려운 특정한 정책 선택들과 관련해서, 인간 본성에 관한 기독교적 이해가 이 사안들에 대해서 어떤 해결책을 제시할 수 있는지를 검토할 것이다.

1) 환경에 미치는 영향들

국제통화기금IMF은 자신들만의 목적을 가지고 수출의 기회를 가진 개발도상국 대표단에게 대출을 해 줘 왔다. 이러한 정책으로 인해서 빠른 산림 채벌과 미네랄 축출과 수출을 위한 농작물 성장 정책이 활성화되었는데, 문제는 현지인들에게 필요한 것이 무엇인지와 환경에 어떤 영향을 미칠지 등의 사안들이 고려되지 않았다는 점이다. 이로 인해서 대출을 받은 나라들은 환경 체제와 보건시설에 들어가는 예산을 삭감하라는 압력을 받아왔다. 세계은행이 개발도상국들의 환경을 지속시키고 환경을 보전한다는 목표를 가졌다고 하지만, 실상은 그 구조조정 대출금들의 극소수비용만이 환경영향평가에 사용이 됐다는 것이다.[277] 따라서 국제통화기금과 세계은행은 환경에 끼치는 영향들에 대해서 더 많은 관심을 기울이면서, 환경 프로그램Environmental Program 을 펼치는 유엔과 긴밀하게 협력을 해야 한다. 나는 우리가 국제통화기금과 세계은행과 같은 기구들을 개선하면서 그 기능을 향상시키려고 노력해야 한다고 주장하는 바이다. 즉 비평가들이 말하듯이 이러한 기구들을 폐지하는 것이 능사가 아니라는 것이다.

2) 개발도상국에서의 저임금 문제

개발도상국들의 경제성장을 향한 필수적인 첫걸음인 외국의 투자를 끌어들이기 위해서, 그 나라들에서 저임금을 유지해야 한다고 주장해 온 몇몇 경제학자들이 있다. 그들은 그러한 나라들이 장기적인 맥락의 이익을 얻기 위해서는, 단기적인 맥락에서의 고통을 감수해야 한다고 말한다. 그러나 이러한 주장은 외국 투자자들이 자신의 해외 투자를 통해서 상당량의 이익을 얻었을 시, 윤리적인 문제를 낳도록 만든다. 또한 이러한 주장은 제3세계 사람들이 자신들의 처지가 나아질 여지가 없다고 생각할 시, 그 나라의 정치적 안정과 민주주의 단체들과 관련해서 실제적인 문제들을 낳기도 한다. 비록 외국의 투자가 없을 때 그들이 받게 되는 임금보다 그들이 더 높은 임금을 받는다 하더라도, 개발도상국의 노동자들에게 노동조합을 만들 수 있는 권리가 주어지지 않는다면, 그들은 여전히 저임금을 받게 될 수 있다. 실제로 금융기관으로부터 압력을 받아왔기 때문에 교육용 공적 자금이 계속해서 삭감되어왔다. 이렇게 되면서 좀 더 보수가 좋은 일자리에 요구되는 기술들을 습득하는 것이 지체될 수밖에 없었다.[278]

3) 정책적 책임의 문제

우리는 각각의 나라들에서 제품의 간접적인 사회적-환경적 비용들이 시장가격에 거의 포함되지 않는다는 것을 알고 있다. 이로 인해 규제되지 않은 자유시장-방식market forces을 대체하기 위해서 법안을 도입해 왔다. 하지만 전-세계의 문제들을 포괄할 수 있는 민주주의적 과정들은 존재할 수 없다. 더욱이 세계화로 인해서 경제기관들의 힘은 증가되어 온 반면에, 정치기관들의 힘이 감소되어 왔다. 사실상 초-국가적 기업들과 은행들이 대부분의 그 나라 정부 기관들보다 더 큰 경제적 힘을 쥐고 있는 실정이다. 그 단적인 예로 세계무역기구World Trade Organization 같은 경우는 자신들이 무역을 규제해야 한다고 주장하면서, 비공개로 은밀하게 국제적 환경적-안전 기준들을 지배하기도 한다. 이런 문제로 인해서 세계무역기구의 여러 의도들을 건강하게 실행해나감에 있어서, 보다 넓은 스펙트럼을 가진 기구들이 참여할 것이 요청된다. 그렇게 함으로써 세계무역기구가 더 타당한 대표성과 책임성을 띠게 될 것이기 때문이다.[279]

4) 초국가적 기업들의 문제

초국가적 기업들을 악마로 만들면서 세계화의 모든 부작용들을 쉽사리 그 기업들 탓으로 돌릴 수 있는 여지가 있는 것이 사실이다. 그러나 우리는 초국가적 기업들이 사실상 생활 수준의 향상과 기술혁신의 보급에 기여할 수 있음을 알아야 한다. 실제로 해외 근무 조건을 향상시키려고 여러 조치들을 취하는 기업들이 있다. 우리는 인간의 본성에 관한 성서적 입장이 그러한 창의적인 임무들을 감당하도록 고무시키는 동시에, 또한 자발적인 여러 조치들이 고도의 경쟁 세계에 타당치 않음을 인정하도록 만들 수 있음을 알아야 한다. 하나의 예로 최근의 국제적 모임에서 극단적인 입장을 가진 시위자들이 충돌했을 때, 공적 이익을 지지하고 있다고 주장하는 측이 있었는가 하면, '특수 이익'special interests을 지지한다고 주장하는 측도 있었다. 양측 모두 복잡한 사안들을 지나치게 단순화시키면서 상대측 사람들의 입장을 왜곡시켰다고 볼 수 있다. (이것은 일명 편견의 문제로서) 종교공동체들 역시 여러 편견들로부터 자유롭지 못한 것이 사실이다. 그러나 그럼에도 불구하고 종교공동체들은 다양한 구성원들로 이루어져 있기 때문에 최상의 상태에서 넓은 범주의 가치를 창출하는 데 헌신할 수 있다. 대안 정책들의 결과가 무엇인지에 대해서 잘 알고 있을 시, 종교기관들은 공익公益에 관한 균형잡힌 견해를 제시하는 데 있어서 잠재력을 지닌 공동체이기 때문이다.

5) 새로운 기술들의 문제

초기에 새로운 기술들은 대부분 비싼 비용으로 인해서 부유한 사람들만 이용을 할 수 있었다. 그러나 대량생산과 기술향상으로 인해서 비용이 절감되면서 많은 사람들이 이용할 수 있게 되었다. 더더구나 지금까지는 시장을 통해서만 새로운 기술들을 접할 수 있었지만, 공공정책들로 인해서 저비용 기술들이 널리 퍼져나가게 되었다. 인터넷이 처음에는 군사적이고 행정적인 목적으로 개발되었지만, 이내 곧 기업의 이익을 위해서 인터넷의 사용이 확산이 된 것이 그 사례이다. 그러다가 최근에는 인터넷이 중국에서는 반체제활동과 세계의 여러 저항운동들을 포함해서, 개개인들과 그룹들의 능력 향상 기여에 사용되고 있는 실정이다. 개발도상국에서는 도시의 엘리트들이 인터넷의 주된 수혜자들이지만, 이제는 많은 위성들과 값싼 휴대폰으로 인해서 시골 지역에도 인터넷 접속이 가능해지고 있다. 예를 들면 세계에서 가장 가난한 지역 가운데 하나인 방글라데시의 5,000여 개의 마을에 휴대폰을 대여해 주는 프로그램을 통해서, 그 지역 사람들에게 새로운 개인적이고 상업적인 기회들을 제공하고 있다.[280]

6) 강화된 지역공동체

시장규모가 전-지구적 차원으로 확대가 되면서 모든 사람들을 소비자로 만들 수 있게 된 반면에, 한편으로는 미디어가 전-지구적 차원으로 확대되고 그 영향력이 골고루 확산이 되면서 지역 문화들을 손상시키는 결과도 초래가 되었다. 시민사회는 다양한 자발적인 기관들을 포괄하는 바, 이 자발적 기관들은 가정보다는 큰 규모이지만 국가나 기업보다는 작은 규모에 속한다. 여기서 중요한 것은 자발적 기관들이 무력한 사람들을 위해서 목소리를 낼 수 있는 공동체라는 점이다. 우리는 지역공동체들의 관계를 강화시키기 위해서 할 수 있는 모든 일들을 해야 한다. 구체적으로 말하면 기독교의 교회들과 유대교 회당들과 불교의 사원들은 빠른 변화의 시기에 지역공동체의 사람들에게 안정성을 제공해야 한다. 이러한 종교기관들은 지역공동체를 도와서 자신들의 삶에 영향을 미치는 사회기관들로부터 멀리 떨어져 사는 소외된 사람들을 도와야 한다. 나아가서 종교기관들은 사람들이 붙잡고 있는 가치들을 촉진시키는 활동을 하게끔 그들에게 동기를 부여하는 일에도 관심을 기울여야 한다. 이런 방식으로 종교기관들은 서로 협력함으로써 문화적 가치들을 비판적으로 평가할 수 있는 기준을 사람들에게 제공할 수 있다. 이렇게 함으로써 종교기관들은 세계화에 동반자적 파트너가 될 수 있다.

달에서 우주비행사가 찍은 전체 지구를 담고 있는 사진이 처음에 우리에게 놀라움을 갖게 만든 것처럼, 과학도 지구를 이해하는 데 있어서 이런 방식으로 우리에게 도움을 주어 왔다. 우리는 기술이 우리의 자원들을 더 효율적으로 사용하도록 도움을 줄 수 있음을 알아야 한다. 마찬가지로 종교도 역시 자원들과 기술들을 더욱더 평등하게 공유하도록 우리에게 도움을 줄 수 있다. 그런데 이것들은 모든 이들의 필요성을 채우는 데 있어서는 충분조건이 되지만, 탐욕을 위해서는 충분조건이 되지 않는다. 새천년을 맞이함에 있어서 우리는 더 타당한 정당성을 지닌 환경-친화적인 사회로 나아가도록 만드는 임무를 지닌다. 이 임무를 완수함으로써 그 안에서 우리 인간은 인간다운 대우를 받게 될 것이다. 나아가서 우리가 경외감을 가지고 지구상의 피조물들을 대하게 될 것이다.

감사의 글

책을 출판하면서 많은 분들께 감사를 드린다. 이 책에 있는 여섯 개의 장들은 일찍이 학회에서 발표한 발제물들과 그 발제물들을 모아서 출판된 글들을 토대로 한다. 책의 내용은 반복을 피하고 연속성을 확보할 수 있도록 편집이 되었다. 이 책의 내용은 원저작물을 담고 있는 출판사의 허락을 받아서 쓰여졌음을 밝히는 바이다.

2장은 러셀Robert John Russell과 스토거William R. Stoeger와 아얄라Francisco J. Ayala가 1998년에 함께 편집을 한 『진화론과 분자생물학의 관점에서 보는 하나님의 활동에 대한 과학적 전망들』(Vatican : Vatican Observatory; Berkeley, Calif.: Center for Theology and the Natural Sciences, 1998)에 나오는 "하나님과 진화에 관한 다섯 가지 모델"을 약간 수정해서 실었다.

3장은 1999년 미국 캘리포니아주 버클리에서 열린 "신학과 자연과학센터 워크숍"에서 발표한 글들로 시작이 된다. 그 글들을 통합하면서 인간의 진화와 유전학에 대한 나의 해석과 성찰을 덧붙여서 실었다.

4장은 러셀Robert John Russell과 낸시 머피Nancey Murphy와 메이어링Theo C. Meyering과 아비브Michael A. Arbib가 함께 1999년에 쓴 『신의 행동에 대한 과학적 관점에서 보는 신경과학과 인간』(Vatican : Vatican Observatory; Berkeley, Calif.: Center for Theology and the Natural Sciences)을 개정해서 실었다.

5장은 폴킹혼John Polkinghorne이 쓴 『하나님의 사랑의 사역 : 케노시스로서의 창조』(Grand Rapids, Mich.: Eerdmans; London: SPCK, 2001)에 나오는 "과정신학적 맥락에서 보는 하나님의 권능"에서 다룬 내용들을 실었다.

6장의 처음 세 장은 콘로이Donald B. Conroy와 피터슨Rodney L. Peterson이 함께 쓴 『지구의 위기 : 환경에 대한 과학과 종교의 대화』(Amherst, N.Y.: Humanities Books, 2000)에서 가져왔다. 그리고 6장의 마지막 장은 2000년에 뉴욕에서 개최된 "세계 현황 포럼"State of the World Forum에서 발표된 내용과 같은 해에 개최된 "새천년 국제연합 모임"United Nations Millennium에서 발표된 내용을 모아서 실었다.

미주

미주

01   Ian G. Barbour, *When Science Meets Religion* (San Francisco: HarperSanFrancisco, 2000).

02   Ian G. Barbour, *Religion and Science: Historical and Contemporary Issues* (San Francisco: HarperSanFrancisco, 1997).

03   Michael Ruse, *Philosophy of Biology Today* (Albany: State University of New York Press, 1988), 6쪽; also his *The Darwinian Paradigm* (New York: Routledge, 1989).

04   David P. Depew and Bruce H. Weber, *Darwinism Evolving: Systems Dynamics and the Genealogy of Natural Selection* (Cambridge: MIT Press, 1995) Part I을 보라.

05   같은 책 Part II를 보라.

06   Robert N. Brandon and Richard M. Burian, eds., *Genes, Organisms, Populations: Controversies over the Units of Selection* (Cambridge: MIT Press, 1984): Niles Eldredge and Stanlev N. Salthe, "Hierarchy and Evolution," in *Oxford Surveys of Evolutionary Biology* (Oxford: Oxford University Press, 1985).

07   Stephen Jay Gould, "Darwinism and the Expansion of Evolutionary Theory", Science 216 (1982): 380-87쪽; Stephen Jay Gould and Niles Eldredge, "Punctuated Equilibrium Comes of Age," *Nature* 366 (1993): 223-27쪽.

08   Stephen Jay Gould and Richard C. Lewontin. "The Spandrels of San Marco and the Panglossian Paradigm: A Critique of the Adaptionist Programme." *Proceedings of the Royal Society of London B* 205 (1979) : 581-98쪽.

09   C. Ledyard Stebbins and Francisco J. Ayala, "Is a New Evolutionary Synthesis Necessary?" *Science* 213 (1981): 967-71쪽. 그리고 Ayala, "Darwin's Devolution: Design without Designer," in *Evolutionary and Molecular Biology: Scientific Perspectives on Divine Action*, Robert John Russell. William R. Stoeger, S.J., and Francisco J. Ayala, eds. (Vatican: Vatican Observatory: Berkeley, Calif.: Center for Theology and the Natural Sciences, 1998)을 보라.

10 John Campbell, "An Organizational Interpretation of Evolution," in *Evolution at the Crossroads: The New Biology and the New Philosophy of Science*, David P. Depew and Bruce H. Weber, eds. (Cambridge: MIT Press, 1983).

11 C. H. Waddington, *The Strategy of the Genes* (New York: Macmillan. 1957); Robert J. Richards, *Darwin and the Emergence of Evolutionary Theories of Mind and Behavior* (Chicago: University of Chicago Press, 1987) 10장을 보라.

12 Ernst Mayr, *The Growth of Biological Thought* (Cambridge: Harvard University Press, 1982); also idem, "How Biology Differs from the Physical Sciences," in *Evolution at the Crossroads*, Depew and Weber, eds.

13 Ilya Prigogine and Isabelle Stengers, *Order out of Chaos: Man's New Dialogue with Nature* (New York: Bantam Books, 1984).

14 Stuart Kauffman, *The Origins of Order: Self-Organization and Selection in Evolution* (New York: Oxford University Press, 1993); idem, *At Home in the Universe: The Search for Laws of Self-Organization and Complexity* (New York: Oxford University Press, 1995).

15 Jeffrey S. Wicken, *Evolution, Thermodynamics, and Information: Extending the Darwinian Program* (New York: Oxford University Press, 1987).

16 George Halder, Patrick Callaerts, and Walter Gehring, "Induction of Ectopic Eyes by Targeted Expression of the Eyeless Gene in Drosophila," *Science* 267 (1995): 1788-92쪽.

17 Mae-Won Ho and Peter T. Saunders, eds., *Beyond Neo-Darwinnism* (New York: Harcourt Brace Jovanovich, 1984); Brian Goodwin and Peter I. Saunders, eds., *Theoretical Biology: Epigenetic and Evolutionary Order from Complex Systems* (Edinburgh: Edinburgh University Press. 1989); see also Robert Wesson, *Beyond Natural Selection* (Cambridge: MIT Press, 1991).

18 Thomas J. Kuhn, *The Structure of Scientific Revolutions*, 2d ed. (Chicago: University of Chicago Press, 1970); Imre Lakatos, "Falsification and the Methodology of Scientific Research Programmes," in *Criticism and the Growth of Knowledge*, ed. Imre Lakatos and Alan Musgrave (Cambridge: Cambridge University Press, 1970)을 보라.

19 Fred Hoyle and Chandra Wickramasinghe, *Evolution from Space* (London:

Dent, 1981).

20   Stanley N. Salthe, *Evolving Hierarchical Systems* (New York: Columbia University Press, 1985).

21   Kauffman, *At Home in the Universe* 4장을 보라.

22   Ian G. Barbour, *Religion in an Age of Science* (San Francisco: Harper & Row, 1990), 96-104쪽.

23   James Gleick, *Chaos: Making a New Science* (New York: Penguin Books. 1987); John Holte, ed., *Chaos: The New Science* (Lanham, Md.: University Press of America, 1993).

24   Stephen H. Kellert, *In the Wake of Chaos: Unpredictable Order in Dynamical Systems* (Chicago: University of Chicago Press. 1993).

25   For analyses of reduction, see Ian G. Barbour, *Issues in Science and Religion* (Englewood Cliffs, N.J.: Prentice-Hall, 1966). 324-37쪽; and idem, *Religion in an Age of Science*, 165-69쪽; Francisco I. Ayala, "Reduction in Biology," in *Evolution at the Crossroads*, Depew and Weber, eds.; Arthur Peacocke, *God and the New Biology* (London: Dent. 1986) 1장과 2장을 보라.

26   Ilan G. Barbour, *Religion and Science: Historical and Contemporary Issues* (San Francisco: HarperSanFrancisco, 1997), 230-37쪽.

27   하향식 인과율에 대해서는 다음을 보라. Donald Campbell, "'Downward Causation' in Hierarchically Organized Biological Systems," in *Studies in the Philosophy of Biology: Reductionism and Related Problems*, Francisco J. Ayala and Theodosius Dobzhansky, eds. (Berkeley and Los Angeles: University of California Press, 1974); Michael Polanyi. "Life's Irreducible Structures," *Science* 160 (1968): 1308-12쪽; Elisabeth Vrba, "Patterns in the Fossil Record and Evolutionary processes," in *Beyond Neo-Darwinism*, Ho and Saunders, eds.

28   James Gleick, address at *1990 Nobel Conference*, Gustavus Adolphus College, quoted in Steven Weinberg, *Dreams of a Final Theory* (New York: Pantheon Books, 1992), 61쪽.

29   Charles R. Rosenberg and Terrence J. Sejnowski, "Parallel Networks That Learn to Pronounce English Text," *Complex Systems 1* (1987): 145-68쪽.

30 Bruce H. Weber and Terrence W. Deacon, "Thermodynamic Cycles. Developmental Systems, and Emergence," *Cybernetics and Human Knowing* 7, no. 1 (2000) : 21-43쪽.

31 가외성(redundancy)은 여러 기관에 한 가지 기능이 혼합되는 중첩성(overlapping)과 동일 기능이 여러 기관에서 독립적으로 수행되는 중복성(duplication) 등을 포괄하는 개념이다.

32 Jeremy Campbell, *Grammatical Man: Information, Entropy, Language, and Life* (New York: Simon & Schuster, 1982).

33 Susan Oyama, *The Ontogeny of Information: Developmental Systems and Evolution* (Cambridge: Cambridge University Press, 1985).

34 Humberto R. Maturana and Francisco J. Varela, *The Tree of Knowledge: The Biological Roots of Human Understanding* (Boston: Science Library; 1987); Francisco J. Varela. Evan Thompson, and Eleanor Rosch, *The Embodied Mind: Cognitive Science and Human Experience* (Cambridge: MIT Press, 1991).

35 Ian G. Barbour, *Myths, Models, and Paradigms: A Comparative Study in Science and Religion* (New York: Harper & Row, 1974).

36 Barbour, *Religion and Science* 4장을 보라.

37 Paul Davies, *The Cosmic Blueprint: New Discoveries in Nature's Creative Ability to Order the Universe* (New York: Simon & Schuster, 1988); idem, *The Mind of God: The Scientific Basis for a Rational World* (New York: Simon & Schuster, 1992).

38 Austin Farrer, *Faith and Speculation* (London: Adam & Charles Black, 1967) 4장과 10을 보라. William R. Stoeger, "Describing God's Action in the World in the Light of Scientific Knowledge of Reality," in *Chaos and Complexity: Scientific Perspectives on Divine Action*, Robert John Russell, Nance Murphy, and Arthur Peacocke, eds. (Vatican: Vatican Observatory; Berkeley, Calif: Center for Theology and the Natural Sciences, 1995).

39 William G. Pollard, *Chance and Providence* (New York: Charles Scribner's Sons, 1958); Donald M. MacKay, *Science, Chance, and Providence* (Oxford: Oxford University Press. 1978).

40 방아쇠 효과는 평형이 유지되고 있는 생태계에서 어떤 이유로 변화가 발생하면 그 영향
    이 연쇄적으로 확대되어 생태계 전체가 크게 변화되는 현상을 말한다.

41 Nancey Murphy, "Divine Action in the Natural Order: Buridan's Ass and
    Schrödinger's Cat," in *Chaos and Complexity*, Russell et al. eds; Nancey
    Murphy and George F. R. Ellis, *On the Moral Nature of the Universe:
    Theology, Cosmology, and Ethics* (Minneapolis: Fortress Press, 1996).

42 Thomas F. Tract, "Particular Providence and the God of the Gaps," and
    George F. R. Ellis, "Ordinary and Extraordinary Divine Action: The Nexus
    of Interaction," in *Chaos and Complexity*, Russell et al., eds.: Robert John
    Russell, "Special Providence and Genetic Mutation: A New Defense of
    Theistic Evolution," in *Evolution and Molecular Biology*, Russell et al., eds.

43 Arthur Peacocke, *Theology: for a Scientific Age: Being and Becoming-
    Natural, Human, and Divine, enlarged edition* (Minneapolis: Fortress Press,
    1993). chap. 3: idem, "God's Interaction with the World," in *Chaos and
    Complexity*, Russell et al., ed: Percocke, "Welcoming the Disguised Friend:
    A Positive Theological Appraisal of Biological Evolution," in *Evolutionary
    and Molecular Biology*, Russell et al., eds.

44 Peacocke, *Theology for a Scientific Age*, 217쪽.

45 Grace Jentzen, *God's World, Gods Body* (Philadelphia Westminster
    Press, 1984); Sallie McFague, *The Body of Cod: in Ecological Theology*
    (Minneapolis: Fortress Press, 1993).

46 Arthur Peacocke, *Creation and the World of Science* (Oxford: Clarendon
    Press. 1979) 3장을 보라. *Theology for a Scientific Age* 9장을 보라.

47 같은 책.

48 John Polkinghorne, *Reason and Reality* (Philadelphia: Trinity Press
    International. 1991), chap. 3: idem. "The Metaphysics of Divine Action," in
    Chaos and Complexity. R. J. Russell et al. eds: idem, *The Faith of a Physicist*
    (Princeton: Prince. ton University Press, 1994), 77-78쪽.

49 John Puddefoot, "Information Theory, Biology; and Christology," in *Religion
    and science: Huston: Method, Dialogue*, W. Mark Richardson and Wesley J.
    Wild man, eds. (New York: Routledge, 1996).

50 Alfred North Whitehead, *Science and the Modern World* (New York: Macmillan, 1925); idem, *Process and Reality* (New York: Macmillan, 1929). Barbour, *Religion and Science* 11장을 보라.

51 Charles Hartshorne, *Reality as Social Process* (Glencoe, Ⅲ.: Free Press, 1953).

52 James Hutchingson, "Organization and Process: Systems Philosophy and Whiteheadian Metaphysics," *Zygon* 11 (1981): 226-41쪽.

53 Charles Birch, *A Purpose for Everything* (Mystic, Conn.: Twenty-Third, 1990); Charles Birch and John B. Cobb Jr., *The Liberation of Life: From the Cell to the Community* (Cambridge: Cambridge University Press, 1981).

54 Donald R. Griffin, *Animal Minds: Beyond Cognition to Consciousness* (Chicago: University of Chicago Press, 2001); Birch and Cobb, *The Liberation of Life*.

55 C. H. Waddington, "The Process of Evolution and Notes on the Evolution of Mind," in *Mind in Nature: Essays on the Interface of Science and Philosophy*, ed. John B. Cobb Jr. and David Ray Griffin (Washington D.C.: University Press of America, 1977).

56 John B. Cobb Jr. and David Ray Griffin, *Process Theology: An Introduction* (Philadelphia: Westminster Press, 1976).

57 G. W. H. Lampe, *God as Spirit* (Oxford: Clarendon Press, 1977); Alisdair Heron, *The Holy Spirit* (Philadelphia: Westminster Press, 1983).

58 Barbour, *Religion in an Age of Science*, 235-38쪽.

59 A good survey of the fossil record of human evolution is given in Ian Tattersall, *The Human Odyssey: Four Million Years of Human Evolution* (New York: Pren lice Hall, 1993). See also his *The Fossil Trait: How We Know What We Think We Know about Human Evolution* (New York: Oxford University Press. 1995).

60 Edward O. Wilson, *Sociobiology: The New Synthesis* (Cambridge: Harvard University Press, 1976).

61 Edward O. Wilson, *On Human Nature* (Cambridge: Harvard University Press, 1978), 176쪽.

62 Richard Dawkins, *The Selfish Gene* (Oxford: Oxford University Press. 1977).

63 Robert Wright, "Our Cheating Hearts," *Time* 144 (August 15, 1994): 43-52쪽. 그리고 그의 책 *The Moral Animal: Evolutionary Psychology and Ever day Life* (New York: Pantheon Books, 1994)을 보라.

64 Michael Ruse, *Taking Darwin Seriously* (Oxford: Basil Blackwell, 1986), 233쪽.

65 Elliott Sober and David Sloan Wilson, *Unto Others: The Evolution and Psychology of Unselfish Behavior* (Cambridge: Harvard University Press, 1998).

66 Holmes Rolston, *III Genes. Genesis, and God: Values and Their Origins in Natural and Human History* (Cambridge: Cambridge University Press. 1999).

67 Jane Goodall, *The Chimpanzees of Gombe* (Cambridge: Harvard University Press, 1986).

68 Franz de Waal, *Good Natured: The Origins of Right and Wrong in Humans and Other Animals* (Cambridge: Harvard University Press. 1996).

69 R. A. Gardner and P. T. Gardner, "Teaching Sign Language to Chimpanzees," *Science* 165 (1969): 614-72쪽.

70 E. Sue Savage-Rumbaugh, *Kanzi: The Ape at the Brink of the Human Mind* (New York: Wiley, 1994).

71 Terrence W. Deacon, *The Symbolic Species: The Co-evolution of Language and Brain* (New York: Norton, 1997), 340쪽.

72 Merlin Donald, *The Origin of the Modern Mind: Three Stages in the Evolution of Culture and Cognition* (Cambridge: Harvard University Press. 1991), 382쪽. 그리고 그의 책 *A Mind So Rare: The Evolution of Human Consciousness* (New York: Norton. 2001)을 보라.

73 Steven J. Mithen, *The Prehistory of Mind: The Cognitive Origins of Art and Science* (London: Thames and Hudson, 1996).

74 lan Tattersall, *Becoming Human: Evolution and Human Uniqueness* (New York: Harcourt Brace, 1998).

75 Eugene G. d'Aquili, "The Myth-Ritual Complex: A Biogenetic Structural

Analisis," *Zygon* 18 (1983): 247-69쪽.

76   Victor Turner, "Bods. Brain and Culture," *Zygon* 18 (1983): 221-25쪽.

77   Roger Schmidt, *Exploring Religion* (Belmont, Calif.: Wadsworth Publishing. 1980) 8장을 보라.

78   Mircea Eliade, *The Sacred and the Profane* (New York: Harcourt, Brace & World, 1959) 2장을 보라.

79   Claude Levi-Strauss, *Structural Anthropology*, trans. C. Jacobsen and B. G. Schoepf (New York: Basic Books, 1963).

80   Eugene G. d'Aquili and Andrew B. Newberg, *The Mystical Mind: Probing the Biology of Religious Experience* (Minneapolis: Fortress Press, 1999); and idem, *Why God Won't Go Away* (New York: Ballantine, 2001).

81   Karl Jaspers, *The Origin and Goal of History* (New Haven: Yale University Press, 1953).

82   Norman W. Porteous, "Image of God," in *Interpreters' Dictionary of the Bible* (Nashville: Abingdon. 1962), 2: 682-85쪽.

83   Matthew Fox, *Original Blessing* (Santa Fe: Bear, 1983).

84   Paul Tillich, *The Shaking of the Foundations* (New York: Charles Scribner's Sons, 1948). 153-63, and idem, *Systematic Theology*, 3 vols. (Chicago: University of Chicago Press. 1931-63), 2: 44-78쪽.

85   Pius XII, *Human Genesis* (1950); Raymond J. Nogar in *New Catholic Encyclopedia* (New York: McGraw-Hill, 1967-89), 5: 682-95쪽.

86   Reinhold Niebuhr, *The Nature and Destiny of Man* (New York: Charles Scribner's Sons, 1943), 1: 173-77쪽.

87   Reinhold Niebuhr, *The Children of Light and the Children of Darkness* (New York: Charles Scribner's Sons, 1944), xi.

88   Philip Hefner, *The Human Factor: Evolution, Culture, and Religion* (Minneapolis: Fortress Press, 1993) 8장을 보라.

89   Patricia A. Williams, *Doing without Adam and Eve: Sociobiology and Original Sin* (Minneapolis: Fortress Press, 2001).

90   Albert C. Outler, *Psychotherapy and the Christian Message* (New York:

Harper & Brothers, 1954); Don S. Browning, *Religious Thought and the Modern Psychologies* (Minneapolis: Fortress Press, 1987).

91 John McIntyre, *The Shape of Christology* (Philadelphia: Westminster Press, 1966).

92 Donald Macpherson Baillie, *God Was in Christ* (New York: Charles Scribner's Sons, 1948).

93 Tillich, *Systematic Theology*, 2: 165-80쪽.

94 Robert S. Franks, *The Work of Christ* (London and New York: Nelson, 1962).

95 G. W. H. Lampe, *God as Spot* (Oxford: Clarendon Press, 1977).

96 Roger S. Haight, *Jesus Symbol of God* (Maryknoll, N.Y: Orbis, 1999), 456 쪽. 그리고 Paul W. Newman, *A Spirit Christology* (Lantham, Md.: University Press of America, 1987)을 보라.

97 Steven J. Dick, ed., *Many Worlds: The New Universe, Extraterrestrial Life, and the Theological Implications* (Philadelphia: Templeton Foundation Press, 2000); Paul Davies, *Are We Alone?* (London: Penguin Books, 1995).

98 Stephen G. Post, *The Theory of Agape: On the Meaning of Christian Love* (Lewisburg, Pa.: Bucknell University Press, 1990); and idem, *Spheres of Love: Toward a New Ethic of the Family* (Dallas: S.M.U. Press, 1994).

99 Stephen J. Pope, *The Evolution of Altruism and the Ordering of Love* (Washington, D.C.: Georgetown University Press, 1994).

100 Philip Paul Hallie, *Lest Innocent Blood Be Shed: The Story of the Village of Le Chambon, and How Goodness Happened There* (New York: Harper & Row, 1979).

101 Joanne Carlson Brown and Carole R. Bohn, eds., *Christianity, Patriarchy, and Abuse: A Feminist Critique* (New York: Pilgrim Press, 1989).

102 James Watson, quoted in L. Jaroff, "The Gene Hunt," *Time* 133 (March 20, 1989): 67쪽.

103 Walter Gilbert, "A Vision of the Grail," in *The Code of Codes: Scientific and Social Issues in The Human Genome Project*, Daniel J. Kevles and Leroy Hood, eds. (Cambridge: Harvard University Press, 1992), 96쪽.

104 R. David Cole, "The Genome and the Human Genome Project," in *Genetics: Issues of Social Justice*, Ted Peters, ed. (Cleveland: Pilgrim Press, 1998).

105 Ted Peters, *For the Love of Children: Genetic Technology and the Family* (Louisville: Westminster John Knox, 1996).

106 J. Michael Bailey and Richard Pillard, "A Genetic Study of Male Sexual Orientation," *Archives of General Psychiatry* 48 (1991): 1089-96쪽. 그리고 Dean Hammer with Peter Copeland, *The Science of Desire* (New York: Simon & Schuster, 1994)을 보라.

107 Troy Duster, "Persistence and Continuity in Human Genetics and Social Stratification," in *Genetics: Issues of Social Justice*, ed. Ted Peters.

108 Ian Wilmot, *Engineering Genesis: The Ethics of Genetic Engineering in Non-Human Species*, Donald Bruce and Ann Bruce, eds., (London: Earthscan Publications, 1998)을 보라.

109 Ronald Cole-Turner, ed., *Human Cloning: Religious Responses* (Louisville: Westminster John Knox, 1997); Ronald Cole-Turner, ed., *Beyond Cloning: Religion and the Remaking of Humanity* (Harrisburg, Pa.: Trinity Press International, 2001).

110 *Ethical Issues in Human Stem Cell Research*, vol. 3: *Religious Perspectives* (Rockville. Md.: National Bioethics Advisory Commission, 2000).

111 Joannie Fischer on U.S. News and World Report website, December 3, 2001.

112 Richard Lacavo, "How Bush Got There," *Time* 158 (August 20, 2001): 39-44쪽.

113 See Suzanne Holland, Karen Lebacqz, and Laurie Zoloth, eds., *The Human Embryonic Stem Cell Debate: Science, Ethics and Public Poly* (Cambridge: MIT Press, 2001).

114 James Patterson, *Genetic Turning Points: The Ethics of Human Intervention* (Grand Rapids, Mich.: Eerdmans, 2001); Daniel C. Maguire, *Sacred Chores: The Right to Contraception and Abortion in Ten World Religions* (Minneapolis: Fortress Press, 2001).

115 James B. Nelson, *Human Medicine: Ethical Perspectives on New Medical Issues* (Minneapolis: Augsburg, 1973), chap. 1: James B. Nelson, *Body Theology* (Louisville: Westminster John Knox. 1992), chap. 10; Thomas A. Shannon and Allan B. Walter, "Reflections on the Moral Status of the Pre-Embryo," *Theological Studies* 51 (1990): 603-26; Lisa Sowle Cahill, "The Embryo and the Fetus: New Moral Contexts," *Theological Studies* 54 (1993): 124-24쪽.

116 Mark S. Frankel and Audrey R. Chapman, *Human Inheritable Genetic Modification: Assessing Scientific, Ethical, Religious, and Policy Issues* (Washington, D.C, American Association for the Advancement of Science, 2000).

117 Roger Lincoln Shinn, *The New Genetics: Challenges to Farth, Science, and Politics* (Wakefield, R.I.: Morgan Bell, 1996) 5장을 보라.

118 Lee M. Silver, *Remaking Eden: Cloning and Beyond in a Brave New World* (New York: Avon Books, 1997), 9쪽과 11쪽.

119 Ian G. Barbour, *Ethics in an Age of Technology, Gifford Lectures*, vol. 2 (San Francisco: HarperSanFrancisco, 1993) 1장을 보라.

120 Audrey R. Chapman, *Unprecedented Choices: Religious Ethics at the Frontiers of Genetic Science* (Minneapolis: Fortress Press, 1999) 4장을 보라.

121 질병이 있는 형제자매에게 세포를 제공하는 것과 같은 특별한 목적을 위해서, 체외수정을 통해 얻은 여러 개의 배아 중 하나를 선별하여 태어나게 한 아기를 지칭하는 용어이다.

122 Jeremy Rifkin, *Algeny* (New York: Penguin, 1984).

123 Ronald Cole-Turner, *The New Genesis: Theology and the Genetic Revolution* (Louisville: Westminster John Knox, 1993).

124 Humberto R. Maturana and Francisco J. Varela, *The Tree of Knowledge: The Biological Roots of Human Understanding (Boston: Science Library, 1987).*

125 Michael A. Arbib, *The Metaphoncal Brain 2: Neural Networks and Beyond* (New York: John Wiler, 1989) 2장을 보라.

126 Peter R. Kramer, *Listening to Prozac* (New York: Viking Penguin, 1993).

127 Oliver W. Sacks, *The Man Who Mistook His Wife for a Hat* (New York: HarperCollins, 1985).

128 Charles Darwin, *The Expression of the Emotions in Man and Animals* (Chicago University of Chicago Press, 1965. orig. 1872): Carroll Izard, *Human Emotions* (New York: Plenum, 1977): John Too and Leda Cosmides, "The Past Explains the Present: Emotional Adaptations and the Structure of Ancestral Environ-ments," *Ethology and Sociobiology* 11 (1990): 375-424쪽.

129 William James, *The Principles of Psychology* (Cambridge: Harvard University Press, 1983, orig. 1890); R. W. Levenson, P. Ekman, and W. V. Friesen, "Voluntar Facial Action Generates Emotion-Specific Autonomic Nervous System Activity," *Psychophysiology* 27 (1990), 363-84쪽.

130 Magda Arnold, *Emotion and Personality*, 2 vols (New York: Columbia (university Press, 1960); Richard Lazarus, "Progress on a Cognitive-Motivational-Relational Theory of Emotion," *American Psychologist* 46 (1991): 819-34쪽.

131 James Averill, "The Social Construction of Emotion: With Special Reference to Love," in *The Social Construction of the Person*, K. J. Gergen and K. E. Davis, eds. (New York: Springer-Verlag, 1985): Rom Harré, ed., *The Social Construction of Emotions* (Oxford: Basil Blackwell, 1986).

132 Joseph E. LeDoux, *The Emotional Brain: The Misterous Underpinnings of Emo tonal Life* (New York: Simon & Schuster, 1996).

133 Antonio R. Damasio, *Descartes Error: Emotion, Reason, and the Human Brain* (New York: Putnam, 1994), 252쪽.

134 Leslie A. Brothers, *Friday's Footprint: How Society Shapes the Human Mind* (New York: Oxford University Press, 1997), 146쪽.

135 Sacks, *The Man Who Mistook His Wife for a Hat*, 22-41쪽.

136 Ian G. Barbour, *Myths, Models, and Paradigms: 1 Comparative Study in Science and Region* (New York: Harper & Row, 1974).

137 Paul MacLean, *The Triune Brain in Evolution* (New York: Plenum, 1990).

138 James B. Ashbrook and Carol Rausch Albright, *The Humanizing Brain: Where Religion and Neuroscience Meet* (Cleveland: Pilgrim Press, 1997).

139 Benjamin Libet, "Unconscious Cerebral Initiative and the Role of Conscious Will in Voluntary Action," *Behavioral and Brain Sciences* 8 (1985): 529-66쪽.

140 Daniel C. Dennett, *Consciousness Explained* (Boston: Little, Brown. 1991), 141-44쪽.

141 Donald R. Griffin, *Animal Minds* (Chicago: University of Chicago Press, 1992).

142 Terrence W. Deacon, *The Symbolic Species: The Coevolution of Language and the Brain* (New York: Norton. 1997).

143 Jerry A. Fodor, *The Modularity of Mind* (Cambridge: Harvard University Press, 1983).

144 Marvin Minsky, *The Society of Mind* (New York: Simon & Schuster, 1985).

145 Arbib, *The Metaphorical Brain* 2.

146 William Calvin, *The Cerebral Symphony* (New York: Bantam, 1989); idem, *The Cerebral Code* (Cambridge: MIT Press, 1996).

147 Dennett, *Consciousness Explained*.

148 Michael Gazzaniga, "Brain Modularitv: Towards a Philosophy of Consciousness," in *Consciousness in Contemporary Science*, A. J. Marcel and E. Besiach, eds. (Oxford: Oxford University Press, 1988); see also idem, *Mind Malters: How Mind and Brain Interact to Create our Conscious Lives* (Boston: Houghton Mifflin, 1988).

149 Robert Ornstein, *Multimind* (Boston: Houghton Mifflin, 1986).

150 John Eccles, *Evolution of the Brain: Creation of the Self* (London: Routledge, 1989).

151 John Teske, "The Spiritual Limits of Neuropsychological Life," *Zygon* 31 (1995): 209-34쪽.

152 Joel B. Green, "'Bodies-That Is, Human Lives': A Re-examination of Human Nature in the Bible," in *Whatever Happened to the Soul: Scientific and Theo logical Portraits of Human Nature*, Warren S. Brown, Nancey Murphy, and H. Newton Malony eds. (Minneapolis: Fortress Press. 1998), 7장 158쪽.

153 　 Oscar Cullmann, *Immortality of the Soul or Resurrection of the Dead?* (New York: Macmillan, 1958), 30쪽.

154 　 Lin de Silva, *The Problem of Self in Buddhism and Christianity* (London: Macmillan, 1979), 75쪽.

155 　 Norman W. Porteous, "Soul," in *The Interpreter's Dictionary of the Bible* (Nashville: Abingdon, 1962), 4: 428쪽.

156 　 Brevard Childs, *Biblical Theology of the Old and New Testaments* (Minneapolis: Fortress Press, 1993) 7장을 보라.

157 　 E. C. Blackman, "Mind," in *A Theological Word Book of the Bible*, Alan Richardson, ed. (New York: Macmillan, 1950), 145쪽.

158 　 Walter Eichrodt, *Man in the Old Testament* (London: SCM Press. 1951); Frederick C. Grant, *An Introduction to New Testament Thought* (Nashville: Abingdon, 1950), 160-70쪽.

159 　 David Kelsey, "Human Being,' in *Christian Theology*, 2d ed., Peter Hodgson and Robert King, eds. (Philadelphia: Fortress Press, 1985).

160 　 James Keenan, Goodness and Rightness in *St. Thomas Aquinas's Summa Theologiae* (Washington, D.C.: Georgetown University Press, 1992).

161 　 Ian G. Barbour, *Religion and Science: Historical and Contemporary: Issues* (San Francisco: HarperSanFrancisco, 1997) 1장을 보라.

162 　 Rosemary Radford Ruether, *Sexism and God-Talk: Toward a Feminist Theology* (Boston, Beacon Press, 1983)을 보라.

163 　 H. Richard Niebuhr, *The Responsible Self* (New York: Harper, 1963), 73쪽.

164 　 Alasdair MacIntyre, *After Virtue: A Study of Moral Theory*, 2d ed. (Notre Dame, Ind.: University of Notre Dame Press, 1984) 15장을 보라.

165 　 James B. Wiggins, ed., *Religion as Story* (New York: Harper & Row: 1975); Michael Goldberg, *Theology as Narrative: A Critical Introduction* (Nashville: Abingdon, 1982).

166 　 Keith Ward, *Defending the Soul* (London: Hodder and Stoughton, 1992).

167 　 Malcolm A. Jeeves, *Human Nature at the Millennium* (Grand Rapids, Mich.: Baker, 1997): idem, *Mind Fields: Reflections on the Science of Mind and*

Brain (Grand Rapids, Mich.: Baker 1993). 그리고 Donald M. MacKay, *Behind the Eye* (Oxford: Basil Blackwell, 1991)을 보라.

168 Allan Newell and Herbert Simon, "Computer Science as Empirical Enquiry: Simbols and Search," originally published in 1976, reprinted in Philosophy of Artificial Intelligence, *Margaret Boden*, ed. (Oxford: Oxford University Press, 1990).

169 Hubert Drevfus and Stuart Drevfus, *What Computers Still Can't Do?*, 3d ed. (Cambridge: MIT Press, 1993).

170 Terry Winograd and Fernando Flores, *Understanding Computers and Cognition A New Foundation for Design* (Norwood, N.J.: Ablex Publishing, 1986).

171 David E. Rumelhart and James L. McClelland, eds., *Parallel Distributed Pro-cessing*, 2 vols. (Cambridge: MIT Press, 1986).

172 Stan Franklin, *Artificial Minds* (Cambridge: MIT Press, 1995) 12장을 보라.

173 Rodney A. Brooks and Luc Steels, eds., *The Artificial Life Route to Artificial Intelligence: Building Embodied, Situated Agents* (Hillsdale, Mich.: Laurence Erl-baum. 1995). 그리고 Andy Clark, *Being There: Putting Brain, Body, and World Together Again* (Cambridge: MIT Press, 1997)을 보라.

174 Anne Foerst, "COG, a Humanoid Robot, and the Question of Imago Dei," *Zygon* 33 (1998): 91-111쪽.

175 Roger Schank, "Natural Language, Philosophy. and Artificial Intelli-gence," in P*hilosophical Perspectives on Artificial Intelligence*, M. Ringle, ed. (Brighton, England: Harvester Press, 1979), 222쪽.

176 Aaron Sloman, "Motives, Mechanisms, and Emotions," in *Philosophy of Artificial Intelligence,* Boden, ed.: see also Keith Oatlev, *Best Laid Schemes: The Psychology of Emotion* (Cambridge: Cambridge University Press, 1992).

177 Rosalind Piccard, *Affective Computing* (Cambridge: MIT Press, 1997), 136쪽.

178 Gerald W. Edelman, *Bright Air, Brilliant Fire: On the Matter of the Mind* (New York: Basic Books, 1992).

179 John Puddefoot, *God and the Mind Machine: Computers, Artificial Intelli-*

gence, and the Human Soul (London: SPCK, 1996), 92쪽.

180 Francis Crick, *The Astonishing Hypothesis: The Scientific Search for the Soul* (New York: Charles Scribner's Sons, 1994). 3쪽.

181 같은 책 252쪽.

182 Dennett, *Consciousness Explained*.

183 Daniel C. Dennett, *Darwin's Dangerous Idea: Evolution and the Meaning of Life* (New York: Simon & Schuster, 1995), 81-83쪽.

184 Thomas Nagel, *The View from Nowhere* (New York: Oxford University Press, 1986).

185 Colin McGinn, *The Problem of Consciousness* (Cambridge: Blackwell's, 1991).

186 Owen Flanagan, *Consciousness Reconsidered* (Cambridge: MIT Press, 1992).

187 David J. Chalmers, *The Conscious Mind: In Search of a Fundamental Theory* (New York: Oxford University Press, 1996), 305쪽.

188 같은 책 300쪽.

189 Lynne Rudder Baker, *Explaining Attitudes: A Practical Approach to Mind* (Cambridge: Cambridge University Press, 1995).

190 The classic source is Alfred North Whitehead, *Process and Reality* (New York: Macmillan, 1929); for an introductory account, see John B. Cobb Jr. and David Ray Griffin, *Process Theology: An Introduction* (Philadelphia: Westminster Press, 1976).

191 Charles Hartshorne, "The Compound Individual," in *Philosophical Essays for Alfred North Whitehead*, F. S. C. Northrup, ed. (New York: Russell & Russell, 1967).

192 David Ray Griffin, "Some Whiteheadian Comments," in *Mind in Nature: Essays on the Interface of Science and Philosophy*, John B. Cobb Ir. and David Ray Griffin, eds. (Washington D.C.: University Press of America, 1977).

193 David Ray Griffin, *Unsnarling the World Knot: Consciousness, Freedom,*

and the *Mind-Body Problem* (Berkeley and Los Angeles: University of California Press, 1998).

194 Alfred North Whitehead, *Adventures of Ideas* (New York: Macmillan, 1933). 226쪽.

195 Alfred North Whitehead, *Process and Reality*, corrected ed., David Ray Griffin and Donald W. Sherburne, eds. (New York: Free Press, 1978), 162쪽.

196 Charles Hartshorne, *Reality as Social Process* (Glencoe, Ill.: Free Press, 1953), chap. 1; Idem, *The Logic of Perfection* (LaSalle, III.: Open Court, 1962), chap. 7.

197 Barbour, *Religion and Science*, 290쪽.

198 Joseph A. Bracken. S.J., "Revising Process Metaphysics in Response to Ian Barbour's Critique," *Zygon* 33 (1998): 407쪽.

199 같은 책 408쪽.

200 Frank Kirkpatrick. "Process or Agent: Two Models for Self and God," in *Philosophy of Religion and Theology*, David Ray Griffin, ed. (Chambersburg, Pa.: American Academy of Religion, 1971)을 보라.: Paul Sponheim, *Faith and Process: The Significance of Process Thought for Christian Thought* (Minneapolis: Augsburg, 1979), 90-98쪽.

201 Philip Clayton and Arthur Peacocke in *Neuroscience and the Person: Scientific Perspectives on Divine Action*, ed. Robert John Russell, Nance Murphy, Theo C. Mevering, and Michael A. Arbib (Vatican: Vatican Observatory: Berkeley, Calif.: Center for Theology and the Natural Sciences, 1999)을 보라.

202 Barbour, *Religion and Science* 289-93쪽을 보라.

203 Ian G. Barbour, *Myths, Models and Paradigms: A Comparative Study in Science and Religion* (New York: Harper & Row, 1974) 3-5장을 보라.

204 G. W. H. Lampe, *God as Spirit* (Oxford: Clarendon Press. 1977).

205 Etienne Gilson, *The Christian Philosophy of Thomas Aquinas* (New York: Random House, 1956).

206 Dante Alighieri, *The Paradiso*, trans. John Ciardi (New York: New American

Librarv, 1970), canto 33.

207 George F. R. Ellis, John Polkinghorne, and Arthur Peacocke in *Chaos and Complexity: Scientific Perspectives on Drune Acton*, ed. Robert Iohn Russell, Nancey Murphy, and Arthur Peacocke (Vatican: Vatican Observatory: Berkeley, Calif.: Center for Theology and the Natural Sciences, 1995)을 보라. Ellis and Peacocke also have essays in *Evolutionary and Molecular Biology: Scientific Perspectives on Divine Action*, ed. Robert John Russell, William R. Stoeger. and Francisco J. Ayala (Vatican: Vatican Observatory: Berkeley, Calif.: Center for Theology and Natural Sciences, 1998).

208 Michael Welker, "What Is Creation? Rereading Genesis 1 and 2," *Theology Today 47* (April 1991): 56-70쪽.

209 Karl Barth, *Church Dogmatics* (Edinburgh: T & T Clark, 1958) 3/3: 49, 94, 106, 133, 148, etc.: Austin Farrer, *Faith and Speculation* (London: Adam and Charles Black, 1967) 1장과 10장을 보라.

210 Donald R. Griffin, *Animal Minds: Beyond Cognition to Consciousness* (Chicago: University of Chicago Press, 2001).

211 Holmes Rolston III, *Science and Religion: A Critical Survey* (Philadelphia: Temple University Press, 1987), 137-38쪽.

212 같은 책 3장을 보라.

213 John Hick, *Evil and the Love of God* (San Francisco: Harper & Row; 1966).

214 Ted Peters, *Playing God: Genetic Determinism or Human Freedom?* (New York and London: Routledge, 1997).

215 E. L. Mascall, *He Who Is. A Study in Traditional Theism* (London: Longman's Green and Co., 1945); Richard Creel, *Divine Impassibility: An Essay in Philosophical Theology* (Cambridge: Cambridge University Press, 1986).

216 John Polkinghorne, *The Faith of a Physicist* (Princeton: Princeton University Press, 1994), 83-85쪽.

217 W. H. Vanstone, *Love's Endeavor, Love's Expense* (London: Dartmon, Longman, and Todd, 1977), 120쪽.

218   Paul S. Fiddes, *The Create Suffering of God* (Oxford: Clarendon Press. 1988).

219   Rosemary Radford Ruether, *Sexism and God-Talk: Toward a Feminist Theology* (Boston: Beacon Press, 1983).

220   Sallie McFague, *Models of God for an Ecological, Nuclear Age* (Philadelphia: Fortress Press, 1987).

221   Elizabeth A. Johnson, *She Who Is: The Mystery of God in Feminist Theological Discourse* (New York: Crossroad Press, 1992).

222   Joanne Carlson Brown and Rebecca Parker, "For God So Loved the World?" in *Christianity, Patriarchy, and Abuse: A Feminist Critique*, ed. Joanne Carlson Brown and Carole R. Bohn (New York: Pilgrim Press, 1989).

223   Alfred North Whitehead, *Process and Reality* (New York: Macmillan, 1929), 352쪽.

224   John B. Cobb Jr. and David Ray Griffin, *Process Theology: An Introduction* (Philadelphia: Westminster Press, 1976)을 보라.

225   Charles Hartshorne, *The Divine Relativity* (New Haven: Yale University Press, 1918).

226   David Ray Griffin, *Unsnarling the World Knot: Consciousness, Freedom, and the Mind/Body Problem* (Berkeley and Los Angeles: University of California Press. 1998).

227   Charles Hartshorne, *Omnipotence and Other Theological Mistakes* (Albany: State University of New York Press, 1984), 25쪽.

228   Charles Hartshorne, *Realty as Social Process* (Glencoe, III. Free Press, 1953).

229   Daniel Day Williams, "How Does God Act? An Essay in Whitehead's Metaphysics," in *Process and Divinity*, ed. W. L. Reese and E. Freeman (LaSalle, Ill. Open Court, 1964), 177쪽.

230   Daniel Day Williams, *The Spirit and the Forms of Love* (New York. Harper & Row, 1968), 185. See also Daniel Day Williams, "The Vulnerable and the Invulnerable God," *Christianity and Crisis* 22 (March 6. 1962): 27-30 쪽. On Williams's views. 그리고 Warren McWilliams, *The Passion of God:*

Divine Suffering in Contemporary Protestant Thought (Macon, Ga.: Mercer University Press, 1985) 6장을 보라.

231 Daniel Day Williams, "Deity, Monarch, and Metaphsics: Whitehead's Critique of the Theological Tradition," in *The Relevance of Whitehead*, ed. I. Leclerc (New York: Macmillan, 1961).

232 Daniel Day Williams, "Suffering and Being in Empirical Theology," in *The Future of Empirical Theology*, ed. Bernard Meland (Chicago: University of Chicago Press. 1969), 191쪽.

233 Anna Case-Winter, *God's Power: Traditional Understanding and Contemporary Challenges* (Louisville: Westminster John Knox, 1990).

234 Sheila Greeve Davaney, ed., *Feminism and Process Thought* (New York and Toronto: Edwin Mellen Press, 1981); Sallie McFague, *The Body of God: An Ecological Theology* (Minneapolis: Fortress Press, 1993).

235 Alfred North Whitehead, *Process and Reality*, corrected ed., David Ray Griffin and Donald W. Sherburne, eds. (New York: Free Press, 1978), 91쪽.

236 Charles Hartshorne, *Man's Vision of God* (Chicago: Willet Clark, 1941), 230-34; Cobb and Griffin, *Process Theology*, 64-67; Lewis Ford, "An Alternative to Creatio ex Nihilo," *Religious Studies* 19 (1983): 203-13쪽.

237 Andre Linde, "The Self-Reproducing Universe," *Scientific American* 271 (November 1994): 48-55; Alan Guth, *The Inflationary Universe* (Reading, Mass.: Addison-Wesley, 1997); John Gribbin, *In the Beginning* (Boston: Little Brown, 1993).

238 Rem Edwards, "How Process Theology Can Affirm Creation ex Nihilo," *Process Studies* 29 (2000): 77-96쪽.

239 Claus Westerman, *Beginning and End in the Bible* (Philadelphia: Fortress Press, 1972).

240 David Ray Griffin, *God, Power, and Evil: 1 Process Theodicy* (Philadelphia: Westminster Press. 1976); also his "Creation Out of Chaos and the Problem of Evil," in *Encountering Evil: Live Options in Theodicy*, ed. Stephen Davis (Atlanta: John Knox, 1988).

241 Cobb and Griffin, *Process Theology* 7장을 보라.

242 John B. Cobb Jr., "What Is the Future: A Process Perspective," in *Hope and the Future*, ed. Ewart Cousins (Philadelphia: Fortress Press, 1972).

243 Marjorie Hewett Suchocki, *The End of Evil: Process Eschatology in Historical Context* (Albany: State University of New York Press, 1988) 5장을 보라.

244 Marjorie Hewett Suchocki, *God, Christ, Church: A Practical Guide to Process Theology* (New York: Crossroad, 1982).

245 Lester Brown et al., *State of the World 2001* (New York: Norton, 2001)을 보라.; World Resources Institute, *World Resources 2000-2001* (New York: Basic Books, 2000); Population Reference Bureau Website, "2001 World Population Data," September 2001.

246 Intergovernmental Panel on Climate Change, *Climate Change: The Scientific Basis* (Cambridge: Cambridge University Press, 2001).

247 Ian G. Barbour, *Technology, Environment, and Human Values* (New York: Praeger. 1980), chaps. 8 and 9; 그리고 Ethics in an Age of Technology), Gifford Lectures vol. 2 (San Francisco: HarperSanFrancisco, 1993) 8장을 보라.

248 Lynn White, "The Historical Roots of Our Ecologic Crisis," reprinted, with articles by *critics and White's response to them*, in Ian G. Barbour, ed., *Western Man and Environmental Ethics* (Reading, Mass.: Addison-Wesley, 1973).

249 Rosemary Radford Ruether, *Gaia and God: An Ecofeminist Theology of Earth Healing* (San Francisco: HarperSanFrancisco. 1992)을 보라.; Carol Adams, ed., *Ecofeminism and the Sacred* (New York: Continuum, 1993); Mar Heather MacKinnon and Moni M. McIntyre. eds., *Readings in Ecology and Feminist Theology* (Kansas City: Sheed and Ward, 1995).

250 Max Oelschlaeger, *Caring for the Earth: An Ecumenical Approach to the Environmental Crisis* (New Haven: Yale University Press, 1994).

251 Recent volumes covering a range of perspectives on Christian environmentalism include Dieter T. Hessel and Rosemary Radford Ruether, eds., *Christianity and Ecology Seeking the Well-Being of Earth and Humans*

(Cambridge: Harvard University Press, 2000); and David Hallman, ed., *Ecotheology: Voices from North and South* (Marvknoll, N.Y.: Orbis, 1994).

252   Douglas John Hall, *Imaging God: Dominion as Stewardship* (Grand Rapids, Mich.: Eerdmans, 1986); Peter DeVos, ed., *Earthkeeping in the Nineties* (Grand Rapids. Mich.: Eerdmans, 1991).

253   James A. Nash, *Loving Nature: Ecological Integrity and Christian Responsibility* (Nashville: Abingdon Press, 1991); 또한 Larry L. Rasmussen의 *Earth Community, Earth Ethics* (Maryknoll, N.Y: Orbis, 1996)을 보라.

254   G. W. H. Lampe, *God as Spirit* (Oxford: Clarendon Press, 1977); Alasdair Heron, *The Holy Spirit* (Philadelphia: Westminister Press, 1987); Mark I. Wallace, *Fragments of the Spirit: Nature, Violence, and the Renewal of Creation* (New York: Continuum, 1996).

255   George H. Kehm, "The New Story: Redemption as Fulfillment of Creation," in *After Nature's Revolt: Eco-Justice and Theology*, Dieter T. Hessel, ed. (Minneapolis: Fortress Press, 1992).

256   Paulos Gregarios, "New Testament Foundations for Understanding the Creation," in *Tending the Garden, ed Wesley Granberg-Michaelson* (Grand Rapids, Mich.: Eerdmans, 1987).

257   Metropolitan John of Pergamon (John Zizoulos), "Preserving God's Creation," in *Christianity and Ecology*, ed. Elizabeth Breuilly and Martin Palmer (Lon-don and New York: Caswell Publishers, 1992).

258   John Habgood, "A Sacramental Approach to Environmental Issues," in *Liberating Life: Contemporary Approaches to Ecological Theology*, Charles Birch, William Eakin, and Jay McDaniel, eds (Maryknoll, N.Y.: Orbis, 1990).

259   Pierre Teilhard de Chardin, *The Divine Milieu* (New York: Harper & Row; 1960).

260   Matthew Fox, *The Coming of the Cosmic Christ: The Healing of Mother Earth and the Birth of a Global Renaissance* (San Francisco: Harper & Row, 1988); 또한 Brian Swimme와 Thomas Berry의 *Universe Story* (San Francisco: HarperSanFrancisco, 1992)를 보라.

261   Ian G. Barbour, *Religion and Science: Historical and Contemporary Issues*

(San Francisco: HarperSanFrancisco, 1997) 10장을 보라.

262 George Tinker, "Creation as Kin: An American Indian View," in *After Nature's Revolt*, Hessel, ed.; John A. Grim, "Native American Worldviews and Ecology," in *Worldviews and Ecology*, Mary Evelyn Tucker and John A. Grim, eds. (Maryknoll, N.Y.: Orbis, 1994).

263 Shepard Krech III, *The Ecological Indian: With and History* (New York: Norwich, 1999).

264 Ursula Goodenough, *The Sacred Depths of Nature* (New York: Oxford University Press, 1998).

265 John B. Cobb Jr. and David Ray Griffin, *Process Theology: An Introduction* (Philadelphia: Westminster Press, 1976); 또한 Barbour의 책 *Religion and Science*의 11장을 보라.

266 Jay McDaniel, *Of God and Pelicans: A Theology of Reverence for Life* (Louisville: Westminster John Knox, 1989).

267 Presbyterian Eco-Justice Task Force, *Keeping and Healing the Creation* (Louisville: Presbyterian Church USA, 1989); Environmental Task Force, Evangelical Lutheran Church in America, *Caring for Creation* (Minneapolis: ELCA, 1991); U.S. Conference of Catholic Bishops, "Renewing the Earth," *Origins* 21 (1991), 425-32쪽.

268 Wesler Granberg-Michaelson, *Redeeming the Creation: The Rio Earth Summit-Challenges for the Churches* (Geneva: World Council of Churches, 1992); World Council of Churches Studs Project, *Climate Change and the Quest for Sustainable Societies* (Geneva: World Council of Churches. 1998).

269 Alan During, *How Much Is Enough? The Consumer Society and the Future of the Earth* (New York: Norton. 1992); Paul Wachtel, *The Poverty of Affluence: A Psycho logical Portrait of the American Way of Life* (Philadelphia: Free Press, 1983); Michael Argyle, *The Psychology of Happiness* (New York: Methuen. 1987).

270 James Nash, "Toward the Revival and Reform of the Subversive Virtue: Frugality," *Annual of the Society of Christian Ethics (1995)*: 137-160: David Shi, *The Simple Life: Plan Lrung and High Thinking in American*

Culture (New York: Oxford University Press, 1985): Rodney Clapp, ed., *The Consuming Passion* (Downers Grove. Ill.: InterVarsity Press, 1997).

271   International Conference on Population and Development, *Programme of Action* (New York: United Nations Population Fund, 1994).

272   Susan Power Bratton, *Six Billion and More: Human Population Regulation and Christian Ethis* (Louisville: Westminster John Knox, 1992): James B. MartinSchramm, *Population Perils and the Churches' Response* (Geneva: World Council of Churches, 1997): Harold Coward and Daniel Maguire, eds., *Visions of a New Earth: Religious Perspectives on Population, Consumption and Ecology* (Albany: State University of New York Press, 1998).

273   Robert D. Bullard, ed., *Confronting Environmental Racism* (Boston: South End Press, 1993): Laura Westra and Peter Wenz, eds., *Faces of Environmental Racism: Confronting Issues of Global Justice* (Lanham, Md.: Rowman and Littlefield, 1995).

274   Barbour, *Ethics in an Age of Technology* 2장과 3장을 보라.

275   Lester Brown, *Christopher Flavin, and Sandra Postel, Saving the Planet How to Shape an Environmentally Sustainable Global Economy* (New York: Norton, 1991).

276   United Nations Development Programme, *Human Development Report* (New York: Oxford University Press, 1998).

277   Hilary French, *Vanishing Borders: Protecting the Planet in an Age of Globalzation* (New York: Norton, 2000).

278   Dani Rodrik, *Has Integration Gone Too Far?* (Washington, D.C.: Institute for International Economics, 1997): Sarah Anderson and John Cavanaugh, *A Field Guide to the Global Economy* (New York: New Press, 2000).

279   William Greider, *One World, Ready or Not: The Manic Log of Global Capitalism* (New York: Simon & Schuster, 1997): James M. Mittelman, *The Globalization Syndrome* (Princeton: Princeton University Press, 2000).

280   Thomas L. Friedman, *The Lexus and the Olive Tree: Understanding Globalization*, expanded ed. (New York: Random House, 2000).

자연 인간 그리고 하나님

실재에 대한 통전적 앎을 위한 과학과 신학의 연대

초판 1쇄 인쇄 | 2024년 2월 26일
초판 1쇄 발행 | 2024년 3월 06일

지은이 | 이안 바버
옮긴이 | 김연수

발행인 | 강영란
펴낸곳 | 샘솟는기쁨
주소 | 서울시 충무로 3가 59-9 예림빌딩 402호
전화 | 대표 (02)517-2045
이메일 | atfeel@hanmail.net
홈페이지 | https//blog.naver.com/feelwithcom
페이스북 | https//www.facebook.com/publisherjoy
출판등록 | 2006년 7월 8일

ISBN 979-11-92794-33-4 (03130)

※책값은 뒤표지에 있습니다.
※잘못 만들어진 책은 바꿔 드립니다.